Les monum[...] [...] [...]
dans cet ou[...] [...] [...]
d'être des structures ou des paysages connus
de tous et faisant immédiatement référence
à un endroit précis dans le monde. Souvent
grandioses ou imposants, on les distingue
de loin et ils facilitent notre orientation.
Mais bien au-delà de la géographie, ils
renvoient aussi à une identité culturelle.

Cet ouvrage présente 100 des monuments
et sites naturels parmi les plus emblématiques
du monde, de paysages étonnants à d'iconiques
gratte-ciel. Se succèdent montagnes sacrées
(mont Fuji, Uluru), reliques mystérieuses
de civilisations anciennes (Grand Sphinx
de Gizeh, Stonehenge), chefs-d'œuvre
d'ingénierie (Golden Gate Bridge, tour Eiffel)
et réalisations architecturales audacieuses
(opéra de Sydney, Sagrada Familia).

Nombre de ces ouvrages ou sites remarquables
sont des symboles de pouvoir (Maison
Blanche, place Rouge) ou renvoient à des
notions abstraites, comme la liberté
(statue de la Liberté) ou l'amour (Taj Mahal).
Certains commémorent des faits historiques
marquants, alors que d'autres sont devenus
des icônes universelles en cristallisant
l'affection du public.

Chacun de ces ouvrages, artificiels ou naturels,
recèle une histoire fascinante. Qu'ils soient
récents ou millénaires, tous ont valeur de
symbole. Des ouvrages qui ne se contentent
pas de nous dire *où* nous sommes, mais qui
nous révèlent aussi *qui* nous sommes.

100
LIEUX D'EXCEPTION

Cadeau d'Ursule
le 24 déc 2014

Copyright © Parragon Books Ltd
Chartist House,15-17 Trim Street
Bath, BA1 1HA, Royaume-Uni

Édition française
publiée en 2013 par
Elcy Éditions
48, rue Montmartre
75002 Paris, France

Réalisation : InTexte, Toulouse

Traduction de l'anglais : Dominique Jouhaud et Chantal Mitjaville

ISBN 978-1-4454-8580-5
Imprimé en Chine

100
LIEUX D'EXCEPTION

BEVERLEY JOLLANDS

PAUL FISHER

Bath · New York · Singapore · Hong Kong · Cologne · Delhi
Melbourne · Amsterdam · Johannesburg · Shenzhen

Sommaire

Introduction

Les montagnes sont à elles seules des monuments, les plus anciens du genre. Massives, immuables, elles sont les repères des voyageurs, des marins et des cartographes. Quelques-unes figurent dans ce livre. Toutefois, elles n'ont pas été choisies pour leur emplacement, mais pour ce qu'elles représentent dans l'imaginaire humain. En effet, les lieux d'exception sont bien d'autres choses que des objets physiques : ils parlent moins de géographie que d'identité culturelle.

Les sociétés humaines les plus anciennes ont paré les caractéristiques remarquables de leur environnement d'une dimension spirituelle. Les montagnes étaient les résidences des dieux, les fleuves reliaient notre monde à un autre univers, les arbres poussaient dans des domaines sacrés. Ces lieux ont régulé la vie des peuples anciens, et si les esprits séculaires ne semblent plus aussi présents dans ces merveilles naturelles, nous n'avons pas totalement perdu l'attachement que nous avions pour elles. Le Cap, par exemple, a choisi sa montagne comme emblème et l'a fait figurer sur son drapeau, tandis que des pèlerins japonais continuent d'entamer l'ascension du mont Fuji dans des toges blanches qui témoignent de leur respect.

Mais la plupart des monuments décrits dans cet ouvrage ne sont pas l'œuvre de la nature, car il y a plusieurs milliers d'années que l'humanité imprime ses signes à la surface du monde.

Le désir prégnant de construire et de laisser derrière soi des constructions durables a conduit les hommes à parsemer la planète de structures remarquables. Certaines reliques spectaculaires des civilisations les plus anciennes, comme le Sphinx de Gizeh ou les sculptures énigmatiques de l'île de Pâques nous restent partiellement incompréhensibles. D'autres, comme le Parthénon ou le Colisée, nous aident à mieux comprendre la vie de nos ancêtres.

Ces vestiges ne symbolisent pas seulement les cultures anciennes qui les ont créés. Ils sont les étendards des lieux qui les abritent. Le Colisée clame toujours le nom de Rome, et le Parthénon celui d'Athènes. Chaque pays, chaque ville a ainsi acquis ses icônes au fil des siècles. Certains symboles n'étaient qu'anecdotiques ou impopulaires, comme le panneau Hollywood ou la statue d'Éros à Piccadilly, mais ils sont devenus mondialement connus en s'attirant simplement l'affection des populations locales. D'autres sont si extraordinairement beaux, originaux ou brillants que le monde entier se bouscule pour aller les admirer. Cathédrales et temples, ponts aux lignes élégantes, statues géantes, horloges historiques, gratte-ciel modernes et structures de toutes sortes se sont affirmés comme des monuments uniques, emblématiques de leur cadre mais aussi représentatifs des sociétés qui vivent autour d'eux. Voici leur histoire.

le Parthénon
(Athènes)

La plupart des grands monuments nord-américains sont protégés, au niveau fédéral, national et international. Mais la célébrité emprunte des voies diverses : désastres ou triomphes, portée spirituelle, attachement du public, record de durée, de nouveauté ou de taille. Les constructions emblématiques, les monuments et les symboles de toutes sortes pointent vers des moments clés de l'histoire du continent et soulignent des sentiments d'appartenance à un lieu ou à une communauté.

DU NORD
AMÉRIQUE

CANADA, VANCOUVER

H + U - Juillet 2001

Totems, Stanley Park

UN GROUPE COLORÉ DE POTEAUX SCULPTÉS EST PERCHÉ SUR UN PODIUM EN
BOIS, DANS LE PORT DE VANCOUVER. IL SEMBLE TENIR UN CONCILIABULE AU BEAU
MILIEU DES CÈDRES. LES TOTEMS DE STANLEY PARK CRÉENT UN SPECTACULAIRE
CONTRASTE AVEC LES GRATTE-CIEL AUXQUELS ILS FONT FACE.

À l'une des extrémités de la péninsule de Stanley Park, Brockton Point s'enorgueillit d'une forêt protégée au cœur de Vancouver, ouverte au public en 1888 et baptisée du nom de Lord Stanley de Preston, alors gouverneur général du Canada. À l'époque, la surface occupée par le parc abritait encore un certain nombre d'Amérindiens, mais les totems qui ornent désormais le lieu ne sont pas les leurs. En 2008, cette anomalie culturelle a finalement été corrigée grâce à l'installation de trois portails érigés par les artisans graveurs de la nation Musqueam, l'un des groupes traditionnellement installés sur ce territoire.

La collection des totems de Stanley Park a été rassemblée au début du XXᵉ siècle, lorsque la société pour les Arts, l'Histoire et les Sciences, créée à Vancouver, a décidé d'ouvrir un parc d'attractions autour du thème du « village indien ». Ce village n'a jamais vu le jour, mais au fil des années, de nouveaux totems ont été commandés ou empruntés. Certains originaux ont été placés dans des musées et remplacés par des copies ou de nouveaux poteaux. Ils ont été dressés sur le lieu actuel en 1962, et constituent désormais l'un des principaux sites touristiques de la Colombie britannique.

Histoires ancestrales Créations des peuples natifs sur la côte du Pacifique Nord-Ouest, ces poteaux monumentaux ne sont pas seulement décoratifs. Ils font aussi l'objet d'une

Stanley Park •

CHRONOLOGIE

1888
Ouverture du Stanley Park.
1922
Achat de quatre totems de la tribu Kwakwaka'wakw à Alert Bay, et installation dans le parc, au lieu-dit Lumbermen's Arch.
1950
Ellen Neel est chargée par la Totemland Society de créer et de vendre des totems à Ferguson Point.
1962
La collection est déplacée vers son lieu actuel.
2001
Ouverture d'une boutique et d'un centre de documentation près des totems.

En bas, à gauche : l'oiseau Kolus est perché sur l'homme en écorce de cèdre rouge, ancêtre qui a offert le premier canoë au peuple Kwakwaka'wakw.

En bas, à droite : au cœur de la conurbation de Vancouver, Stanley Park préserve une partie du paysage originel du site.

Page ci-contre : le mythique oiseau tonnerre étend ses ailes sur le totem Kakaso'las, gravé en 1955 par Ellen Neel, qui est considérée comme la toute première sculptrice professionnelle de totems.

Ci-contre : la maison de l'oiseau tonnerre est une copie d'un totem sculpté en 1987 par Charlie James, un Kwakwaka'wakw. Ses couleurs vives et ses formes ont inspiré un nouveau style très influent.

vénération religieuse. Chaque totem a été réalisé conformément aux canons de la communauté qu'il représente, et l'ensemble des symboles dressés à la verticale raconte des histoires fondatrices de ses traditions et de sa culture. Il requiert une interprétation, tout comme les images d'un livre sont accompagnées d'un texte, et illustre les mots employés par un conteur. Ces figures, qui prennent la forme d'animaux ou d'oiseaux, sont celles d'un univers chamanique.

Traditionnellement, il existait des totems mortuaires qui tenaient des boîtes contenant la dépouille des chefs de la tribu. D'autres, comme celle de Chief Wakas, étaient intégrés à des constructions. Coiffé de l'oiseau tonnerre, celui-ci représente le bâton de parole du chef et les personnages d'une histoire qui le concerne, où intervenaient l'orque, le loup, le corbeau, et d'autres animaux. Au cours des années 1890, ce totem était posté devant la maison du chef. Le bec ouvert du corbeau en gardait l'entrée. Ses ailes déployées étaient également peintes sur les murs. Le petit totem de l'oiseau de feu soutenait une immense poutrelle de toit, à l'intérieur d'une maison cérémoniale. À sa base, le grizzly tient un être humain entre ses genoux.

CANADA, TORONTO

CN Tower

PAR TEMPS CLAIR, LA VUE QUE L'ON APERÇOIT DU HAUT DE LA CN TOWER
S'ÉTEND SUR 160 KM. LA TOUR DOMINE LES GRATTE-CIEL DU CENTRE DE
TORONTO ET CONSTITUE L'UN DES FLEURONS DE SA LIGNE D'HORIZON DEPUIS
SA CONSTRUCTION EN AVRIL 1975.

Au cours des années 1960, la Canadian National Railway Company possédait de nombreux intérêts dans le domaine des télécommunications, mais la distribution des ondes dans la ville de Toronto posait de plus en plus de problèmes. Tandis que les bâtiments de bureaux fleurissaient un peu partout, les signaux émis par les tours existantes se heurtaient aux différents bâtiments, et les téléspectateurs se retrouvaient souvent à regarder deux émissions superposées. En 1968, CN a proposé la construction d'une nouvelle tour qui réglerait ce problème en dominant la forêt de gratte-ciel. Pour atteindre cet objectif, cette tour devait culminer à 300 m.

La structure, terminée en avril 1975 et ouverte au public le 26 juin 1976, atteignait une hauteur presque deux fois équivalente à celle de la tour Eiffel.

En plein ciel Les travaux commencèrent en février 1973 sur un puits de béton de forme hexagonale, entouré de trois contreforts de forme effilée. Le béton fut coulé dans un gigantesque moule mobile permettant de couler un ouvrage en continu, qui se déplaçait vers le haut grâce à trois crics hydrauliques, au fur et à mesure que le béton séchait. Des fils à plomb, suspendus au moule, ont permis de donner une forme parfaitement verticale à la structure construite.

Le sommet de la tour fut équipé, au-dessous de la plate-forme d'observation, d'un restaurant tournant,

CN Tower •

INFORMATIONS

Hauteur totale
553,33 m

Hauteur de l'étage vitré
342 m

Hauteur de la Sky Pod
447 m

Hauteur du restaurant
351 m. Le restaurant effectue une rotation complète toutes les 72 minutes.

Nombre de marches
2579 sur l'escalier métallique qui grimpe jusqu'à la cabine Sky Pod.

Page ci-contre : la tour, colorée au moyen d'un nouveau système d'éclairage sophistiqué, domine la ligne d'horizon de la ville par un soir d'été.

Ci-contre : la propriété de la tour a été transférée à la Canada Lands Company en 1995, mais pour éviter tout changement de nom, le nom CN Tower désigne désormais la tour nationale du Canada.

Ci-dessous : au sol de l'étage vitré, des dalles de verre portent le regard du visiteur jusqu'au sol.

d'une station de télévision, d'antennes paraboliques et d'une cabine appelée Sky Pod. Des tronçons du mât en acier de 102 m furent livrés par un hélicoptère Sikorsky Skycrane que les habitants de Toronto appelèrent Olga.

Montées et descentes La CN Tower est devenue l'emblème de Toronto et sa plus grande attraction touristique. Toute la journée, six ascenseurs montent et descendent sur ses flancs, atteignant l'étage vitré en moins d'une minute. Si vous avez résisté au vertige en regardant le sol qui s'éloigne entre les dalles de verre de l'ascenseur, vous pourrez, une fois parvenu à l'étage vitré, défier les lois de la gravité en admirant, entre vos pieds, la terre où vous posiez les pieds peu de temps avant, ou sortir sur la plate-forme de l'observatoire pour tester la force du vent et apercevoir les chutes du Niagara. Un autre ascenseur vous emmènera jusqu'au Sky Pod, qui est l'observatoire le plus haut jamais construit par la main de l'homme. Un système à LED programmé par ordinateur, installé en 2007, illumine la tour tous les soirs aux couleurs de la nation. Il arbore également, dans des occasions spéciales, des couleurs à thème.

Liberty Bell

À LA BASE, CETTE CLOCHE SERVAIT À HONORER L'ESPRIT DE TOLÉRANCE RELIGIEUSE,
MAIS AU FIL DU TEMPS, ELLE EST DEVENUE SYMBOLE DE TOUTES FORMES DE LIBERTÉ,
DU REJET DE LA DOMINATION BRITANNIQUE À L'ABOLITION DE L'ESCLAVAGE, MAIS
AUSSI DE L'ÉMERGENCE DE LA NATION AMÉRICAINE, GARDIENNE DU MONDE LIBRE.

En 1751, la fonderie londonienne de Whitechapel reçut de la Pennsylvania State Assembly la commande d'une « cloche de bonne qualité, pesant environ 900 kg ». La construction du sénat de Philadelphie était sur le point de s'achever, et il était prévu de remplacer la première cloche de la ville, jusqu'alors suspendue à un arbre. La cloche arriva au mois d'août de l'année suivante, juste à temps pour être accrochée dans le clocher du nouveau sénat, mais elle se fêla dès sa première utilisation.

Pass et Stow, deux fondeurs de Philadelphie, s'employèrent à refondre la cloche. Ils ajoutèrent du cuivre au métal pour le rendre moins cassant,

mais le son obtenu n'était plus mélodieux. Quand elle eut retrouvé sa composition d'origine, la cloche fut remise dans le clocher, sur un joug en orme américain. Elle servit à convoquer l'assemblée du Sénat et à annoncer des événements.

Indépendance L'intervention la plus célèbre de la cloche, le 4 juillet 1776, tient de la légende. Dans les faits, aucune cloche ne sonna pour la signature de la déclaration de l'Indépendance, mais en 1847, une anecdote de George Lippard donna corps au mythe et enflamma l'imagination du public.

Lorsque cette histoire fut publiée, la cloche était définitivement retournée au silence. De nouveau, elle se fêla. La fêlure devint énorme en 1846 lorsqu'on tenta de célébrer l'anniversaire de Washington.

Liberty Bell •

1752

Une cloche de 940 kg arrive à Philadelphie pour orner le clocher du sénat.

1753

Pass et Stow refondent une cloche ornée de l'inscription « Proclamez la LIBERTÉ dans tout le pays et auprès de tous ses habitants ».

1785

La cloche est montée dans l'Independence Hall.

1848

La cloche est exposée dans la salle de réunion.

1865

Le corps du président Lincoln est exposé dans l'Independence Hall. À hauteur de sa tête on peut voir la cloche de la Liberté.

1893

Première de la *Liberty Bell March* de Sousa à Chicago.

Ci-dessous : la Philadelphia State House (à droite) sera rebaptisée Independence Hall, pour commémorer la signature de la déclaration de l'Indépendance dans la salle de réunion (ci-dessous).

Page ci-contre : pour le bicentenaire de 1976, la cloche fut exposée dans un nouveau pavillon vitré, puis elle fut installée en 2003 au Liberty Bell Center, avec l'Independence Hall en toile de fond.

Ci-contre : la cloche de la Liberté était initialement suspendue dans le clocher de l'Independence Hall, mais en 1777, elle fut décrochée et cachée, pour éviter qu'elle ne soit fondue et serve à fabriquer des munitions.

Liberté La cloche fut baptisée dans les années 1830 par des pamphlétaires qui cherchaient à ridiculiser la passivité des habitants de Philadelphie au regard de la cause abolitionniste. Longtemps après que le sarcasme eut perdu de sa virulence, le symbolisme resta ancré dans les esprits, et la cloche devint célèbre. Elle fut exposée dans la salle de réunion puis promenée dans tout le pays pour promouvoir la cause de la liberté et de l'unité nationale. Des foules se rassemblèrent sur son passage, et une immense industrie du souvenir se mit à fleurir autour d'elle. Malheureusement, les voyages ne faisaient qu'élargir la fêlure et certains admirateurs en cassaient des fragments pour s'en faire des souvenirs. La cloche fit son dernier périple vers l'exposition Panama-Pacifique à San Francisco, en 1915.

Au cours de la Seconde Guerre mondiale, les habitants de Philadelphie vinrent s'enrôler dans l'armée devant la cloche de la Liberté. Son image figura sur divers titres d'obligation émis en temps de guerre, et au cours de la guerre froide, sur des bons du Trésor. La Whitechapel Foundry offrit de refondre la cloche en 1958, mais cette offre fut refusée : la fêlure faisait désormais partie de cette icône connue dans le monde entier.

National Mall

« LA FAÇADE DE L'AMÉRIQUE » A POUR TOILE DE FOND LES JARDINS DU CAPITOLE,
LE MONUMENT CONSTRUIT EN HOMMAGE À WASHINGTON, ET LE LINCOLN MEMORIAL.
ELLE SERT DE CADRE À DIVERSES CÉLÉBRATIONS NATIONALES, MARCHES DE
PROTESTATION, RENCONTRES, FESTIVALS, PIQUE-NIQUES ET JOGGING MATINAL.

Pierre Charles L'Enfant, chargé d'aménager la nouvelle capitale fédérale, avait une vision grandiose de son projet. Il conçut un ensemble ordonné de rues et d'avenues qui reliaient des boulevards élégants et des places avenantes. Les principaux bâtiments publics de la ville devaient être le parlement (le Capitole) et le palais présidentiel. À l'ouest du Capitole, L'Enfant planifia une impressionnante « grande avenue » qui convergeait vers la statue équestre de George Washington, au sud de la Maison Blanche. Mais la grande avenue ne fut pas totalement tracée, et au cours du XIXᵉ siècle, l'espace prévu fut encombré par des campements militaires, des usines de

munitions, des jardins potagers et des voies ferrées. Cependant, en 1901, ce lieu fut placé au centre d'un projet qui visait à doter la ville d'un parcours processionnel digne de rivaliser avec ceux de Paris et Rome. La commission McMillan étudia le plan d'un vaste espace vert encadré d'ormes américains et bordé de bâtiments publics.

Le château La promenade était déjà jalonnée de bâtiments institutionnels. Le musée Smithsonian, terminé en 1855, avait été construit grâce aux fonds d'un scientifique britannique qui avait émis le souhait, original, de donner à Washington « une structure servant à l'expansion et à la diffusion du savoir ». C'est ainsi que naquit le Château, bâtiment néogothique qui évoque le style architectural des plus anciennes

National Mall •

Page ci-contre : l'Abraham Lincoln Memorial occupe l'extrémité occidentale du Mall, et fait face au Washington Monument ainsi qu'au Capitole.

CHRONOLOGIE

1791
Pierre Charles L'Enfant conçoit les plans de Washington D.C.

1802
The Mall apparaît sur le plan de ville.

1855
Fin des travaux du Château, le musée Smithsonian.

1884
Fin de la construction du monument de Washington.

1901
La commission McMillan conçoit le plan de la promenade.

1922
Ouverture du Lincoln Memorial.

1943
Achèvement du Jefferson Memorial.

1965
Inauguration du National Mall.

À droite : le plus ancien monument du National Mall est le Château, c'est-à-dire le musée Smithsonian, conçu dans le style anglo-normand, tel qu'il était repris au XIXᵉ siècle.

À l'extrême droite : à l'intérieur du Lincoln Memorial trône une statue du président, représenté en quatre fois sa grandeur nature, sculptée par Daniel Chester French et terminée en 1920.

Au centre : en 1912, le maire de Tokyo offrit 3000 cerisiers à la ville de Washington en gage d'amitié. Ils furent plantés près du bassin.

En bas, à droite : du haut du Washington Monument, on aperçoit le Mall qui s'étend au-delà du mémorial de la Seconde Guerre mondiale jusqu'au bassin situé devant le Lincoln Memorial, près du fleuve Potomac.

universités britanniques. Aujourd'hui, il abrite le siège du plus grand complexe muséographique de toute la planète.

Le Washington Monument Dans l'intervalle, L'Enfant avait souhaité installer une statue de Washington, à un endroit qui s'est révélé trop instable pour supporter une structure de cette taille. Un tiers du vaste monument était déjà construit. En 1854, les donations étaient épuisées, et après une nouvelle collecte de fonds, la guerre de Sécession éclata et les disputes à propos de la conception du monument et de l'obélisque retardèrent la reprise des travaux, qui intervint finalement en 1879. Des pierres d'une autre carrière, et d'une couleur légèrement différente, furent utilisées. Mais lorsque le monument fut cérémonieusement coiffé d'une pyramide d'aluminium en 1884, il s'agissait de la structure la plus haute du monde.

Ce monument est devenu immédiatement populaire, en dépit de ses 896 marches. Quelque 1888 visiteurs purent emprunter un ascenseur à vapeur, mais seuls les hommes furent admis, car la machine était jugée trop dangereuse pour les femmes. L'époustouflante vue qui attend les touristes au sommet continue de séduire aujourd'hui, et l'édifice reste le plus haut de la ville.

Le Lincoln Memorial Du Washington Monument, le regard porte, vers l'ouest, jusqu'au World War II memorial, par-dessus le long bassin, vers le temple dorique qui rend hommage à Abraham Lincoln. À l'intérieur du bâtiment, la majestueuse silhouette du président est assise, flanquée des textes de

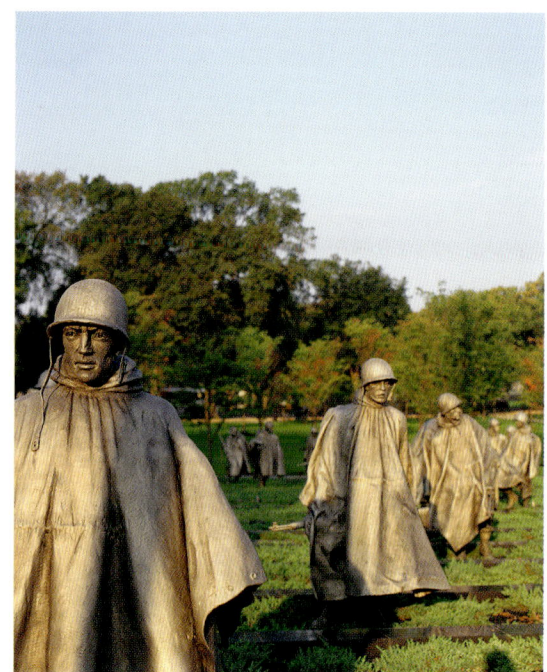

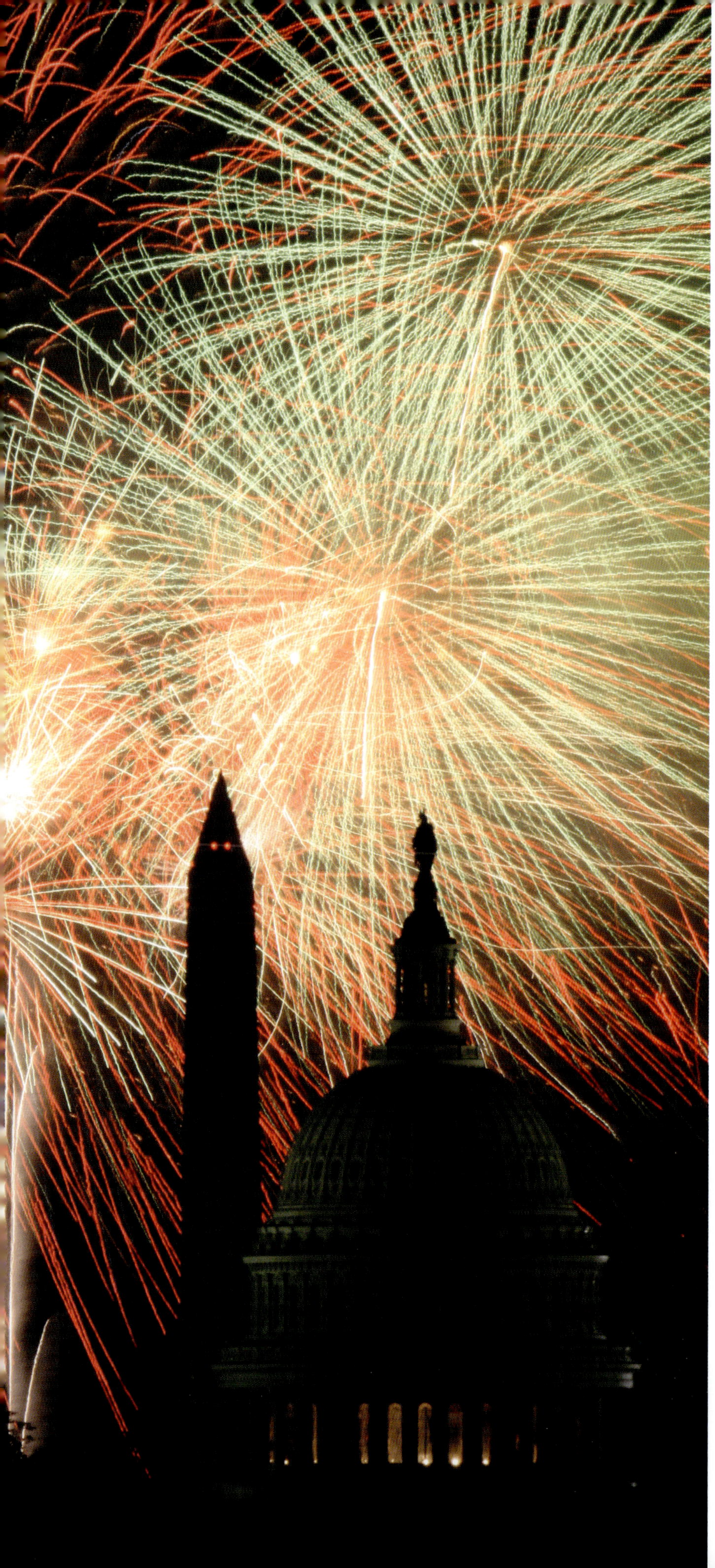

Page ci-contre : des feux d'artifice illuminent le ciel au-dessus du Washington Monument et du Capitole, pour marquer l'apogée des célébrations annuelles de l'Indépendance à Washington D.C.

Ci-dessous : le Mémorial des Vétérans de la guerre de Corée, inauguré en 1995, réunit 19 statues grandeur nature réalisées par Frank Gaylord, et représentant une escouade en patrouille.

ses plus célèbres discours : son second discours d'investiture et le discours de Gettysburg.

Très peu de temps après la mort de Lincoln, divers projets furent présentés, mais le plan grandiose de 1867, qui comportait plusieurs douzaines de statues colossales, se révéla trop onéreux et fut donc abandonné. Finalement, le bâtiment austère et digne réalisé en marbre blanc par Henry Bacon ouvrit au public en 1922. Désormais, il fait partie du quotidien de tous les Américains, puisque ses contours figurent sur la pièce de 1 cent et sur le billet de 5 dollars. Il a servi de toile de fond à de nombreux événements majeurs, notamment au très célèbre discours de Martin Luther King, « J'ai un rêve », prononcé en 1963 au moment le plus crucial du Mouvement pour les droits civiques américains.

Le Jefferson Memorial Ce losange parfait a été conçu selon le plan dicté par la commission McMillan, qui avait désigné le National Mall comme l'épine dorsale est-ouest et la Maison Blanche comme le point de mire situé au nord. Le Jefferson Memorial, situé de manière pittoresque sur la rive du bassin proche du fleuve Potomac, est devenu l'élément le plus méridional en 1943. Son cadre est planté de cerisiers dont la floraison printanière coïncide avec un festival culturel.

McMillan avait suggéré la construction d'un panthéon qui aurait salué la mémoire de nombreux citoyens distingués. De fait, John Russel Pope imagina un monument modelé sur le panthéon de Rome, dans le style néoclassique que Jefferson

Ci-dessus : une statue en bronze représentant Jefferson a été sculptée par Rudolph Evans et dressée à l'intérieur du mémorial. On peut y lire des passages de ses textes, ainsi que la déclaration d'Indépendance, gravée sur les murs intérieurs du mémorial.

affectionnait et qu'il avait choisi pour sa maison de Monticello, ainsi que pour les bâtiments de l'University of Virginia. La construction devait abriter une statue en bronze représentant le président, mais il était impossible de se procurer ce métal durant la Seconde Guerre mondiale. Il fallut se contenter d'un moulage en plâtre peint lors de la cérémonie d'ouverture. La statue en bronze arriva en 1947. Elle semble faire porter son regard au-delà des colonnes ioniques, dans la rotonde ouverte, vers la Maison Blanche.

Histoire de la Nation L'Enfant souhaitait au départ que le Mall accueille plusieurs autres monuments dédiés aux fondateurs et aux dirigeants des États-Unis. En effet, de nombreux autres édifices occupent cette oasis au centre de la capitale. Citons ceux qui ont été dédiés à Franklin D. Roosevelt, aux vétérans de la guerre de Corée et aux vétérans du Viêt Nam. Collectivement, ils incarnent l'histoire du pays.

Le Mall est une arène nationale où le public vient se masser pour célébrer, pleurer ses morts, protester et honorer les vivants. Mais c'est aussi un parc urbain, où les habitants de la ville viennent se ressourcer et déguster des sandwiches, ainsi qu'une destination touristique essentielle. Près de 25 millions de personnes visitent les lieux chaque année, et le National Mall atteint les limites de ses capacités d'accueil. Il est actuellement question de le remanier complètement pour restaurer et préserver ce grand espace ainsi que ses nombreux édifices, pour les générations à venir.

À droite : le National Mall a été intégralement ouvert au public lors de la cérémonie d'investiture du président Obama, le 20 janvier 2009.

ÉTATS-UNIS, WASHINGTON D.C.

Maison Blanche

LE 1600 PENNSYLVANIA AVENUE EST L'UNE DES ADRESSES LES PLUS CÉLÈBRES AU
MONDE. LE PRÉSIDENT DES ÉTATS-UNIS Y VIT ET Y TRAVAILLE. LA MAISON BLANCHE
EST UN LOGEMENT, UN MUSÉE, UNE PLATE-FORME ADMINISTRATIVE ET LE SYMBOLE
DU BRAS EXÉCUTIF DU GOUVERNEMENT DES ÉTATS-UNIS.

L'un des premiers édifices commandés par la nouvelle capitale fédérale a été la maison du président, pour laquelle neuf architectes (dont probablement Thomas Jefferson sous pseudonyme) sont entrés en lice. En juillet 1792, George Washington a sélectionné le projet d'édifice néoclassique de James Hoban, tout en le trouvant à la fois trop petit et trop simple. Hoban était irlandais et il se serait inspiré de la Leinster House de Dublin.

Le bâtiment fut dûment agrandi, et bien que les travaux ne fussent pas tout à fait terminés le 1er novembre 1800, John Adams put s'y installer. Quatorze ans plus tard, des troupes britanniques

Maison Blanche •

prirent le bâtiment par surprise et après avoir englouti le dîner préparé pour le président Madison, ils mirent le feu à la maison. Après la reconstruction, les murs de l'édifice furent peints en blanc avec un mélange de chaux, de caséine, de colle et de plomb, mais il ne fut pas officiellement baptisé « Maison Blanche » avant 1901.

L'héritage de Roosevelt Ce nouveau nom fit partie de sa modernisation sous Theodore Roosevelt. Ses multiples fonctions étaient devenues tentaculaires, et Edith Roosevelt se plaignit d'avoir l'impression de « vivre au-dessus du magasin ». On retira le bric à brac victorien, on installa l'électricité et on aménagea des salles de bains. Un bureau « temporaire » – dans l'aile ouest – remplaça une série de serres. Le Bureau ovale

CHRONOLOGIE

1791
L'Enfant conçoit les plans de la nouvelle capitale fédérale.

1800
La Maison Blanche est occupée pour la première fois.

1814
Incendie du bâtiment, mais les murs restent intacts.

1824
Ajout du portique sud.

1829
Ajout du portique nord.

1901
Construction de l'aile ouest, ajout du Bureau ovale et du Cabinet en 1909.

1913
Une roseraie est plantée par Ellen Wilson.

1948-1952
La Maison Blanche est rebâtie sur de nouvelles fondations.

1961
La Maison Blanche acquiert le statut de musée. Restauration par J. Kennedy.

1995
La Pennsylvania Avenue est fermée aux voitures devant la Maison Blanche.

Page ci-contre : le portique sud, de forme convexe, vu du National Mall. Le balcon du premier étage, qui coupe transversalement les colonnes, a été ajouté par Harry Truman en 1948.

Ci-contre : l'aile ouest abrite les bureaux des plus proches collaborateurs du président. Le Bureau ovale occupe l'un des angles et domine le jardin, à un endroit qui servait au départ à suspendre le linge.

devint l'une des parties essentielles de cette extension en 1909, et il fut installé à sa place actuelle en 1934.

Les présidents successifs imprimèrent leur marque à la Maison Blanche, mais à certaines périodes, elle fut négligée. En 1948, Harry S. Truman se retrouva dans un bâtiment qui menaçait de s'écrouler. Il fut donc remanié et rebâti autour d'une structure en acier. Une grande partie du caractère historique de l'édifice disparut, mais en 1961, Jacqueline Kennedy se lança dans une grande restauration, en utilisant des papiers peints, des tissus et des meubles d'époque. Son émission *Tour of the White House* fut regardée par des millions de téléspectateurs et fit d'elle un arbitre du goût américain. La maison acquit son statut de musée et les occupants qui s'y succédèrent la traitèrent comme telle, en n'imprimant que quelques modifications mineures et en préservant le décor authentique.

Ci-dessous : le portique nord fut ajouté par Andrew Jackson en 1829. Il permit aux visiteurs d'arriver par l'entrée principale, sans être exposés aux intempéries.

Ci-contre : dans la salle à manger officielle, rénovée par Jackie Kennedy, le manteau de la cheminée est orné de bisons, à la demande de Roosevelt.

ÉTATS-UNIS, DAKOTA DU SUD

Mont Rushmore

IL ÉTAIT D'ABORD QUESTION D'ATTIRER LES TOURISTES DANS LES COLLINES NOIRES
DU DAKOTA DU SUD. UNE RÉUSSITE, CAR PLUS DE DEUX MILLIONS DE VISITEURS
SE PRESSENT CHAQUE ANNÉE SUR LES LIEUX. MAIS GRÂCE À L'AMBITION DE SON
CRÉATEUR, CET ENDROIT TOURISTIQUE A ACQUIS LE STATUT DE MONUMENT NATIONAL.

Doane Robinson, historien de l'État du Dakota du Sud, rêvait de graver dans la pierre des Needles, piliers naturels, les statues géantes des personnages légendaires issus de la région, afin d'inscrire les Black Hills sur la carte touristique des États-Unis. Toutefois, le sculpteur Gutzon Borglum était plus ambitieux que lui. Il voulait représenter la naissance et le développement de la nation, et choisit pour ce faire quatre présidents : Washington, Jefferson, Lincoln et Theodore Roosevelt. Et il délaissa les Needles, leur préférant, en 1925, le versant sud-est du mont Rushmore, lieu sacré des Sioux Lakta et point le plus élevé de la région. Il obtint la permission d'entamer son projet, mais pas les fonds. Heureusement, deux ans plus tard, le président Calvin Coolidge se rendit dans le Dakota du Sud pour y pêcher, et Borglum le persuada d'accorder des subventions fédérales pour créer un « sanctuaire national ».

Remaniement de la montagne Au fil des 14 années suivantes, près de 400 ouvriers dynamitèrent et façonnèrent la pierre sous les ordres de Borglum, retirant 450 000 t de granit. Le projet de départ incluait la gravure de la déclaration de l'Indépendance, de la Constitution et d'autres documents, et les quatre personnages devaient être représentés jusqu'à la taille, mais les fonds vinrent à manquer, et après la mort de Borglum en 1941, l'élan s'émoussa.

INFORMATIONS

Coût
990 000 dollars

Dimensions
Tête 18 m
Yeux 3,3 m
Bouches 5,5 m
Nez 6 m
(Celui de Washington
est un peu plus long.)

Altitude
1,675 m au-dessus
du niveau de la mer

Ci-dessous : en respectant
l'échelle de 1/12 adoptée
par Borglum, les ouvriers
ont travaillé en perçant des
trous très rapprochés à
certaines profondeurs, ont
cassé les débris environnants,
et ont lissé la surface.

Opposite: les têtes ont
été dévoilées après leur
achèvement : celle de
Washington le jour de
l'Indépendance en 1934,
celle de Jefferson en 1936,
celle de Lincoln en 1937 et
celle de Roosevelt en 1939.

Ci-contre : le profil
de George Washington.
En 2010, le monument du
mont Rushmore a fait l'objet
d'un scan numérique,
qui a permis de créer
un modèle informatique
au centimètre près.

Il était singulier de remodeler ainsi la montagne, et même
dans les années 1920, il y eut des protestations axées sur les
dommages infligés à l'environnement. En 1868, les Sioux
Lakota avaient reçu l'assurance de disposer à perpétuité des
collines noires, mais dès que l'on y découvrit de l'or, quelques
années plus tard, le territoire leur fut repris. Nombreux sont
ceux qui détestent le monument, encore à ce jour. Néanmoins,
sur une montagne toute proche, également sacrée, un autre
projet plus pharaonique, celui du Crazy Horse Memorial, était
en cours dès 1948. Un sculpteur qui avait travaillé avec Borglum sur le mont Rushmore avait été appointé par l'État du
Dakota du Sud.

Frappants par leur taille, les visages découpés dans le roc
sont entrés dans la culture populaire. Dans un film d'Hit-
chcock, *La Mort aux trousses*, ce monument a constitué le
cadre d'une scène haletante (en réalité, c'est une maquette qui
a servi au tournage). Cette construction digne de Legoland a
orné de nombreuses unes de magazines et diverses couvertures
d'albums, ainsi que les pièces de monnaie américaines et les
plaques d'immatriculation du Dakota du Sud.

Statue de la Liberté

LA STATUE DE LA LIBERTÉ ÉCLAIRANT LE MONDE A ÉTÉ CRÉÉE POUR CÉLÉBRER LES IDÉAUX RÉPUBLICAINS DU XIXᴱ SIÈCLE AUX ÉTATS-UNIS. TOUTEFOIS, POUR DES MILLIONS D'IMMIGRANTS QUI SONT PASSÉS DEVANT ELLE, SUR LE CHEMIN D'ELLIS ISLAND, LE SENS DU MOT LIBERTÉ AVAIT UNE AUTRE DIMENSION.

Tout nouvel arrivant voyait dans cette statue la figure maternelle qui offrait l'espoir de la liberté et d'une nouvelle vie. Un poème écrit par Emma Lazarus pour collecter les fonds nécessaires à la construction du piédestal contient les lignes qui résument ce symbolisme :

« Donnez-moi vos pauvres, vos exténués
Qui en rangs serrés aspirent à vivre libres,
Le rebut de vos rivages surpeuplés,
Envoyez-les moi, les déshérités que la tempête m'apporte,
De ma lumière, j'éclaire la porte d'or ! »

En 1949, la comédie musicale *Miss Liberty*, signée par Irving Berlin, a offert un cadre à ces paroles.

Statue de la Liberté •

Enfant, Berlin avait été l'un des immigrants accueillis par la lumière de la Liberté : il avait échappé avec ses parents aux pogroms russes, et était arrivé dans le port de New York en 1893, avant que la statue ait commencé à se couvrir de sa patine vert-de-gris.

Un cadeau de la France C'est le juriste et politicien Edouard René de Laboulaye qui a suggéré en 1865 qu'un monument à la gloire de l'indépendance des États-Unis constituerait un cadeau approprié de la part de la France, alliée historique des Américains. À l'époque, sous le régime répressif de Napoléon III, cette idée est restée lettre morte, mais une décennie plus tard, Laboulaye fonda l'Union franco-américaine, et une collecte de fonds fut organisée sur les deux rives

CHRONOLOGIE

1811
Construction de Fort Wood sur Bedloe's Island.

1876
Exposition du bras portant la torche lors de la Centennial Exhibition.

28 octobre 1886
Inauguration de la statue de la Liberté, marquée par la première Parade à confettis de New York.

1924
La statue est désignée comme monument national.

1956
L'île est officiellement rebaptisée Liberty Island.

En bas, à gauche : un escalier sinue à l'intérieur de la statue, au milieu de la structure en acier qui supporte la coque.

En bas, à droite : la base de la statue est un fort en granit du début du XIXᵉ siècle, servant à défendre le port contre une attaque britannique.

Page ci-contre : la belle couleur vert-de-gris qui couvre la statue est apparue au début du XXᵉ siècle. Le congrès avait voté la remise en peinture de la statue, mais le public protesta contre ce projet.

Ci-contre : la première torche de la Liberté était équipée de lampes pas assez puissantes pour guider les bateaux dans le port. L'ajout de panneaux de verre en 1916 provoqua des craquelures et une érosion. Ils furent retirés en 1984.

de l'océan Atlantique. Il fut convenu que les Français paieraient la statue et que les Américains financeraient le piédestal.

Frédéric-Auguste Bartholdi, inspiré par l'idée de Laboulaye, travaillait à la statue depuis 1870, et c'est lui qui créa d'abord le bras qui portait la torche, afin d'éveiller l'intérêt du public pour son projet. Ce bras languit pendant plusieurs années à New York avant que la somme nécessaire ne soit réunie pour achever le piédestal. Dans l'intervalle, la tête de la statue fut exposée en 1878 lors de l'Exposition universelle de Paris.

Une prouesse technique Finalement terminée en 1886, la colossale dame représentait une véritable prouesse technique. La statue de Libertas, déesse romaine de la liberté, représentée par Bartholdi, relevait de la technique du repoussé, qui suppose de marteler de fines feuilles de cuivre dans des moules. Les sections furent ensuite assemblées sur une armature en acier, conçue par Eiffel et Cie. Celle-ci était assez flexible pour permettre à la statue d'osciller légèrement au gré du vent et de s'adapter à tout mouvement du revêtement en cuivre (ce métal augmente légèrement de volume sous l'action du soleil).

Très loin de la Marianne aux seins nus qui incarne la France révolutionnaire, Bartholdi a donné une version de la liberté chastement drapée dans une longue toge, et surmontée d'un diadème solaire. Les chaînes brisées à ses pieds ont été discrètement cachées sous sa toge pour éviter une association trop directe à la douloureuse question de l'esclavage, dans ces années qui suivaient la guerre de Sécession. Il s'agit de la Liberté éclairant le Monde, armée d'une torche qui symbolise le progrès et offre ses lumières pour guider les humains vers la sécurité du port. La tablette qu'elle tient de sa main gauche porte l'inscription de la date de la déclaration d'Indépendance.

Empire State Building

L'EMPIRE STATE BUILDING A ÉTÉ LE PREMIER GRATTE-CIEL À POSSÉDER PLUS DE 100 ÉTAGES. SA FLÈCHE EFFILÉE LUI A GARANTI PENDANT PLUS DE 40 ANS LE STATUT DE BUILDING LE PLUS HAUT DU MONDE. LONGTEMPS, LES LOCATAIRES ONT BOUDÉ SES APPARTEMENTS. MAIS IL A ACCÉDÉ AU TITRE D'ICÔNE DE LA VILLE DE NEW YORK.

À la fin du XIXᵉ siècle, l'invention d'ascenseurs bien rôdés et le développement de la construction sur structure en acier permirent l'avènement des gratte-ciel, et à New York, ces derniers visèrent les nuages. Walter Chrysler de la Chrysler Corporation et John J. Raskob de General Motors, deux magnats de l'industrie automobile furent les féroces rivaux de cette onéreuse compétition. En 1929, ils comptaient parmi les quelque personnes qui avaient encore des fortunes à miser sur des tours vertigineuses. Ils donnèrent leur nom à des constructions singulières et élégantes qui définissent aujourd'hui la ligne d'horizon new-yorkaise.

Empire State Building •

Toujours plus haut Le site de l'Empire State Building, situé entre la 34th street et la 5ᵉ avenue, avait précédemment été occupé par l'hôtel Waldorf-Astoria. Raskob et ses partenaires au sein de la nouvelle Empire State Corporation firent l'acquisition du terrain en 1929 et louèrent les services de l'agence d'architectes Shreve, Lamb & Harmon.

Le Chrysler Building était déjà en construction, mais le secret de sa future hauteur était bien gardé. Raskob aurait demandé à William F. Lamb : « Quelle hauteur pouvez-vous atteindre sans que la tour s'écroule ? » Au fur et à mesure que la tour Chrysler s'élevait, Lamb ajoutait des étages. Il souhaitait ajouter une flèche de 70 m, conçue pour servir de repère aux avions transatlantiques (idée finalement trop dangereuse).

CHRONOLOGIE

1929
Acquisition du site.

22 janvier 1930
Début de l'excavation.

17 mars 1930
Début de la construction.

13 novembre 1930
Achèvement des travaux
de maçonnerie.

1er mai 1931
Inauguration officielle par
le président Hoover.

1950
Installation de l'antenne
de radiodiffusion

1976
Installation de phares
d'éclairage coloré.

1986
L'édifice est inscrit sur
la liste des monuments
historiques.

À droite : le hall d'accueil est
revêtu de marbre poli,
surmonté d'un plafond doré
et garni de panneaux muraux
décorés de métal en relief.

Ci-dessus : le site de
l'immeuble, construit en
centre-ville, le met à distance
de la plupart des gratte-ciel
de New York, et le singularise
dans la ligne d'horizon.

Ci-dessus : la tour principale
est en retrait de la rue.
Les dentelures de son
revêtement et son aspect
fuselé créent une forme
élégante et aérodynamique.

Lamb conçut son projet en 15 jours. L'édifice est revêtu
de grès, et équipé de baies vitrées verticales proéminentes en
nickel et acier qui brillent au soleil. Au niveau de la rue, la
façade du monument est garnie de fines côtes de pierre et de
motifs de style égyptien.

Un travail rapide Aucun retour financier ne pouvait être
espéré avant que le bâtiment ne soit occupé, c'est pourquoi la
société eut besoin de le construire en un temps record. On
utilisa autant que possible des éléments préfabriqués et de
conception industrielle. La forme des baies vitrées en métal
conçues par Lamb permettait de préserver l'aspect brut du
rebord en pierre. Il installa un système de rails verticaux pour
transporter les matériaux à l'intérieur du cadre, en remplissant
des bennes dans le sous-sol. Les poutrelles, fabriquées à Pitts-
burgh, furent rivetées sur place et ce travail fut achevé 80 heures
après la sortie des pièces de l'usine. En moyenne, le chantier
progressait de 4 étages et demi par semaine, et le record fut de
14 étages en dix jours. Le chantier pouvait compter jusqu'à
3 500 personnes qui travaillaient sans cesse, déjeunant même
sur place. L'édifice fut construit en moins de 15 mois.

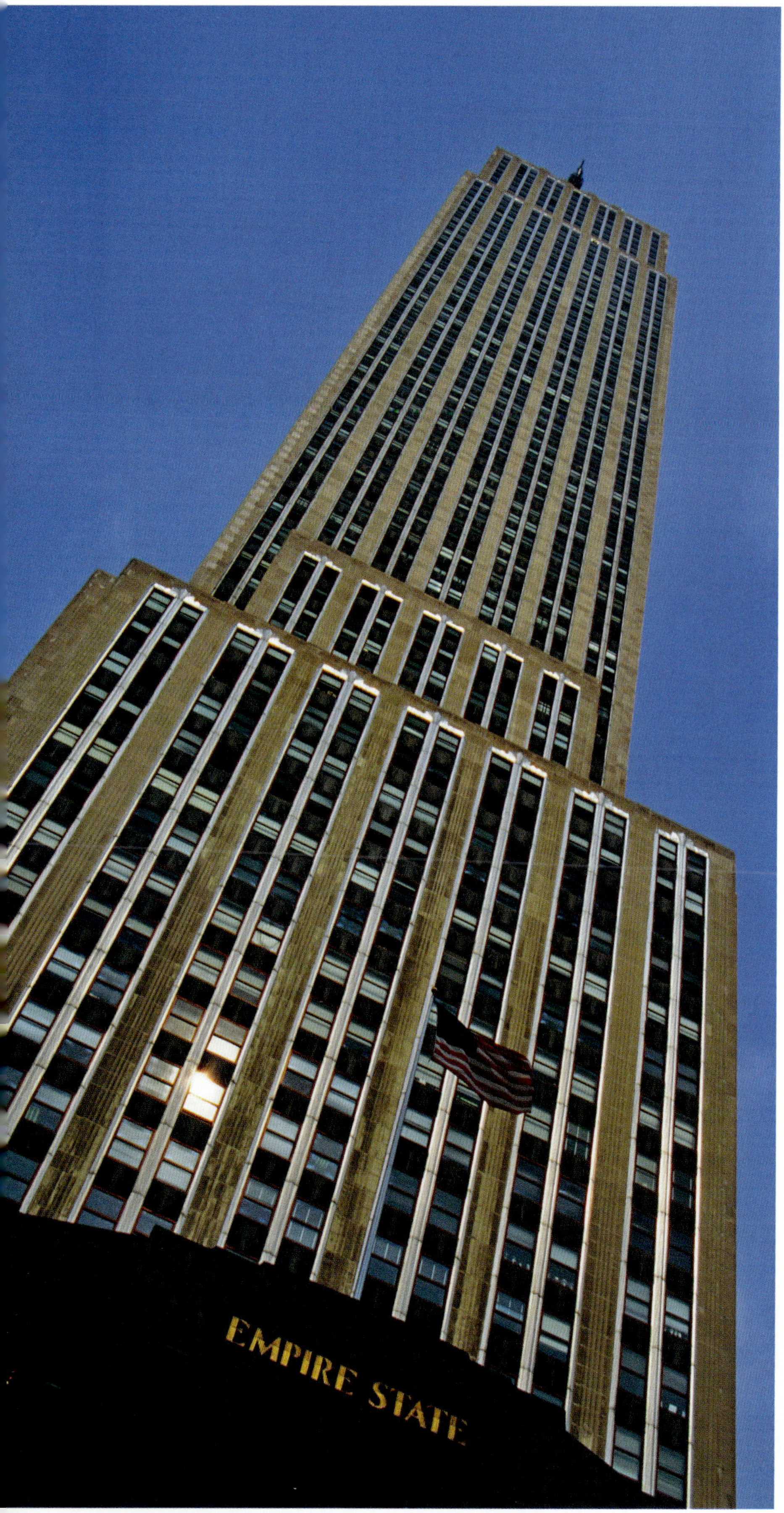

Ci-contre : les bandes de nickel et d'acier qui entourent les fenêtres avaient une fonction pratique et permettaient de se passer de revêtement pour les bords en pierre. Elles étaient aussi essentielles pour l'apparence de l'immeuble, car elles soulignaient ses lignes verticales et créaient un scintillement absolument unique et subtil dans la lumière du jour.

Les ouvriers du ciel Le fait que l'Empire State Building ait été édifié après l'effondrement de la bourse fit de la tour un symbole de survie et d'espoir pour l'Amérique. Des photographes et des réalisateurs firent l'escalade du bâtiment en construction avec leurs appareils photos et leurs caméras, afin d'immortaliser les exploits des « ouvriers du ciel ». Ces travailleurs se hissaient sur les poutrelles suspendues à des hauteurs vertigineuses, et leur nonchalance fascinait les passants qui se rassemblaient au pied de l'immeuble pour les observer. Les ouvriers chargés de riveter les poutrelles travaillaient par équipes de quatre : une personne chauffait les rivets à blanc puis les lançait à l'ouvrier préposé à les rattraper dans un vieux pot à peinture. Puis, ce dernier les prenait avec une pince et les posait dans l'orifice. Un troisième ouvrier soutenait le rivet pendant qu'un quatrième le martelait pour le mettre définitivement en place. Le tout dernier rivet posé dans la carcasse fut, selon l'anecdote, en or massif.

Un symbole de la ville L'Empire State Building fut inauguré le 18 mai 1931. Le président Hoover alluma cérémonieusement les lumières du hall d'accueil, et les visiteurs prirent les ascenseurs qui menaient à la terrasse d'observation

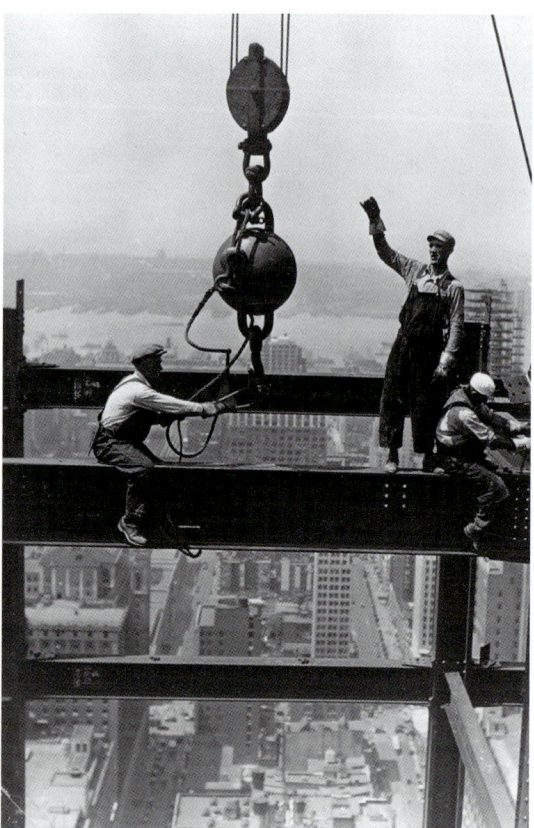

INFORMATIONS

Coût
40 948 900 dollars,
terrain compris

Hauteur
443,2 m jusqu'au sommet
de l'antenne paratonnerre,
103 étages

Nombre de marches
1 860

**Poids de la structure
en acier**
60 000 t

Fenêtres
6 500

Ascenseurs
73, qui se déplacent
du hall d'entrée au
86ᵉ étage en moins
d'une minute.

Page ci-contre, à droite :
pour mieux rendre les
images des ouvriers du
bâtiment, Lewis Wickes,
photographe officiel du
projet, a parfois pris les
mêmes risques qu'eux.

Ci-dessus : les phares
d'éclairage du dernier étage
sont colorés pour certaines
occasions : ici, en pourpre et
or, pour la visite d'Elisabeth II
en 2002.

Ci-contre : le monstre
chevauche l'Empire State
Building sur une affiche du
film *King Kong*, en 1933.

et au 102ᵉ étage. Mais au cœur de la Grande Dépression, peu
d'amateurs voulurent emménager, et l'édifice flambant neuf,
pratiquement vide, fut surnommé « Empty State Building ».
La société ne commença à tirer bénéfice de ses loyers qu'à partir
de 1941. Toutefois, ce fut une attraction touristique immédiate, avec plus d'un million de visiteurs dès la première année.

À l'occasion de la grande exposition New York World Fair,
en 1964, de nouveaux phares d'éclairage furent installés à hauteur des 30 derniers étages, et la couleur arriva dans les années
1970, ce qui permit d'organiser de grands spectacles commé-
moratifs lors d'occasions spéciales. En 2004, les lumières s'éteignirent pendant 15 minutes pour marquer la mort de Fay
Wray, l'actrice qui avait joué la malheureuse victime capturée
par le monstre lors de la mise en scène la plus mémorable de
l'édifice, pendant le tournage de *King Kong* en 1933.

Aujourd'hui, l'Empire State Building entre dans l'ère « écologique » : ses fenêtres sont doublement isolées et ses systèmes
de ventilation rénovés. Il est question de réduire la consom-
mation énergétique de 38 %. Toutefois, aucun des changements programmés ne sera visible de l'extérieur, et les derniers
étages resteront illuminés comme avant.

ÉTATS-UNIS, FLORIDE

Launch Complex 39

LA SPACE COAST S'ÉTIRE SUR LES RIVES DE L'OCÉAN ATLANTIQUE, À MI-CHEMIN
ENTRE JACKSONVILLE ET MIAMI. DANS CETTE RÉGION TRÈS OUVERTE, PONCTUÉE
DE PLAGES, DE DUNES, DE MARAIS ET DE VASTES HORIZONS, LA TERRE, L'EAU
ET LE CIEL SE CONFONDENT, ET L'ESPACE DEVIENT UNE DESTINATION NATURELLE.

Tous les vaisseaux spatiaux sont lancés vers l'est, afin de tirer parti de la rotation de la terre. Un lancement proche de l'équateur, où la vitesse de rotation est la plus grande, donne donc un élan maximal. Le lancement effectué d'une côte située à l'est est également le plus sécurisé, car les fusées mal lancées atterrissent automatiquement dans la mer. La côte atlantique de la Floride, jadis occupée par des plantations de citronniers, a été choisie par les États-Unis pour y épanouir ses ambitions aéronautiques.

La NASA (National Aeronautics and Space Administration) a été créée en 1958, et quatre ans plus tard, elle a construit son centre de lan-

cement sur Merritt Island, près de Cap Canaveral, avec la lune en ligne de mire. Dès la fin de l'année 1963, le centre fut rebaptisé en l'honneur du président John F. Kennedy, dont le discours prononcé en mai 1961 avait redéfini l'objectif de la course à l'espace, en concurrence avec l'URSS. Kennedy avait annoncé que l'Amérique avait l'intention d'envoyer des hommes sur la lune avant la fin de la décennie.

Les missions Les bases de lancement se sont égrenées du nord au sud de la côte, et le complexe visant la lune a porté le numéro 39. La base 39A, terminée en 1965, était située à la pointe orientale de la Floride, tout près de la mer, et elle était entourée de marais et de criques. Les missions lunaires *Apollo* se sont succédé entre 1961 et 1972, mais le vol qui a changé

Launch Complex 39 •

5 mai 1961
Premier vol habité dans l'espace des États-Unis.

Juillet 1962
Inauguration du Launch Operations Center.

1966
Construction du VAB (Vehicle Assembly Building).

21 décembre 1968
Apollo 8, premier vol habité qui ait quitté l'orbite terrestre, a été lancé du Complexe 39.

16 juillet 1969
Lancement d'*Apollo 11*.

12 avril 1981
Lancement de *Columbia*, première navette spatiale.

28 janvier 1986
Explosion de la navette spatiale *Challenger*.

24 avril 1990
Lancement de la navette *Discovery*, qui déploie le télescope spatial Hubble.

11 mai 2009
Lancement de la dernière navette spatiale vers le télescope Hubble.

Page ci-contre : la navette spatiale *Columbia* se trouve sur son socle de lancement, prête pour son premier vol en 1981. À sa gauche, la rampe de lancement équipée de structures fixes et rotatives, installée pour le programme de la navette.

Ci-contre : départ du vaisseau spatial *Saturn V* dans le cadre de la mission *Apollo 11*. Collins resta en orbite autour de la lune dans le module de commande, pendant qu'Armstrong et Aldrin passèrent 22 heures sur le sol lunaire.

la face du monde a été *Apollo 11*. Après avoir quitté la Floride quatre jours plus tôt, ce vaisseau a permis à l'homme de poser le pied sur la lune le 20 juillet 1969. Après le lancement d'*Apollo 11*, le *Pad 39A* est resté en service, mais a été le théâtre du désastreux lancement de *Challenger* en janvier 1986.

Le complexe intérieur Situé le long du Crawlerway, long de 5 km, il permet de transporter les vaisseaux spatiaux sur des plateformes mobiles qui les conduisent à la base. Il réunit le Centre de contrôle de lancement et le VAB (Vehicle Assembly Building, bâtiment d'assemblage de véhicules), quatrième plus grand bâtiment du monde. Son personnel porte la responsabilité des vaisseaux jusqu'à ce qu'ils se détachent de la tour de lancement. Dès lors, les vaisseaux spatiaux passent sous le contrôle de la Mission Control de Houston.

Autour de ce vaste centre technologique, la nature croît en toute liberté. Merritt Island est un parc national, refuge de la faune sauvage, qui compte plus de 300 espèces d'oiseaux et 1 000 plantes différentes. Un certain nombre d'espèces en danger d'extinction, dont la tortue verte de mer, le lamantin des Antilles et l'aigle chauve du Sud y ont élu domicile.

À gauche : nid de balbuzards près du Vehicle Assembly Building.

À droite : la navette spatiale *Atlantis*, sur sa plateforme mobile de lancement.

Ci-dessous : le crawlerway relie les deux bases de lancement au reste du complexe.

Hoover Dam

APRÈS PLUSIEURS ÉTUDES ET NÉGOCIATIONS ENTRE ÉTATS, LE CONGRÈS AMÉRICAIN AUTORISA EN 1928 LA CONSTRUCTION D'UN BARRAGE SUR LE COLORADO, POUR CONTRÔLER LES RISQUES D'INONDATION, FOURNIR UN SYSTÈME D'IRRIGATION ET PRODUIRE DE L'ÉNERGIE. L'ANNÉE SUIVANTE, LA MAIN-D'ŒUVRE ARRIVA EN MASSE.

Le Colorado coule des montagnes Rocheuses au golfe de Californie, et il constitue le principal fleuve de l'Ouest américain. Toutefois, au cours de son cycle annuel, son débit varie, et le petit ruisseau peut devenir un torrent destructeur. Les premières tentatives d'utiliser son eau pour irriguer les déserts avoisinants furent des échecs. Le nouveau barrage devait au moins permettre d'offrir une réserve d'eau régulière pour la région, alors en plein développement.

Dans le sillage du crash de Wall Street en 1929, ce projet offrait un espoir de travail. Les hommes affluèrent à Las Vegas avec leur famille, et le programme de construction fut finalisé avant

que l'on ait eu le temps de construire des logements pour les ouvriers. Dans le Black Canyon, 5 000 personnes s'installèrent à « Ragtown », assortiment bigarré de tentes, de huttes en carton et autres débris, survivant dans la chaleur estivale. En 1932, les ouvriers furent relogés à Boulder City, nouveau camp installé au-dessus du barrage, dans le Nevada.

Des équilibristes Au moment où le fleuve était à son niveau le plus bas, il fallut creuser des tunnels de détournement dans les flancs du canyon et construire des digues de barrage pour protéger le site. Le travail était le plus souvent dangereux et sale. Plus de 96 personnes moururent pendant la construction. Les ouvriers les plus audacieux pouvaient gagner 25 cents de plus à l'heure, s'ils acceptaient de travailler suspendus à des

Hoover Dam •

INFORMATIONS

Hauteur
221 m

Longueur des parois
379 m

Épaisseur des parois
13,7 m au sommet,
201 m au bas de l'ouvrage

Puissance produite
Plus de 4 milliards kWh
sur un an

Coût de la construction
165 millions de dollars

À droite, en bas : le style art
déco donné au barrage par
Gordon B. Kaumann
s'exprime dans la tour qui
abrite les vannes de prise
d'eau, et jusque dans les
deux horloges postées en
face de chaque rive, qui
indiquent deux heures, car les
deux États appartiennent à
deux fuseaux horaires.

Ci-dessous : la route qui
traverse le barrage en son
sommet fut le principal point
de passage du fleuve
jusqu'à la construction d'un
nouveau pont en 2010.

Page ci-contre : le Hoover
Dam est un barrage-voûte
qui associe un arc en amont
pour diriger une partie de la
pression de l'eau contre les
flancs du canyon, et un poids
considérable pour résister
au reste de la pression.

Ci-contre : pour fournir l'eau
nécessaire aux générateurs,
quatre conduites forcées
(deux au Névada et deux
en Arizona) sont placées
derrière le barrage dans le lac
Mead, plus vaste réservoir
artificiel des États-Unis.

câbles sur les flancs du canyon. Sélectionnés pour leur force et
leur agilité, ces hommes devaient détacher de la paroi rocheuse
les pierres mal assujetties en utilisant des perceuses et de la
dynamite. Louis « la Corde » Fagan faisait partie des plus intré-
pides. Une sculpture de bronze rend hommage à ces hommes
tout près du barrage.

Du béton Jamais on n'avait utilisé autant de béton pour
une construction. Il était fabriqué sur place et transporté par
voie de chemin de fer, dans des seaux dont le contenu était
versé dans des moules en bois. Il fallait former des cubes qui
étaient refroidis à l'aide d'une eau glacée qui coulait dans des
conduites préformées. Ces matériaux entraient alors dans une
construction conçue pour résister aux siècles. Les conduites
elles-mêmes, ainsi que les interstices entre les blocs de béton,
étaient ensuite jointoyées à l'enduit.

L'héritage de Hoover Le barrage fut baptisé du nom de
Franklin Roosevelt le 30 septembre 1935. Au cours de la cérémonie, aucune allusion ne fut faite à l'ancien président Hoover
qui avait lancé le projet. Mais pour de nombreux Américains,
son nom est associé au barrage, qui retrouva son premier nom
officiel en 1947.

Golden Gate Bridge

CE PONT EST DE TOUTE BEAUTÉ, AVEC SES TOURS ÉLÉGANTES ET SON TABLIER EFFILÉ D'UN ROUGE VIF, QUI SE DÉCOUPE SUR LE CIEL CALIFORNIEN. CETTE MERVEILLE D'INGÉNIOSITÉ CONÇUE EN 1937 EST LE PONT SUSPENDU LE PLUS LONG DU MONDE, ET SAN FRANCISCO LE REVENDIQUE COMME SON SYMBOLE.

Les ferries empruntés par la population locale sillonnent l'entrée de la baie depuis les années 1820. Mais la ruée vers l'or californien a tout changé. À la fin de l'année 1849, San Francisco était une ville en plein essor et rassemblait déjà 25 000 habitants. La quête de l'or était devenue une véritable promesse, car deux ans plus tôt, l'explorateur soldat John C. Frémont avait baptisé la baie « Porte de l'or », comparant ainsi cette Golden Gate à la Corne d'Or du Bosphore.

Un désir impossible À la fin des années 1920, la Golden Gate Ferry Company était devenue la plus grande du monde, et l'attente des bacs s'allongeait indéfiniment. Il fallait construire un

pont, mais beaucoup estimaient la tâche impossible. La baie s'étendait sur plus de 2 km de largeur et 150 m de profondeur ; elle était balayée par des vents violents et traversée par de forts courants. Les dépenses envisagées se montaient à 100 millions de dollars. Mais l'ingénieur Baerman Strauss promit que son pont coûterait moins d'un tiers de la somme.

Son premier projet fut rejeté, mais Baerman Strauss proposa un nouveau pont suspendu, conçu avec l'aide d'Irving et Gertrude Morrow, qui créèrent les tours art déco, et Charles Alton Ellis qui s'occupa de la plus grande partie des structures. Au cœur de la Grande Dépression, les électeurs du district se laissèrent persuader de dépenser 35 millions de dollars en bons du trésor, afin de financer le projet.

• Golden Gate Bridge

INFORMATIONS

Longueur
2 737 m

Longueur du tablier central
1 280 m

Largeur
27 m

Hauteur navigable
67 m

Hauteur des tours
227 m

Câbles
92 cm/36 de diamètre,
constitués de 27 572 fils
entortillés

Couleur
Orange international

Oscillations à mi-portée
8,2 m

Suicides
Plus de 1 300

Ci-dessus : les épaisses couches de brume qui se déposent en été dans la baie de San Francisco et sur le Golden Gate sont souvent assez basses pour permettre de distinguer les tours du pont.

Ci-contre : l'architecte Irving Morrow a conçu un subtil système d'éclairage pour illuminer les détails du pont et souligner la hauteur des tours. Il n'a apporté la touche finale que dans les années 1980.

La construction commença en 1933. Jamais des fondations aussi volumineuses n'avaient été posées pour un pont. Strauss accorda une attention particulière à la santé de ses ouvriers et installa un filet de sécurité sous le chantier. Dix des onze morts survenues au cours des travaux furent liées à un seul accident, lorsque le filet de sécurité se rompit, mais avant cela, 19 personnes furent sauvées par sa présence. Elles devinrent membres du club du Chemin de l'enfer. L'inauguration du pont, en 1937, coïncida avec une semaine entière de festivités.

Près de 41 millions de véhicules empruntent le pont chaque année. Le 28 mai 1987, il fut fermé à la circulation automobile à l'occasion de son 50ᵉ anniversaire, et environ 300 000 personnes le traversèrent à pied. Le Golden Gate Bridge est aussi connu pour être un des endroits au monde où il y a le plus de suicides. Il est question, depuis plusieurs années, de tendre un filet sous son tablier.

Ci-contre : cette vue est normalement réservée aux ouvriers de la maintenance.

Panneau « Hollywood »

NUL BESOIN QUE L'ON VOUS RAPPELLE LE NOM DE L'ENDROIT OÙ VOUS VIVEZ PAR UN GIGANTESQUE PANNEAU POSÉ SUR UNE COLLINE. MAIS HOLLYWOOD EST TRÈS ATTACHÉ À SON IMAGE, ET LES LETTRES INSTALLÉES IL Y A PLUS D'UN SIÈCLE DANS UN BUT DE PROMOTION IMMOBILIÈRE SONT DEVENUES LE SYMBOLE UNIVERSEL DU CINÉMA.

Au départ, il était écrit « HOLLYWOODLAND ». Les lettres géantes furent commandées en 1923 par Harry Chandler, propriétaire du Los Angeles Time, et par le réalisateur Mack Sennett. Ils voulaient promouvoir les villas de luxe que leur agence immobilière construisait. Chacune de ces lettres en métal faisait 15 m de hauteur et 9,30 m de largeur. Elles étaient attachées à une structure en bois et à des poteaux d'échafaudage, éclairées par 4000 ampoules. Leur durée de vie devait être de 18 mois.

De la publicité au statut d'icônes La Hollywoodland Property Company fit faillite pendant la Grande Dépression, mais le panneau lui survécut : il avait été monté au moment où Hollywood s'affirmait comme capitale de l'industrie du film. Il symbolisa très vite les espoirs de gloire de chaque jeune acteur. Plus tard, lorsque le cinéma américain se remit de la sombre période du McCarthysme et de la féroce concurrence de la télévision, le panneau devenu miteux fut rénové ; il perdit son « Land » en 1949. Cependant, les ampoules ne furent pas remplacées.

Le nouveau panneau L'installation, qui n'avait pas été conçue pour durer, continua à se détériorer. À la fin des années 1970, elle était en ruines et ne disait plus que « H LLYWO D ». Une campagne fut lancée pour la sauver, et neuf donateurs, dont Hugh Hefner (Y), Andy Williams (W) et Alice Cooper (O) sponsorisèrent chacun une lettre afin qu'elles

• Panneau « Hollywood »

CHRONOLOGIE

1907
La Nestor Film Company ouvre son premier studio à Hollywood.

1923
« Hollywoodland » est érigé sur le mont Lee.

1932
L'actrice Peg Entwistle se suicide en se jetant du haut de la lettre « H ».

1944
La ville se porte acquéreuse du panneau, mais le terrain reste propriété privée.

1949
Le panneau est restauré et raccourci en « Hollywood ».

1973
Il est désigné comme monument historique mais continue à se détériorer.

1978
Le panneau est remplacé, à la suite d'une mise aux enchères de ses lettres.

2010
Le Hollywood Sign Trust achète 56 ha de terrain autour du panneau pour empêcher toute construction aux alentours.

Page ci-contre : vues d'en face, les lettres ont l'air alignées. Mais quand on les regarde par-dessous, on s'aperçoit que le relief de la colline perturbe leur alignement.

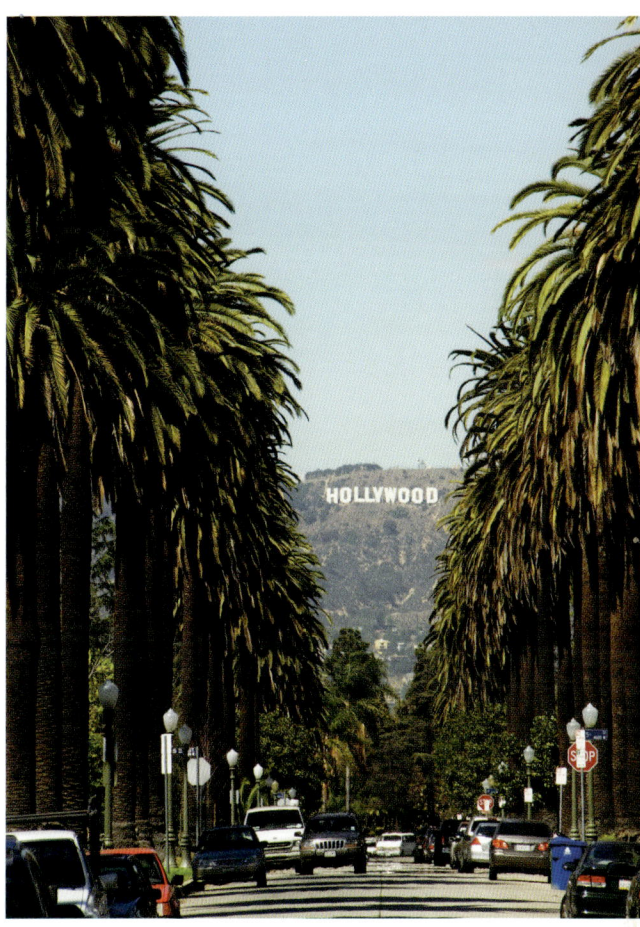

soient toutes remplacées. La nouvelle structure en acier, plus pérenne, fut dévoilée en novembre 1978. Les lettres originales, stockées dans un coin et longtemps oubliées, furent vendues au plus offrant sur eBay en 2005.

Le panneau sur grand écran Le symbole d'Hollywood est apparu de nombreuses fois à l'écran, souvent désigné comme la cible de spectaculaires attentats dans des films comme *Superman* et *Le Jour d'après*. Mais récemment encore, il a été véritablement menacé de démolition, paradoxalement, par des promoteurs immobiliers. En avril 2010, la campagne « Save the Peak » a permis de collecter 12,5 millions de dollars pour acheter les terrains alentour et accorder une protection permanente aux lettres tant aimées. Elles sont désormais placées 24 heures sur 24 sous la surveillance d'une webcam. Vous pouvez donc vous rendre (virtuellement) derrière chacune d'elles pour apercevoir la vue à travers leurs contours.

Ci-contre : ici, encadré par les palmiers qui bordent un boulevard de Beverly Hills, le panneau est posé sur la pente méridionale du mont Lee, dans les montagnes de Santa Monica.

Ci-dessous : le panneau des années 1820, en décrépitude, a été remplacé en 1978. Les nouvelles lettres sont un peu plus petites que celles d'origine, et mesurent 13,7 m de hauteur.

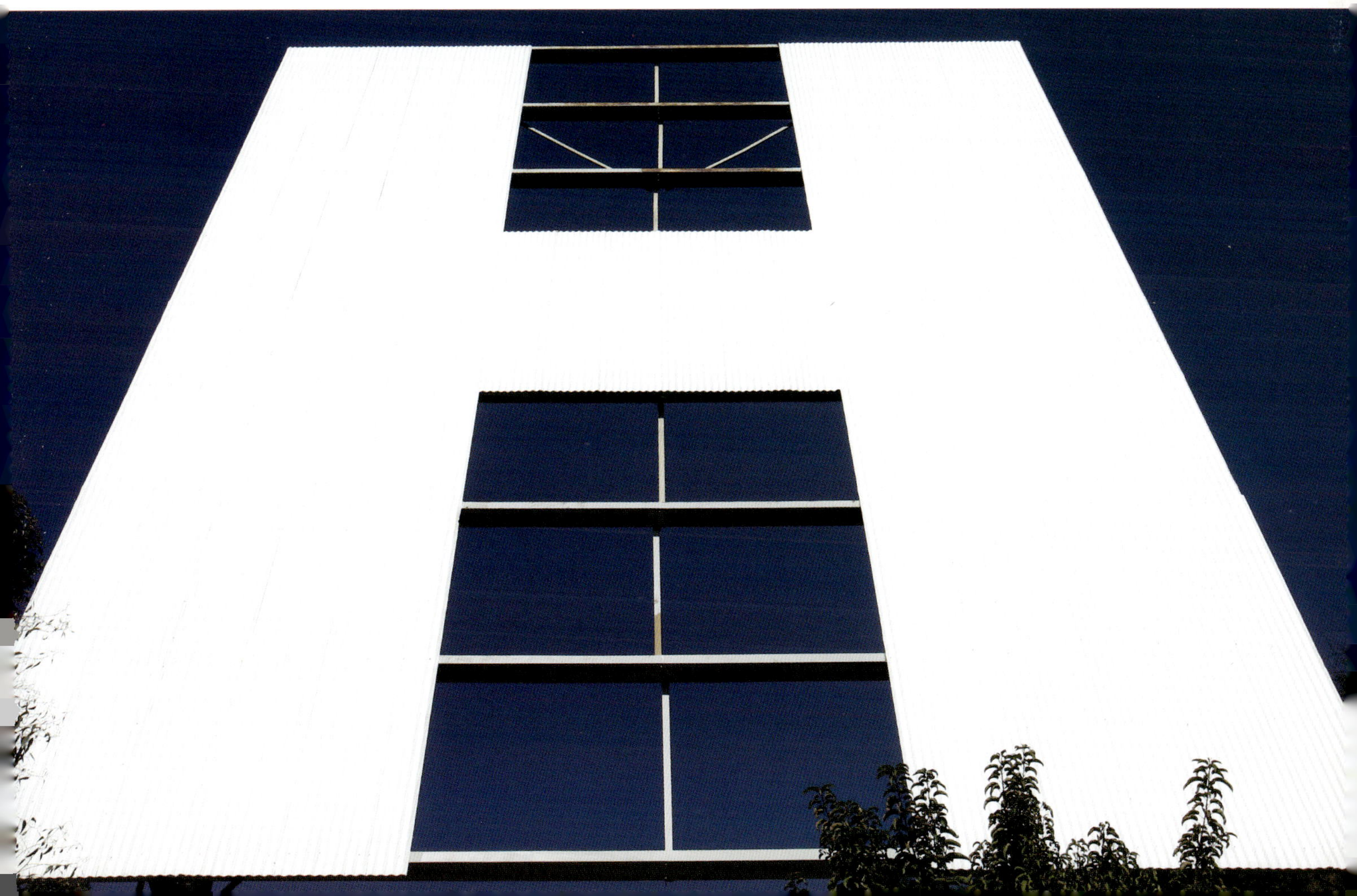

MEXIQUE, CHICHÉN ITZÁ

Pyramide de Kukulcán

TANDIS QUE LES RAYONS DU SOLEIL CARESSENT LES FLANCS DE CE TEMPLE
AUX ÉQUINOXES DE PRINTEMPS ET D'AUTOMNE, LES ADMIRATEURS DU GRAND
SERPENT À PLUMES KUKULCÁN, VENU TOUT DROIT DU CIEL, S'AFFOLENT
DE VOIR SON OMBRE SINUER VERS LE BAS DES MARCHES DE LA PYRAMIDE.

La pyramide crénelée de Kukulcán, appelée El Castillo (le château) par les conquistadors, est la magistrale pièce centrale de la ville sacrée de Chichén Itzá. Sur l'escalier nord, les panneaux latéraux aboutissent au niveau du sol à deux immenses têtes de serpent en pierre qui contribuent à créer une extraordinaire illusion optique tous les printemps et les automnes.

Le dieu serpent Tandis que les rayons du soleil frappent la pyramide au cours de l'après-midi, l'ombre angulaire est projetée sur le côté de l'escalier, ce qui crée l'image d'un serpent géant qui ondule le long des marches. Ainsi se manifeste Kukulcán, le dieu serpent à plumes, dont le culte a été au cœur du culte rendu à Chichén Itzá. Cette divinité fut révérée dans tout l'espace mésoaméricain à l'époque précolombienne, et réapparut plus tard dans le culte que les Aztèques rendaient à Quetzelcoatl. La forme du serpent est associée à la terre, à la renaissance et à la fécondité. L'oiseau de l'air et du ciel est vénéré comme un dieu bienfaisant qui a apporté aux hommes des connaissances en matière d'astronomie et d'agriculture.

Chichén Itzá Les scientifiques pensent que les Mayas se sont installés à Chichén Itzá vers l'an 600 avant J.-C. Le nom du temple signifie « bouche du puits de l'Itzá ». En effet, non loin de là, on trouve de vastes puits naturels

Pyramide
de Kukulcán •

Ci-dessous : la tête du serpent au bas de l'escalier nord complète la silhouette du dieu serpent, que l'on voit descendre vers la terre au moment de l'équinoxe.

Page ci-contre : neuf terrasses au profil lisse conduisent à la plateforme du sommet, qui soutient un temple de deux étages avec des représentations gravées de Kukulcán et Chac, le dieu de la pluie. Deux faces de la pyramide ont été restaurées.

Ci-contre : l'un des anneaux sacrés qui sont décorés de dessins de serpent a été placé haut sur les murs, pour servir au jeu de balle à Cobá de Chichén Itzá. Ces anneaux représentent peut-être le lever et le coucher du soleil, ou les équinoxes.

appelés cenotes, qui fournissaient de l'eau fraîche dans cette région plutôt aride, et permirent aux premières communautés agricoles des Itzás de se développer. Au cours de la période maya classique, la cité devint un grand centre culturel et religieux. Les édifices qui furent ensuite construits dans la ville sacrée datent sans doute du Xᵉ siècle, et trahissent l'influence des Toltèques. Les ruines comme celles de l'observatoire, de la grande cour de jeux et du temple des jaguars comptent parmi les plus impressionnantes de ce site immense.

El Castillo La pyramide qui domine Chichén Itzá date de cette dernière période. Son architecture repose sur des données astronomiques et elle est précisément alignée pour indiquer les solstices et les équinoxes, fonctionnant comme un gigantesque calendrier. Comme les autres pyramides mésoaméricaines crénelées, celle-ci a été construite au-dessus d'une structure plus ancienne et plus petite. Diverses excavations réalisées au cours des années 1930 ont permis de découvrir une salle religieuse contenant un Chac Mool, c'est-à-dire une figure humaine utilisée comme autel.

Depuis 2006, il est interdit de grimper sur la pyramide. Toutefois, les nombreux visiteurs peuvent tester les échos produits par les escaliers devant la pyramide, en claquant des mains. Les sons évoquent, dit-on, l'appel que l'oiseau sacré quetzal produit lorsqu'il se trouve en forêt. Ce sont ses plumes vertes et dorées qui ornaient le corps du serpent à plumes Kukulcán.

Ci-dessous : divers bas-reliefs ornent les murs du temple au sommet d'El Castillo, où l'on aperçoit le temple des Guerriers, flanqué de centaines de colonnes.

Les lieux d'exception que l'on trouve en Amérique du Sud sont fascinants par leur taille, leur originalité et leur éclat ; physiquement exigeants parce qu'ils peuvent être éloignés et difficiles à atteindre, et intellectuellement intriguants parce que leurs origines sont souvent mystérieuses. Les reliques de civilisations perdues comme le Machu Picchu ou les statues de l'île de Pâques témoignent de talents technologiques sensationnels que nous trouvons quasiment inexplicables.

DU SUD
AMÉRIQUE

![Statue du Christ rédempteur]

Le Christ rédempteur

OUVRANT SES BRAS SUR UNE LARGEUR DE 28 M, LE CHRIST RÉDEMPTEUR OFFRE L'UN DES PLUS SPECTACULAIRES PAYSAGES URBAINS DU MONDE. LES TOURISTES SE SENTENT OBLIGÉS DE MONTER VERS CE LIEU POUR CONTEMPLER LA VILLE QUI S'ÉTEND À SES PIEDS, LA BAIE DE GUANABARA ET LE PAIN DE SUCRE.

Le Christ rédempteur •

Ce mont de granit se dresse au centre de la ville sur une hauteur de 710 m. On l'appelle El Corcovado, le bossu. L'empereur Dom Predo Ier conduisit la première escalade jusqu'à son sommet en 1824, et 60 ans plus tard, son successeur Pedro II inaugura un funiculaire qui transporte les visiteurs au travers de la forêt Tijuca pour qu'ils puissent s'émerveiller de la vue offerte à son sommet.

L'idée de construire une statue religieuse sur ce site resta d'actualité pendant plusieurs années, mais ce projet fit l'objet d'un véto en 1889, quand le Brésil devint une république laïque. Toutefois, comme ce pays compte le plus grand nombre de catholiques du monde entier, ce n'était qu'une question de temps. En 1921, le cercle catholique de Rio commença la collecte auprès des fidèles.

Des lignes art déco L'ingénieur brésilien Heitor da Silva Costa travailla à la conception de la statue, mais son premier projet, une représentation stylisée du Christ portant une croix et un globe, a été rejetée. Le second, créé en collaboration avec le sculpteur Paul Landowski, a en revanche été sélectionné. Dans un style art déco fuselé et semi-abstrait, le Christ étend les bras en signe de bénédiction (son geste rappelant la croix), dans une posture beaucoup plus frappante et élégante. Landowski fit les maquettes à Paris. En 1927, le modèle complet de la tête et des mains fut envoyé au Brésil.

CHRONOLOGIE

XVIe siècle
Le site de la statue, appelé Pinacle de la Tentation par les Portugais, fut rebaptisé Corcovado.

1824
1re ascension de la montagne

1859
Le père Pedro Maria Boss suggère d'édifier un monument religieux sur la montagne.

1921
Achèvement d'un funiculaire menant au sommet

1922
Pose de la première pierre

1931
Inauguration de la statue

2002
Installation d'un ascenseur et d'un escalator

2007
La statue devient l'une des « sept merveilles du monde ».

Ci-dessous : plusieurs scènes de films tournées à Rio ont pour cadre une vue aérienne de la statue.

Page ci-contre : la statue, ici montrée après sa restauration en 2010, est revêtue d'une mosaïque de stéatites lisses mais très résistantes.

Ci-contre et en bas, à droite : Paul Landowski aurait passé deux ans à travailler sur le visage et les mains de la statue.

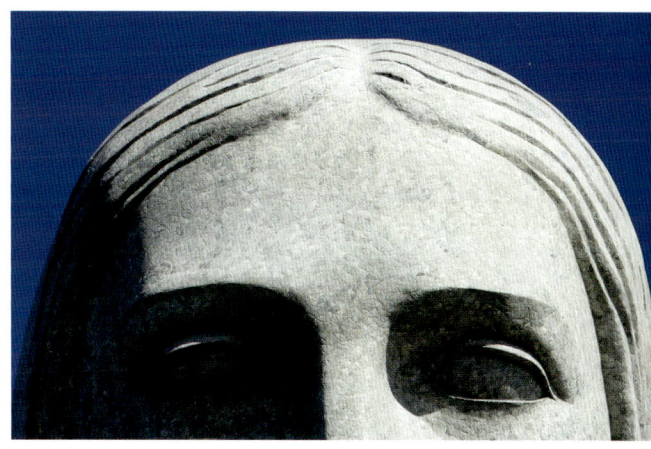

La statue a été construite en béton renforcé. Pour le visage, Silva Costa mit au point un mélange de stéatites qui lui donne un aspect gris perle. Les millions de petits éléments triangulaires ont été taillés par les dames du cercle catholique, qui ont écrit le nom de proches au dos de certaines facettes.

La cérémonie d'inauguration s'est tenue le 12 octobre 1931. À cette occasion, un éclairage devait être actionné à distance, par ondes courtes, de Rome par Guglielmo Marconi. Mais de mauvaises conditions météorologiques ont contrecarré ce plan, et il a fallu allumer les spots à Rio, de manière plus classique.

Restauration Pour célébrer le 75e anniversaire du monument en 2006, celui-ci a reçu le statut de sanctuaire. On peut y célébrer des baptêmes et des mariages dans une petite chapelle située à sa base. Il a été victime de la foudre qui a endommagé les doigts du Christ et lui a roussi le sourcil. Des graffitis l'ont aussi sali. En 2010, la statue a été recouverte d'échafaudages. Durant la restauration, 300 l d'eau ont été retirés de chaque bras, les fentes du béton ont été rebouchées, et une meilleure protection contre la foudre a été assurée.

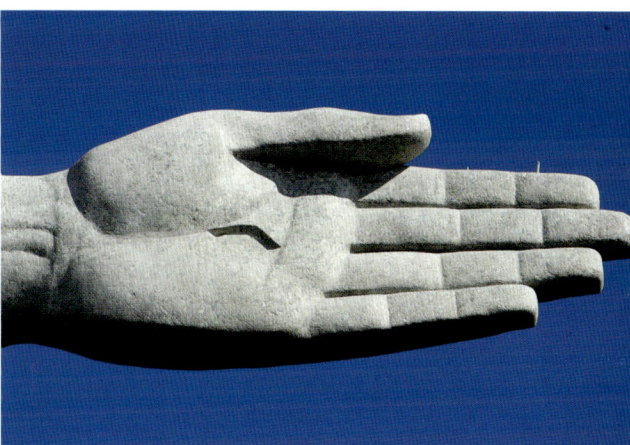

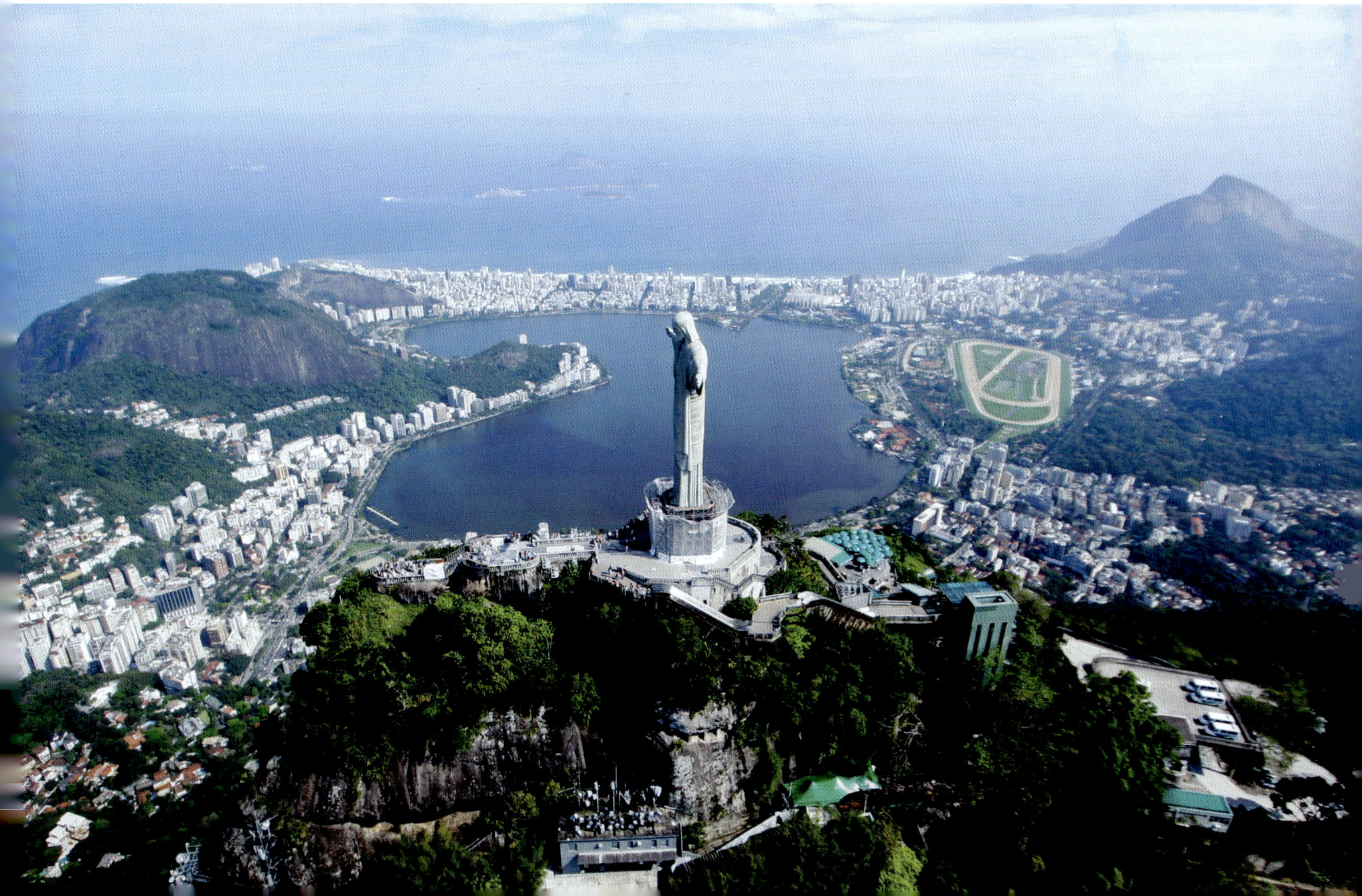

Théâtre Amazonas

SITUÉ À 1 500 KM EN AMONT D'UNE RIVIÈRE QUI TRAVERSE LA JUNGLE, LE THÉÂTRE AMAZONAS EST UN OPÉRA TYPIQUE DE LA FIN DU XIXᴱ SIÈCLE. SON ARCHITECTURE EST AUSSI EUROPÉENNE ET URBAINE QUE SON CADRE EST EXOTIQUE ET TYPIQUE DE L'AMÉRIQUE DU SUD.

À partir des années 1880, Manaus reçut des matériaux de construction répondant à des normes élevées de qualité. Des artisans remontèrent l'Amazone pour venir y travailler. Des murs d'acier ont été importés d'Angleterre, des tuiles d'Alsace, des décors de style XVIIIᵉ, fabriqués à Paris, ainsi que du marbre pour les escaliers, des statues et des colonnes d'Italie. Quelque 32 chandeliers en cristal de Murano ont, en conjonction avec la technologie nord-américaine de l'éclairage, apporté une touche moderne à l'ensemble. Domenico de Angelis décora les panneaux muraux et les plafonds, tandis que Crispim

Théâtre Amazonas •

do Amaral, parisien d'adoption, para le rideau de théâtre de scènes champêtres à l'européenne.

Capitale Les opéras et leurs spectacles étaient souvent trop extravagants pour s'exporter, et le théâtre Amazonas ne fit pas exception à la règle. Les barons du caoutchouc, qui avaient passé la commande de l'édifice en 1882, organisèrent des collectes qui permirent de réunir 10 millions de fonds publics pour financer une décennie et demie de construction. Ils souhaitaient créer un centre urbain en pleine expansion pour en faire une invraisemblable capitale de l'opéra.

Succès Pendant quelques années, cette stratégie porta ses fruits. Le bar est garni de miroirs qui commémorent les visites d'Enrico Caruso et Anna Pavlova au cours de leurs tournées

CHRONOLOGIE

1882
La construction d'un opéra est suggérée par des propriétaires de plantations de caoutchouc.

1897
Première de *La Gioconda*. Quand la Seconde Guerre mondiale éclata, l'opéra était déjà tombé en désuétude.

1982
L'édifice décati apparaît dans le film *Fitzcarraldo* de Werner Herzog, où le héros écoute Enrico Caruso chantant *Hernani de Verdi*.

2001
Réouverture de l'opéra

Page ci-contre : l'opéra a apporté la culture européenne au cœur de l'Amazonie. Derrière sa façade néoclassique, un éclairage moderne a embelli cette merveille high-tech du XIXe siècle.

À droite : l'édifice surplombe le point de confluence des fleuves Negro et Amazone. Son dôme a été décoré de 36 000 carrés de céramique.

Ci-dessous : restaurée, la salle de 700 places a retrouvé ses velours et ses grandioses illuminations.

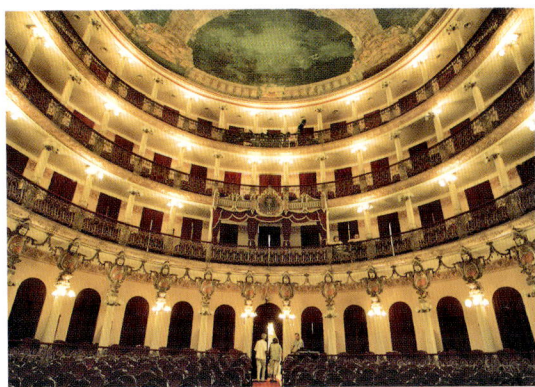

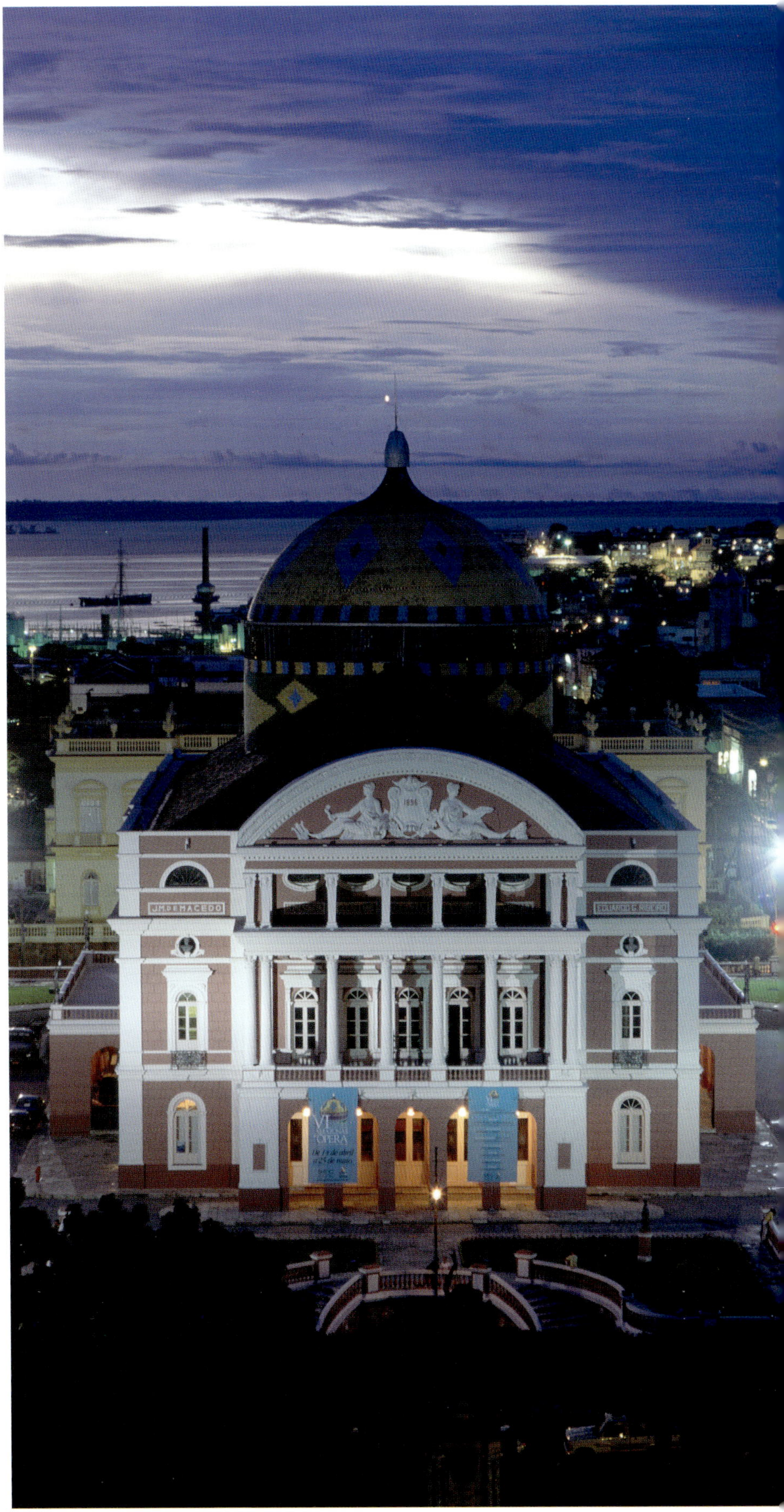

mondiales. Mais quelques années après la première de la Gioconda d'Amilcare Ponchielli, le 7 janvier 1897, l'opéra connut un effondrement économique. Quand les semences des arbres à caoutchouc locaux purent être exportées et que leur culture fut viable dans d'autres colonies plus accessibles, une faillite s'ensuivit. La bulle du caoutchouc, qui avait apporté l'électricité à Manaus avant qu'elle ne parvienne dans bien des villes européennes, a vite éclaté. Les usines fermèrent et les lumières s'éteignirent dans l'opéra pendant 90 ans.

Le spectacle continue Au cours de la seconde moitié du XXe siècle, Manaus se reconvertit en zone de détaxe et la mairie de la ville restaura l'opéra pour lui rendre sa splendeur Belle Époque. Au fin fond de la jungle, les lustres continuent de scintiller, les sols en marbre rose brillent toujours et les murs tapissés d'acajou reçoivent les éclats de lumière que jettent les coupes de champagne. Une cloche sonne et les ouvreurs guident les représentants de la bourgeoise locale. La lumière baisse peu à peu tandis que l'Amazon Philharmonic Orchestra entonne les premières mesures d'une nouvelle ouverture.

2,700 m de largeur

ARGENTINE/BRÉSIL

Chutes d'Iguaçú

LES CHUTES D'IGUAÇÚ CONSTITUENT LE SYMBOLE D'UN VÉRITABLE
SOUS-CONTINENT. TOUTES PROCHES, ELLES APPARAISSENT COMPACTES
ET, DE LOIN, ELLES POSSÈDENT UNE SUPERBE DIMENSION THÉÂTRALE.
ELLES SONT À LA FOIS INDIENNES, ESPAGNOLES ET PORTUGAISES.

Plus qu'ailleurs, sur ce continent bruyant, l'air est empli de bruit et de fureur. Les jours et les nuits renvoient la rumeur des insectes, aras, perroquets et singes hurleurs. En automne, le long des pistes forestières bordées de fougères et de fleurs, la rumeur se transforme en vacarme quand le visiteur s'approche de cette multiplicité d'amphithéâtres et de jeux d'eau.

Les deux tiers de la falaise, qui mesure 2 700 m de hauteur, sont baignés par 275 cascades qui se réunissent pour n'en former qu'une. Celle-ci atterrit dans une gorge de 80 m de profondeur. En vous approchant, vous entendrez la musique de l'un des spectacles les plus époustouflants de la nature.

Des noms et des nations Les voyageurs abordent le grand spectacle dans la ville de Foz do Iguaçú au Brésil, ou de Puerto Iguazú en Argentine, ou encore de Ciudad del Este au Paraguay. Il s'ensuit une véritable Babel post-coloniale de noms qui dérivent de la formule originale *ig* (eau) et *wasu* (grande), appartenant au vocabulaire des Tupi-Guaranis. En aval, les ressortissants des trois pays voient les territoires appartenant aux autres nations qui sont reliés par le pont de l'Amizada (amitié). Celui-ci permet de passer du Brésil au Paraguay, le pont Tancredo Neves unit le Brésil et l'Argentine. La meilleure vue des chutes est celle qui est offerte du côté brésilien.

Légende des chutes Les contes dans cette partie du monde sont empreints de délicatesse et de violence.

Chutes d'Iguaçú •

INFORMATIONS

Taille
Les chutes ont une largeur d'environ 2 700 m, dont 800 m sont situés au Brésil, et le reste en Argentine.

Dénivellation
275 cascades et chutes tombent sur 60 à 82 m. La plus longue d'entre elles est la gorge du Diable.

Débit
En moyenne, 1 746 m³ par seconde dévalent les gorges. Ce chiffre était beaucoup plus important avant la construction du barrage de Salta de Caixas, qui régule le flux.

Flore et faune
2000 espèces végétales, dont des orchidées, bégonias et broméliacées, s'épanouissent ici. Parmi les animaux sauvages, on compte des jaguars, des ocelots, des léopards, des fourmiliers géants, des outres brésiliennes, des tapirs, des capucins noirs, des singes hurleurs, etc.

Ci-dessus : les cataractes ont de quoi couper le souffle. L'air estival est d'une humidité presque insupportable, la végétation foisonne, le bruit de l'eau est partout et les panoramas sont immenses.

Ci-contre : les chutes offrent un spectacle changeant, les bonds des masses d'eau sont parfois ponctués de brusques nuages de bruine et d'arcs-en-ciel qui émergent des embruns.

Une légende dit que l'humidité de l'air et la fertilité de la terre sont telles que l'on entend se déployer les pétales de plantureuses orchidées rares. Une autre histoire raconte les aventures du dieu du fleuve Iguaçú, qui a voulu épouser la belle Naipí. Elle s'est enfuie avec son amant Tarobá dans un canoë. Furieux, le créateur a jeté le tonnerre et le feu sur ce paysage fluvial et a condamné le couple à d'éternelles disputes dans le fracas de l'eau.

Phénomènes géologiques L'histoire de ce paysage est celle d'un volcan qui était en activité il y a 200 000 ans, et qui a progressivement formé cette gorge étagée. Une antique éruption aurait créé une paroi rocheuse en basalte, d'une dureté telle que le fleuve Iguaçú parvient tout juste à l'éroder de 2 cm par an. Le fleuve a créé un véritable théâtre permanent, plus particulièrement dans la gorge du Diable, un mur d'eau de 500 m, au travers duquel le visiteur peut admirer la lumière sur un arc de 260°. Cette merveille naturelle est simplement trop saisissante pour que le spectateur l'appréhende en un seul regard.

Jan 13, 14, 15 2005 — H+U

Viaduc de La Polvorilla

LES TRAINS QUI EMPRUNTENT CE VIADUC VOYAGENT SI HAUT AU-DESSUS DU NIVEAU DE LA MER QUE CERTAINS PASSAGERS ONT LE MAL DES MONTAGNES. CES DERNIERS PASSENT SUR UNE VÉRITABLE MERVEILLE D'INGÉNIERIE QUI SEMBLE ENCORE PLUS IMPRESSIONNANTE QUAND ON LA CONTEMPLE DE LA VALLÉE QU'ELLE ENJAMBE.

Il n'y a pas grand-chose à voir dans la petite ville de La Polvorilla, à l'extrême nord de l'Argentine : mais ce qui l'a rendue célèbre se trouve à 16 km, sous l'étroit chemin de fer qui a été construit il y a un siècle pour relier la province de Salta à la frontière chilienne. Aujourd'hui, cette ligne est protégée. Elle est empruntée par 30 000 visiteurs tous les ans, et constitue souvent le seul lien entre les petites villes situées le long de son parcours.

L'escalade des Andes Le chemin de fer de Belgrano, appelé C14, est né de la vision de Richard Fontaine Maury, un ingénieur américain. Il a été conçu pour desservir les mines de cuivre de la Sierra de Cobre (« la colline de cuivre ») et transporter la production locale de borax, mais le défi technique qui consistait à traverser les Andes était énorme. Il a fallu éviter les montées les plus raides, car ce chemin de fer n'était pas équipé de crémaillère. Le moteur tire donc le train vers le haut en amorçant une série de zigzags et de spirales pour gagner une hauteur étonnante, traverser 19 tunnels, plus de 29 ponts et 13 viaducs, sur un parcours de 217 km.

Le Train des nuages Sa construction s'est poursuivie pendant plusieurs décennies, ralentie par de nombreux problèmes financiers. La ligne a finalement été ouverte en 1948. Le viaduc de La Polvorilla a été achevé en 1932, et il est devenu la principale destination du train. Il y a longtemps

Viaduc de
La Polvorilla •

CHRONOLOGIE

1907
La construction de la ligne reçoit l'approbation officielle.

1921
Début des travaux

1925
Ouverture du premier tronçon de la ligne

1932
Achèvement des travaux sur le viaduc de La Polvorilla.

1935
Des financements supplémentaires sont obtenus après arrêt des travaux.

1948
La ligne est officiellement ouverte le 20 février.

1972
Le viaduc de la Polvorilla devient une attraction touristique internationale et le Train des Nuages entre en service.

2008
Après plusieurs années de fermeture pour cause de restauration, reprise du service le 16 juillet

Page ci-contre : le train atteint son point le plus élevé à 4200 m, au cours de son périple dans les montagnes.

Ci-contre : le vertige est à son comble lorsqu'on regarde le viaduc du dessous et que l'on voit le train avancer.

que les mines de borax et de cuivre font transporter autrement leurs produits. Le train a été rebaptisé « Train des Nuages » *(Tren a las Nubes)*, car des nuages se forment autour des ponts, au fur et à mesure que la ligne escalade la montagne. Chaque samedi, en été, un petit train paré d'une nouvelle livrée rouge et jaune transporte fièrement les voyageurs qui veulent éprouver les frissons d'un voyage impossible sur un viaduc d'aspect fragile, long de 224 m, et qui ressemble à un assemblage de jeu pour enfants. Le fond de la vallée se trouve 63 m plus bas. Nombre de vendeurs locaux se pressent aux étapes du train.

Ce train a une vitesse moyenne de 35 km/h, et il faut 15 heures pour faire l'aller-retour. Heureusement, au cours de la récente rénovation, les voitures ont été équipées de sièges plus confortables.

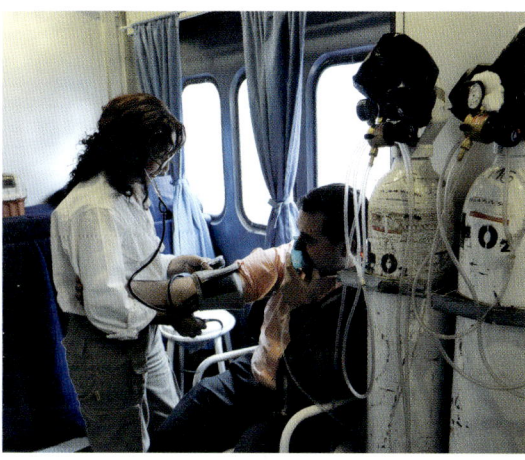

Ci-dessous : le train pousse ses panaches de fumée au milieu d'un paysage austère et inhabité, sec et balayé par les vents.

Ci-contre : des bouteilles d'oxygène sont mises à la disposition des passagers lorsqu'ils souffrent de la raréfaction de l'air.

BOLIVIE, POTOSÍ

Cerro Rico

[handwritten annotation: U + H — Bolivia — Jan 7/05 → Jan 11/05
~ High Plains (Laguna Blanca, Verde + Colorado)
~ Salar de Uyuni
~ Tupiza —   Flamas, flamingos
Butch Cassidy + Sundance Kid]

LES CONQUISTADORS SE SONT RENDUS EN AMÉRIQUE DU SUD POUR Y TROUVER
DE L'OR, MAIS LE TRÉSOR QUI S'EST RÉVÉLÉ À EUX A ÉTÉ UN AUTRE MÉTAL.
LES PIÈCES ESPAGNOLES QUE L'ARGENT TROUVÉ SUR PLACE A PERMIS
DE CONFECTIONNER SONT DEVENUES LA PREMIÈRE MONNAIE MONDIALE.

Cerro Rico signifie « montagne précieuse », et ce lieu a certainement contribué – temporairement – à la richesse de l'Espagne. Une légende veut que les Incas aient été les premiers à trouver l'argent, mais qu'ils l'aient abandonné en entendant une voix céleste les avertir que ce trésor était « destiné à d'autres maîtres ». Après l'arrivée des Espagnols, les fouilles à grande échelle commencèrent. Potosí, la ville la plus haute du monde, a été fondée au pied de la montagne et son nom est devenu synonyme de fortune.

L'argent espagnol La monnaie de la ville a été créée en 1572, ce qui a permis de convertir sur place le minerai en espèces devenues légendaires : les pièces de huit. L'argent a coulé à flots à Potosí, dans des proportions inimaginables auparavant. Des vaisseaux chargés du métal précieux se sont mis en route pour l'Espagne, ce qui a tenté de nombreux pirates. Bien des fortunes européennes se sont ainsi constituées, et ont ainsi transformé le commerce mondial. Certains des centaines de millions de « dollars » espagnols entrés en circulation ont constitué le socle de l'économie américaine et sont restés convertibles en monnaie jusqu'en 1857. Mais la provision d'argent colonial a trompé la monarchie espagnole, qui s'est lancée dans un emprunt extravagant pour consolider son désir d'empire, jusqu'à ce que le pays soit pris au piège d'une dette colossale, de l'inflation et de la faillite.

Cerro Rico •

CHRONOLOGIE

1544
Les Espagnols découvrent le minerai d'argent. Selon la légende, cette découverte serait intervenue lorsqu'ils ont constaté qu'un feu causé par un troupeau de lamas avait chauffé la terre, qui avait suinté du métal fondu.

1574
Les premières pièces de monnaie sont frappées par le Potosí Menthe (« hôtel des Monnaies »).

Vers 1580
Application d'un nouveau processus industriel d'extraction de l'argent, selon la technique du « Patio ».

1827
Fabrication de monnaie à Potosí, par la première république bolivienne, après l'indépendance de 1825.

1873
Démonétisation de l'argent par les États-Unis. Le US Coinage Act fait chuter la valeur du métal précieux.

Page ci-contre : une ombre plane au-dessus de Potosí, jadis parée de riches édifices coloniaux. Aujourd'hui, la montagne, fragilisée par cinq siècles d'excavations, menace de s'effondrer.

Dans la mine Le nombre de morts était élevé. Les mineurs travaillaient, mangeaient et dormaient sur place, quatre mois de suite, sans respirer au grand air. Les propriétaires des mines bénéficiaient du système local de travail forcé. Quand l'excès de fatigue, les accidents et la silicose avaient épuisé les provisions de recrues locales, ils employaient des esclaves africains. L'argent était extrait par concassage du minerai dans des broyeuses hydrauliques. L'argent était ensuite mélangé avec du mercure. Ce dernier était éliminé par chauffage. Les empoisonnements au mercure étaient courants.

La montagne fabuleuse est toujours livrée aux mineurs, même si les quantités d'argent sont restreintes et que les conditions de travail restent pénibles. Huit millions de personnes seraient mortes là-bas depuis la découverte du trésor.

Ci-dessous : vers 1770, l'hôtel des Monnaies a été installé dans un bâtiment prestigieux qui servit plus tard de prison. Aujourd'hui, il abrite un musée.

Ci-contre : les cargaisons des pièces de huit qui étaient frappées dans les colonies espagnoles étaient la proie de pirates avides de richesses.

Ci-contre : les techniques de prospection minières ont peu changé : dans un environnement suffocant, les mineurs dressent des figurines qui honorent le diable, que l'on appelle Tío (« l'oncle »).

1999 ³
1999 - *3 jours avant sur "la piste des Incas"*
Ursula, Hervé et Paul

Machu Picchu

CETTE CITADELLE SACRÉE ABRITÉE PAR LES MONTAGNES EST LA PLUS ÉVOCATRICE DE TOUS LES MONUMENTS DU PÉROU. ELLE A ENSORCELÉ L'IMAGINATION COLLECTIVE QUAND LE RÉALISATEUR DU FILM *INDIANA JONES* L'A APPELÉE « LA VILLE PERDUE DES INCAS ». DEPUIS, DE NOMBREUX VOYAGEURS L'ONT VISITÉE.

Supposément construite après 1450 pour Pachacuti, le neuvième empereur inca, cette ville n'a jamais été repérée par les conquistadors qui traversaient tout le pays en le pillant. De ce fait, elle est restée pratiquement intacte. Bien qu'elle se trouve à moins de 80 km de Cusco, elle est bien cachée entre les cimes. Après la chute inca, ce lieu a été abandonné et gagné par la forêt tropicale humide. Il n'était plus connu que des condors qui le survolaient, et de quelques rares habitants qui élurent domicile dans les maisons incas. Mais, en 1911, l'explorateur américain Hiram Bingham III le découvrit et en informa le monde entier. Aujourd'hui, les visiteurs des quatre coins du monde peuvent se frayer un chemin – difficile, puisqu'il faut quatre jours de randonnée – sur la piste des Incas, ou suivre les virages serrés de la route perchée d'Aguas Calientes – pour parvenir au Machu Picchu.

Un site idéal Perché sur un promontoire niché entre les montagnes de Machu Picchu (« la vieille montagne ») et de Huayna Picchu (« la jeune montagne »), le site de la ville sacrée disposait d'une eau abondante, de terres arables et d'une position imprenable. La paroi rocheuse chute à la verticale sur 600 m jusqu'à la rivière Urubamba. Quand la piste des Incas fut créée, elle empruntait un passage où il existait un trou entre deux montagnes, comblé par deux troncs d'arbre. Il suffisait de les retirer pour barrer la route aux étrangers.

Machu Picchu •

Ci-dessus : la fine silhouette de la montagne Huayana Picchu, qui surplombe la ville en ruines, abrite le site d'une caverne connue sous le nom de Temple de la Lune.

Ci-contre : des pentes abruptes entourent le site où les Incas ont aménagé des terrasses pour multiplier l'espace arable.

INFORMATIONS

Altitude
2 430 m
Climat
Température moyenne
10 °C, pluviométrie
annuelle 216 cm
Végétation naturelle
Forêt subtropicale
humide, végétation de
montagne moyenne
Faune locale
Ours à lunettes, cerf nain,
ocelot, condor des Andes

À droite : la piste mènant au sommet de Huayana Picchu compte des escaliers d'une hauteur vertigineuse, et la descente est dangereuse.

– comme la piste qui descend à Machu Picchu

La citadelle On y trouve 140 bâtiments, constitués de blocs de pierre solidement juxtaposés, et plus de 100 escaliers de pierre. Les fontaines, les canaux et les systèmes d'irrigation sophistiqués fournissent d'abondantes ressources en eau.

Le centre spirituel est une pierre appelée Intihuatana, mot qui signifie « accroche-soleil ». À midi, à l'époque des équinoxes, le soleil est placé juste au-dessus de l'édifice, qui a probablement fait fonction d'horloge astronomique. Les légendes chamanes disent que ceux qui touchent la pierre de leur front verront leur esprit s'ouvrir au monde spirituel.

Les pentes extérieures du site sont constituées de superbes terrasses. Les fruits et les légumes qu'elles permettaient de récolter étaient susceptibles de nourrir amplement les habitants du lieu. Il a donc été suggéré qu'elles étaient également plantées de coca destinée à l'usage des habitants de Cusco, ou qu'elles pouvaient même servir à des fins expérimentales. Peut-être, comme nous, l'Inca appréciait-il simplement la sérénité des espaces montagnards, et la quiétude de ces paysages perdus au milieu de la jungle.

PÉROU, CUSCO   1999   — Ursula, Hervé et Paul.

Sacsayhuamán

PERSONNE NE SAIT COMMENT CES MURS ONT ÉTÉ CONSTRUITS. ILS RESTENT ENTIERS PARCE QUE LES PIERRES SONT TROP GRANDES POUR ÊTRE DÉPLACÉES, ET POURTANT, ELLES SONT IMBRIQUÉES COMME LES PIÈCES D'UN PUZZLE SOIGNEUSEMENT TAILLÉES, AU POINT QUE MÊME UN BRIN D'HERBE N'ARRIVE PAS À POUSSER ENTRE ELLES.

Située sur une colline au nord de la capitale inca de Cusco, Sacsayhuamán est présentée comme une forteresse en raison de son architecture et de ses murs qui semblent protéger la ville. En fait, ce site peut avoir rempli des fonctions de temple où se déroulaient des rituels organisés en l'honneur du soleil.

Les dents du puma Sacsayhuamán se distingue avant tout par la taille de son site, qui pouvait accueillir des milliers de personnes, et par les trois énormes murs parallèles qui le bordent. Ces derniers zigzaguent sur 400 m le long du côté de la colline. Selon une théorie, la ville sacrée de Cusco aurait été planifiée pour arborer la forme d'un puma, avec la colline de Sacsayhuamán figurant la tête de l'animal et les murs en zigzag représentant ses dents.

Toutes les pierres sont adaptées les unes aux autres, et chacune semble avoir été martelée à l'aide de pavés ronds et durs, jusqu'à ce qu'elle entre exactement dans l'espace imparti. Pourtant, certains blocs arborent la taille d'un camion : le poids du plus grand a été évalué à peu près à 150 t. Le chroniqueur Garcilaso de la Vega, né à Cusco, fils d'une princesse inca et d'un conquistador espagnol, n'a pas pu expliquer comment les murs avaient été construits. Dans un ouvrage daté de 1609, il les a attribués à la « magie ».

Méthode inca La technique de construction inca supposait l'édification de grandes rampes sur lesquelles les blocs

CHRONOLOGIE

Vers 1200
Fondation de Cusco
par les Incas

Milieu du xvᵉ siècle
Expansion de l'empire inca

1533
Cusco est annexé par les
Conquistadors sous Pizarro

1536-1537
Siège de Cusco, sous
domination espagnole, par
Manko Inca Yupanqui

1559
Des pierres sont retirées
des murs de Sacsayhuamán
pour construire la cathédrale
de Cusco.

1983
Le site est inscrit
par l'UNESCO au
patrimoine de l'humanité.

Page ci-contre : les murs en zigzag qui constituent les terrasses représenteraient les dents d'un puma. Ce sont les plus impressionnants de tous, et ils contiennent les plus grosses pierres du site.

Ci-contre : une porte de Sacsayhuamán révèle les incomparables talents de bâtisseurs des Incas, qui se servaient de pierres pour tailler les blocs et ont construit ces murs sans mortier.

étaient traînés vers le haut. Sacsayhuamán dut réunir une main-d'œuvre de 30 000 hommes. Les Incas eurent recours à des travailleurs enrôlés que l'on appelait « mit'a » : chaque village devait fournir un certain nombre d'hommes participant à des projets publics ; au bout de quelques mois de travail harassant, ils étaient remplacés par la cohorte suivante.

Cérémonies incas Les Incas déclarèrent aux conquérants espagnols que les murs de Sacsayhuamán avaient été érigés par des géants. Pour leurs cérémonies, ils se servaient depuis le xiiᵉ siècle d'un édifice bâti un peu plus tôt par le peuple Killke. Lorsque celui-ci avait été construit, il comportait de nombreux espaces de stockage, des tours, ainsi que de hauts murs. Lors du siège de Cusco en 1536, ces lieux furent le théâtre de combats fréquents. Après la déroute des Incas, les Espagnols utilisèrent ces pierres pour se faire construire de splendides maisons dans la ville.

Les ruines des murailles servent désormais de cadre à un rite d'hommage au soleil : l'Inti Raymi festival se tient tous les 24 juin. Les cortèges, la musique, la danse et le simulacre de sacrifice d'un lama blanc attirent des milliers de personnes.

Ci-contre : l'imbrication étroite des pierres et leurs angles concaves expliquent sans doute que les murs aient survécu aux tremblements de terre qui ont eu raison de nombreux bâtiments construits plus tard à Cusco.

À droite : les immenses murs de pierres de la forteresse servent de cadre au festival Inti Raymi, évocation annuelle des rites incas, donnée en l'honneur d'Inti, le dieu soleil, dont les Incas se disent les descendants directs.

CHILI

Easter Island

Moai de l'île de Pâques

TINY RAPA NUI EST L'ÎLE LA PLUS LOINTAINE DU MONDE, ET POURTANT SES EFFIGIES
MONUMENTALES FIGURENT PARMI LES STATUES LES PLUS CONNUES DE TOUTES.
ELLES PORTENT LEUR REGARD VERS L'INTÉRIEUR DE LEUR TERRITOIRE SANS ARBRES.
L'HISTOIRE DE CES MONOLITHES ET DE LEURS ARTISANS EST AUSSI RICHE QU'ÉTRANGE.

Par un dimanche de Pâques 1722, l'explorateur hollandais Jacob Roggeveen a abordé cette île et l'a baptisée Pâques. Les habitants qu'il a rencontrés étaient les descendants des colons polynésiens qui ont dominé l'île entre l'an 700 et 900. Il a aussi trouvé des centaines de blocs, stylisés, à la tête surdimensionnée, parée d'yeux creux sous des fronts proéminents. Ces statues étaient dressées sur des plateformes construites autour de la côte, figures d'ancêtres bienveillants surveillant leurs clans.

Surtout taillées entre 1200 et 1500, ces statues semblent avoir constitué des symboles d'autorité et des détenteurs de Mana, c'est-à-dire de puissance spirituelle. Certaines d'entre elles mesurent 10 m de hauteur et pèsent plus de 80 t. Aujourd'hui encore, les spécialistes s'affrontent pour savoir comment ces blocs ont été transportés à partir des carrières où ils ont été taillés. Plusieurs représentants du peuple Rapa Nui pensent qu'ils ont été déplacés par Mana. On croit généralement que les pierres ont été roulées sur des rondins ou amenées en traîneaux.

Catastrophe écologique Il devait y avoir des arbres sur place. L'histoire de l'île est souvent citée pour prévenir les touristes des risques liés à un désastre écologique. Des résidus de pollen, encore présents dans l'île, sont issus de palmiers qui stabilisaient le sol et ont fourni des perchoirs abondants pour des oiseaux. Les premiers colons ont utilisé les arbres pour

Page ci-contre : la plupart des moai ont été sculptés dans un tuf noir d'origine volcanique, et quelques-uns dans le basalte. Certains portent des coiffures cylindriques de pierre rouge, appelées *pukao*.

Ci-contre : des fragments de coraux ainsi que de pierres noires et rouges trouvées sur l'île ont été identifiés comme les constituants des yeux des Moai, insérés à l'origine dans le visage des statues.

construire des canoës et des bâtiments, et pour se chauffer. Mais la population croissante a utilisé tous les arbres et le dernier pollen date de 1650. Incapables de se confectionner des canoës pour la pêche et la chasse, les habitants mangèrent tous les oiseaux. Sans arbres, il n'y avait plus ni fruits ni combustibles, le sol s'est raviné et les récoltes ont diminué. La population a commencé à décliner.

Basculement Après la « découverte » de l'île en 1722, les contacts extérieurs ont détérioré la situation des insulaires.

Les pêcheurs de baleines, les marchands d'esclaves et les missionnaires ont apporté la guerre, la maladie et l'acculturation. En 1875, il ne restait plus que 111 habitants. Des années plus tôt, les moai avaient été renversés. Les insulaires se sont tournés vers le culte chamane puis le christianisme. Toutefois, une cinquantaine de moai ont été remis en place. Ils continuent d'attirer le tourisme et protègent les habitants de l'île.

Ci-dessus : les statues ont été érigées sur des plateformes cérémonielles appelées *ahu*. La plupart se tiennent sur la côte, dos à la mer.

Longue et complexe, l'évolution culturelle de l'Europe est illustrée par une pléthore de lieux célèbres. Monuments anciens à l'architecture époustouflante, merveilles de la technique, audacieuses œuvres d'arts et mémoriaux pieux témoignent de la richesse et de la diversité de la culture européenne. Chacun de ces éléments est aussi l'emblème d'une identité nationale, lesté par le symbolisme du patriotisme ou de la fierté civique, et couvé avec affection par ceux qui vivent autour d'eux.

EUROPE

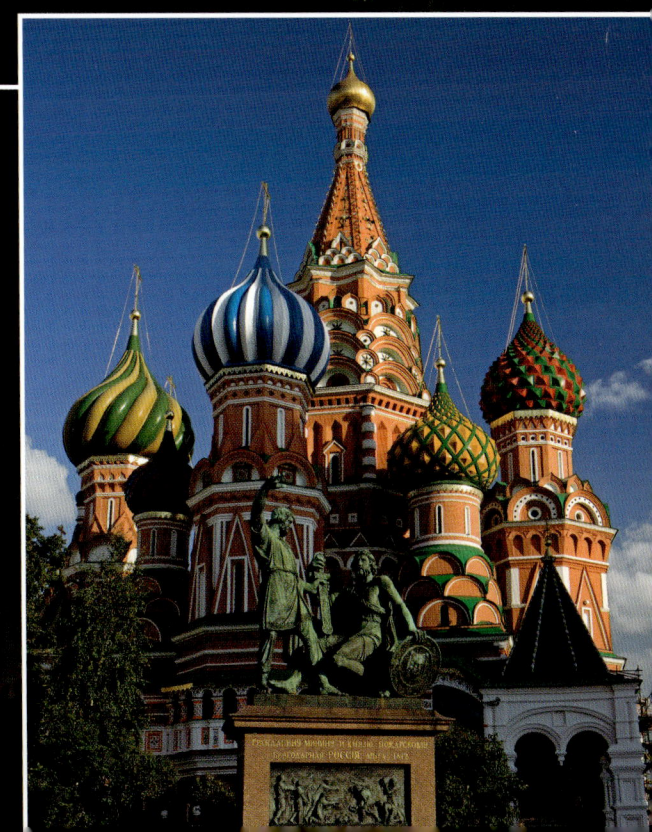

ANGLETERRE, KENT

1970 – Hervé seul
1973 – Ursula et Hervé
White Cliffs of Dover

Falaises blanches de Douvres

LA PLUS ANCIENNE RÉFÉRENCE CONNUE AUX ÎLES BRITANNIQUES, DATANT DU
VIᴱ SIÈCLE AV. J.-C., FAIT MENTION DES FALAISES BLANCHES DE DOUVRES. IL S'AGIT
D'UNE DESCRIPTION DES ROUTES DE NAVIGATION EMPRUNTÉES PAR LES MARCHANDS
AUTOUR DE L'EUROPE. LE NOM UTILISÉ EST « ALBION ».

En vous rendant au cap Gris Nez, par beau temps, vous apercevrez la côte britannique aux abords de Douvres. C'est une bande blanche qui se déroule entre le ciel bleu et la mer plus sombre. Une vue tentante pour Jules César, Guillaume de Normandie, Napoléon Bonaparte et tous les apprentis envahisseurs qui réfléchirent aux moyens de traverser la Manche.

L'importance stratégique de Douvres est évidente dès que l'on se tient au sommet d'une falaise. Il ne reste aujourd'hui du site jadis occupé par le château de Douvres que les vestiges d'une colline datant de l'âge de Fer, ainsi que d'une implantation saxonne. Guillaume le Conquérant

y a construit un fort après la bataille de Hastings, mais la forteresse qui domine la falaise date du XIIᵉ siècle. Elle est restée un lieu de garnison jusqu'en 1958. Les tunnels qui avaient été construits dans ses fondations ont été agrandis pendant les guerres napoléoniennes afin d'y cacher jusqu'à 2 000 soldats prêts à surgir pour surprendre une armée d'envahisseurs. En 1940, ces tunnels ont été le siège d'un centre d'opérations pour l'évacuation de Dunkerque.

Symbole national Ces falaises magnifiques s'étendent le long de la côte du Kent comme une muraille blanche et elles renforcent, chez les Britanniques, le sentiment d'une forte défense contre l'ennemi. Pour les citoyens de la reine qui rentrent chez eux, elles constituent aussi une image

Falaises blanches
de Douvres ●

Ci-dessus : Hautes de plus de 100 m par endroits, les falaises blanches s'étendent sur environ 16 km de côtes, vers l'est et l'ouest de Douvres.

Ci-contre : le phare de South Foreland a été construit en 1840 pour guider les bateaux confrontés aux Goodwin Sands, à la sortie du port de Douvres.

INFORMATIONS

Altitude
Jusqu'à 107 m

Site
À l'est et à l'ouest de Douvres, en face de la Manche. Shakespeare Cliff marque le point le plus proche de la France.

Érosion
Les falaises de craie s'érodent d'environ 1 cm par an.

À droite : les marchands comme les voyageurs fréquentent le port de Douvres depuis l'âge de bronze. Aujourd'hui, c'est le port qui accueille le plus de ferries dans le monde.

chargée de symbole. Les falaises étaient le dernier souvenir des émigrants et des exilés. Le mélange de patriotisme et de mélancolie qu'elles inspirent a été mis en chanson en 1941 par Vera Lynn, *(There'll be Bluebirds over) The White Cliffs of Dover* . Cette rengaine incarnait toute la nostalgie et les espoirs portés par les soldats de la Seconde Guerre mondiale. Les oiseaux bleus, que l'on ne voit jamais en Angleterre, ont été empruntés aux paroles de *Somewhere Over the Rainbow*, air enregistré deux ans plus tôt.

Falaises de craie Les falaises de Douvres sont blanches parce qu'elles sont constituées de craie : il s'agit d'un calcaire doux principalement composé de coquillages et de squelettes de plancton, qui érode constamment pour révéler de nouvelles surfaces blanches. Ces surfaces sont riches en fossiles de dents de requins, d'éponges, ou encore de coraux. Jusqu'à la fin de la dernière période glaciaire, les collines de craie ont occupé le lieu que l'on nomme désormais la Manche, mais le niveau de la mer a rapidement monté, et l'eau s'est frayé un passage dans la craie relativement friable, afin de créer les falaises.

Hervé – 1970
Ursula + Hervé 1973

Big Ben

L'HORLOGE QUI ORNE LES QUATRE FAÇADES DE BIG BEN A ENTAMÉ SON TIC-TAC
LE 31 MAI 1859, MAIS IL A FALLU DU TEMPS POUR QUE LA CLOCHE FASSE PARTIE DU
PAYSAGE SONORE DE LA CAPITALE. SEULE LA CLOCHE EST APPELÉE BIG BEN, MAIS
POUR LA PLUPART DES VISITEURS, CE NOM INCARNE À LA FOIS LA TOUR ET SA CLOCHE.

La première tour fut construite en 1288, au moment où le Parlement anglais s'installa à Westminster, jusqu'alors siège du pouvoir royal. Une deuxième tour équipée du premier carillon du pays remplaça la première en 1367. Mais les carillons ne symbolisaient pas encore la ville de Londres. Au XVIII siècle, cette horloge fut remplacée par un cadran solaire. Les premiers plans conçus par Charles Barry pour le nouveau palais ne prévoyaient aucune tour d'horloge : ce qui est aujourd'hui le symbole de Londres est un ajout tardif.

Nouveau palais Le 16 octobre 1834, deux fourneaux en surchauffe, situés sous un

plancher de Westminster, mirent le feu au bâtiment médiéval qui fut pratiquement détruit, et provoquèrent la destruction du parlement. Le roi William IV offrit de reloger ce dernier au palais de Buckingham, mais les parlementaires décidèrent de reconstruire leur édifice.

L'année suivante, un concours eut lieu pour choisir le nouvel édifice, et le projet gagnant fut un plan néogothique soumis par Barry, avec une pléthore de détails d'Augustus Pugin, définisseur du néogothique anglais. Inspiré par ses études d'architecture médiévale en Grande-Bretagne et en Europe du Nord, mais aussi animé par sa grande foi catholique, Pugin avait remis le style médiéval au goût du jour, dans toutes sortes de constructions, tant architecturales que techniques. Il dessina

Big Ben •

CHRONOLOGIE

16 octobre 1834
Destruction du vieux palais
de Westminster

1843-1859
Construction du clocher

1856
Première fonte de la cloche
Big Ben

1858
Refonte et installation

1859
Mise en route de l'horloge

1863
Big Ben commence
à carillonner les heures

31 décembre 1923
Première retransmission
des carillons par la BBC

1976
Big Ben reste silencieuse
pendant trois semaines,
en raison de réparations.

Page ci-contre : au départ,
les cadrans étaient éclairés
par le gaz. Une lumière brille
au sommet de la tour quand
le Parlement est réuni en
séance le soir.

Ci-contre : chaque face
de l'horloge est réalisée
en verre opale serti dans
un cadre en fer de
7 m de diamètre.

la tour de l'horloge, avec ses quatre cadrans, peu de temps
avant sa mort en 1852.

Tour de l'horloge Elle se dresse à l'extrémité nord-est
du palais de Westminster. C'est la plus célèbre de celles qui
surgissent des toits en pente raide. Quoiqu'elle soit légèrement
plus petite que la Victoria Tower, placée de l'autre côté du
bâtiment, elle est moins massive, et s'élargit seulement vers le
haut pour accueillir les cadrans, également conçus par Pugin.
Au-dessus d'eux, la flèche est posée sur une structure en fer
qui soutient les cloches. Au-dessous de l'horloge, les poids qui
président à son fonctionnement sont accrochés à un axe qui
descend jusqu'au sol. Un autre espace contient les 334 marches
menant au clocher. Il n'y a pas d'ascenseur, et il faut monter
les marches trois fois par semaine pour remonter l'horloge.

L'horloge Le cahier des charges rédigé par le Parlement
pour la nouvelle horloge stipulait que le carillon devait sonner
précisément toutes les heures. La plupart des horlogers
jugeaient impossible qu'une aussi lourde machine puisse remplir un tel contrat, mais Edmund Beckett Denison releva le

Ci-contre : la cloche Big Ben est suspendue au centre du beffroi, entre les quatre cloches de quart. Il est impossible de déterminer si son nom rappelle Benjamin Hall ou un boxeur poids lourd de l'époque qui s'appelait Benjamin Caunt, que l'on surnommait également Big Ben.

À gauche, au centre : le mouvement, qui pèse environ 5 t, fait partie des plus grandes horloges mécaniques du monde.

défi et inventa un nouveau mécanisme d'échappement : en 1852, le contrat de construction de l'horloge fut attribué à Dent & Co, société très réputée pour la qualité de ses chronomètres de marine.

La pendule se met en mouvement toutes les deux secondes et de fins réglages sont réalisés à l'aide d'une pile de petites pièces de 1 penny, placées dans le système. Le fait d'ajouter ou de retirer une pièce de 1 penny à la pile fait varier la vitesse de l'horloge de 0,4 secondes par jour. Sa précision est légendaire.

Big Ben Avant l'installation de l'horloge, il fallut accrocher les cloches dans le beffroi au-dessus de leur logement : les quatre cloches de quart et la grande cloche pour sonner les heures pleines. En 1856, alors que la tour était pratiquement achevée, la première Big Ben fut fondue par la fonderie Warner à Stockton-on-Tess. Denison l'avait également dessinée. Elle pesait 16 t et le nom de Sir Benjamin Hall y était gravé. Hall supervisait les travaux de l'édifice. La cloche fut apportée à Londres et installée dans la cour du palais de Westminster pour y être testée. À cette occasion, elle se fêla de manière irréparable.

Hauteur

96 m

Cadrans

Chaque cadran mesure 7 m de diamètre, et ses chiffres romains 60 cm. On y remarque un IV qui remplace le IIII de la plupart des horloges. Le pendule fait 4,4 m de longueur et pèse 310 kg.

Grande cloche

Big Ben pèse 13,5 t. La cloche mesure 2,29 m de hauteur et 2,74 m de largeur. Ses carillons jouent des variations autour de la note *mi*.

Réplique

En 1892, une réplique de Big Ben, appelée « Little Ben », haute de 6 m, a été érigée près de Victoria Station, à Londres.

Ci-contre : l'ornementation gothique élaborée par Pugin pour la flèche de la tour a été restaurée et redorée dans les années 1980. La herse que l'on aperçoit au milieu des blasons héraldiques est le sacrifice consenti par Barry pour plaire à la mode architecturale en cours en 1835. Par la suite, ce symbole a été adopté comme l'emblème du palais de Westminster.

La cloche fut cassée et refondue par la fonderie de Whitechapel en mai 1858. Réduite à un poids un peu inférieur à 13,5 t, elle fut rapportée à Westminster sur un chariot tiré par 16 chevaux blancs. Le trafic s'arrêta pour laisser passer le cortège, les rues furent décorées pour l'occasion et des foules enthousiastes acclamèrent la cloche. La tour était désormais construite, et il n'était plus possible de hisser le lourd fardeau métallique par l'extérieur comme on l'avait planifié au départ. La cloche dut être montée latéralement par l'intérieur, et l'opération prit 36 heures.

Deux mois plus tard, cette cloche se fêla aussi. Denison rejeta la faute sur les fondeurs qui l'accusèrent d'avoir utilisé un marteau trop lourd. Un procès s'ensuivit et Big Ben resta silencieuse pendant plus de trois ans, jusqu'à ce qu'un marteau plus léger soit installé, et que la cloche soit tournée pour lui offrir une partie intacte. Les dégâts produisirent son ton légèrement imparfait mais distinctif. Depuis 1863, la cloche a résonné fidèlement, sauf en 1976, année où le carillon s'est brisé du fait de l'usure, ce qui projeta des pièces de métal dans la salle de l'horloge et même dans l'espace qui la surmontait.

Tout un symbole Westminster n'est pas seulement un quartier de Londres. Ce nom symbolise le style parlementaire britannique, et son horloge personnifie à la fois la démocratie parlementaire et la stabilité nationale. C'est le 1er janvier 1923 que les carillons de Big Ben se sont fait entendre pour la première fois sur la BBC. Désormais, c'est une tradition annuelle. Les coups de cloche qui résonnent dans le jingle des bulletins d'informations rappellent l'heure aux auditeurs. Ils les rassurent, notamment en temps de guerre et de crise. On les entend dans le monde entier, grâce au BBC World Service.

À gauche : aucun autre édifice n'entrave la vue de Big Ben près du pont de Westminster et du fleuve. Le site du Parlement a été une bénédiction pour les Londoniens lorsque toute la ville souffrit d'odeurs pestilentielles, en 1858, en raison de la conjonction d'une canicule et de l'engorgement de la Tamise par les déchets : les députés accélérèrent la construction de nouveaux égouts pour la ville.

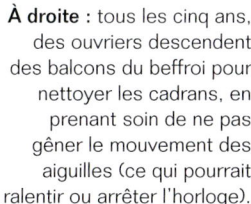

À droite : tous les cinq ans, des ouvriers descendent des balcons du beffroi pour nettoyer les cadrans, en prenant soin de ne pas gêner le mouvement des aiguilles (ce qui pourrait ralentir ou arrêter l'horloge).

ANGLETERRE, LONDRES

Hervé – 1970
Hervé et Ursula 1973

Éros, Piccadilly Circus

ON DIT QU'IL SUFFIT DE TRAÎNER ASSEZ LONGTEMPS À PICCADILLY CIRCUS POUR VOIR TOUS LES GENS QUE VOUS CONNAISSEZ. CET ENDROIT EST UN LIEU DE RENCONTRE PARTICULIÈREMENT POPULAIRE. LA STATUE D'ÉROS EN MARQUE LE CENTRE. CET EMBLÈME LONDONIEN S'INSCRIT EN CONTRASTE AVEC LE CADRE QUI L'ENTOURE.

Anthony Ashley Cooper, septième comte de Shaftesbury, était un philanthrope victorien qui consacra sa vie aux pauvres : il fit campagne pour les soins aux handicapés mentaux, l'éradication du travail des enfants dans les mines et les usines, l'amélioration des conditions de travail des ouvriers employés sur les échafaudages, la réfection des écoles publiques et des logements insalubres. Après sa mort en 1885, la ville décida de lui offrir « un mémorial dans l'une des voies publiques les plus fréquentées de Londres ». La nouvelle avenue qui reliait Piccadilly Circus à Bloomsbury devait s'appeler Shaftesbury Avenue et être ornée de la statue à son extrémité.

Mais la création de la Shaftesbury Avenue avait nui à l'élégance de Piccadilly Circus, tel qu'elle avait été conçue par John Nash en 1819. La célèbre place avait perdu ses contours harmonieux et se trouvait affublée de deux triangles centraux. Pendant les délibérations de la commission responsable du mémorial, on transforma une parcelle en urinoir. Il ne restait qu'à octroyer l'autre à Lord Shaftesbury.

Fontaine commémorative Elle est dédiée à Shaftesbury et fut créée par Alfred Gilbert. Elle fut dévoilée en 1893. Ceux qui s'attendaient à une fidèle représentation du grand homme découvrirent un large bassin octogonal surmonté d'une juvénile silhouette nue et ailée. La fontaine aspergeait tous les passants, et les fleuristes ambulants installés sur ses marches

INFORMATIONS

Artiste
Alfred Gilbert (1854-1934)

Dates de construction
1892-1893

Informations
La statue a été moulée dans un alliage à 98 % d'aluminium, Elle mesure 2,4 m de hauteur, pèse 190 kg, et est constituée de 15 éléments, ainsi que d'éléments moulés séparément, notamment les principales plumes des ailes.

Base
Fontaine octogonale de bronze taillée avec des motifs marins de style art nouveau. Une réplique du monument orne le parc de Sefton, à Liverpool.

En bas, à gauche : décentrée quelques années plus tard, la fontaine est redevenue accessible aux piétons.

En bas, à droite : les grands panneaux publicitaires lumineux font partie du paysage de Piccadilly Circus.

Page ci-contre : une demi-douzaine de grandes rues du West End mènent à Piccadilly Circus, et les marches du monument sont un lieu de rencontre populaire.

Ci-contre : Gilbert a indiqué qu'il s'agissait d'Anteros, frère d'Éros et incarnation de « l'amour sage et avisé ». Son modèle était un garçon de 16 ans, Angelo Colarossi.

devaient sortir leur parapluie. La plupart des Londoniens détestaient le monument. Certains n'hésitèrent pas à le vandaliser, arguant que le jeune garçon nu ne rendait pas convenablement hommage à la charité du comte. Le public croyait avoir affaire à Éros, le malicieux dieu grec de l'Amour.

En essayant de convaincre le public, le comité baptisa la statue « Ange de l'œuvre de charité chrétienne ». Gilbert expliqua qu'il s'agissait d'un symbole de l'amour aux yeux bandés, qui envoie ses flèches de bonté au hasard. Mais le public n'en démordit pas : c'était Éros.

Icône du West End Pour la reconstruction de la station de métro Piccadilly, la statue fut enlevée en 1925 et ne reparut pas pendant sept ans. De nouveau, elle fut déboulonnée pendant la Seconde Guerre mondiale et quand elle revint en 1947, plusieurs milliers de personnes assistèrent à la réinstallation d'Éros. Il domine désormais une place trépidante entouée de panneaux publicitaires au néon et de constructions majestueuses. Les foules du soir passent le voir sur le chemin des théâtres et des restaurants, des pubs et des bars de Soho. La statue continue d'incarner Éros et non le symbole de la charité.

Il représente plutôt la vie nocturne du West End. L'*Evening Standard*, journal quotidien de Londres, ne s'y est pas trompé et en fait son logo.

Au cours des années 1980, le trafic automobile a été dévié et Éros est désormais plus au calme. Les marches du monument restent encombrées de gens qui s'assoient pour regarder passer la vie, et peut-être pour rencontrer quelqu'un qu'ils connaissent.

ANGLETERRE, LONDRES

Tower Bridge

AU XIXE SIÈCLE, LES ARCHITECTES ÉTAIENT CONFRONTÉS À UN PROBLÈME MAJEUR : IL FALLAIT CONSTRUIRE UN PONT POUR QUE LES PIÉTONS ET LES VÉHICULES PUISSENT TRAVERSER LE FLEUVE TOUT EN PERMETTANT AUX BATEAUX D'ENTRER DANS LE PORT DE LONDRES, QUI DÉBORDAIT D'ACTIVITÉ.

Le développement commercial et la forte population de l'Est londonien ont accru le rôle du fleuve dans la ville. Les marins passaient des jours à véhiculer les denrées et divers produits, la traversée de la capitale étant difficile. En 1876, un concours fut lancé pour trouver une solution, mais aucun des 50 projets ne donna satisfaction. La construction qui fut approuvée huit ans plus tard était l'œuvre de l'un des membres du comité d'étude, Horace Jones, qui avait fait équipe avec l'ingénieur John Wolfe-Barry. Mais Jones mourut en 1887 et son travail fut achevé par son assistant, George Stevenson. L'édifice fut mis en service en juin 1894.

Pont à bascule Le pont combine deux sections de suspension sur les côtés de l'ouvrage, avec une bascule à double feuille centrale, qui se soulève pour permettre à de grands bateaux de passer. Au moment de sa construction, Tower Bridge était le plus grand pont à bascule du monde. Deux énormes jetées en béton surmontées de tours serties d'acier le soutiennent. Jones avait prévu pour les tours un parement de briques rouges, mais Stevenson choisit un revêtement orné de granit et pierre de Portland, dans le style néogothique qui reprenait la couleur de la tour de Londres voisine. Cette tour a d'ailleurs inspiré le nom du pont.

La bascule à système hydraulique fonctionnait au départ à la vapeur. Le pétrole et l'électricité ont pris le relais en 1976.

Tower Bridge •

INFORMATIONS

Longueur
244 m

Longueur du tablier central
61 m

Largeur
10,5 m de chaussée,
plus des passages
piétons de 4 m
de largeur.

**Hauteur au-dessus
du fleuve**
8,6 m pont fermé
42,5 m pont ouvert

Hauteur des tours
89,3 m

Fonctionnement
Le pont s'est soulevé
64 fois (nombre record)
en 1910.

Ci-contre : les deux
sections latérales sont des
ponts suspendus, ancrés
dans les berges et fixés par
des charnières traversant
les passerelles supérieures.

À droite : le style médiéval
des tours donne au système
de bascule l'allure d'un
pont-levis de château.

Page ci-contre : le système
de fonctionnement soulève
le milieu du pont. Après le
passage du bateau, le pont
redescend. L'ensemble de
l'opération prend environ
quatre minutes.

Ci-contre : bien que le pont
soit décoré des armes de
la ville de Londres, son
extrémité nord-est se trouve
à l'extérieur des limites
de la ville.

Chaque feuille pèse plus de 1 000 t, mais elle est équipée d'un
système de contrepoids pour faciliter le levage.

Dans les années 1890, le port de Londres était encore
encombré de quais et de cargos. Le pont était levé plus de
6 000 fois par an. Aujourd'hui, cette opération est annoncée
pour que les touristes puissent se rassembler sur le quai pour
observer la manœuvre. Le pont exige que les bateaux de passage
envoient une notification 24 heures à l'avance, et informe ses
fans par le biais de Twitter. Les accidents ont été rares, mais en
1952, un bus traversait le pont quand celui-ci a commencé à
monter. Le conducteur a accéléré et le bus a atteint l'autre bord
sans encombre, malgré un saut de 1 m au-dessus du vide.

Vue d'en haut Les passerelles offrent une superbe vue
sur Londres. Il est possible d'y accéder en empruntant l'un
des ascenseurs situés dans les tours. Toutefois, les Londoniens
préfèrent emprunter les passages piétons inférieurs. Les
passerelles ont été fermées en 1910, à cause d'une désertion
relative du public et parce qu'elles étaient devenues un lieu
hanté par les pickpockets et les prostituées. Aujourd'hui,
les passerelles sont de nouveau ouvertes et servent de cadre
à diverses expositions.

Ci-contre : la décoration du pont en rouge et bleu date de
1977, année de célébration du jubilé de la reine Elisabeth II.

30 St Mary Axe

CE GRATTE-CIEL S'EST TAILLÉ UNE RÉPUTATION MYTHIQUE DÈS QU'IL S'EST ÉLANCÉ VERS LES NUAGES, ET IL A SUFFI DE QUELQUES ANNÉES POUR QUE SON IMAGE DEVIENNE AUSSI CÉLÈBRE QUE CELLE DE BIG BEN. UN SIMPLE COUP D'ŒIL SUR SES FENÊTRES TRIANGULAIRES PERMET DE L'IDENTIFIER.

Dans le monde, rares sont les immeubles de bureaux qui ont gagné une telle gloire instantanée. Les Londoniens l'ont vite surnommé Gherkin (Cornichon). L'image incongrue d'un petit concombre saumuré semble plus amicale que celui d'une torpille ou d'un cigare, et d'autres épithètes plus imagées ou grossières comme « L'imposante insinuation » ou « le phallus de cristal » qui n'ont pas été adoptées. Les personnes qui travaillent dans le bâtiment l'apprécient et ses locataires bénéficient de son prestige architectural.

La destruction de l'ancien Baltic Exchange, endommagé en 1992, a fourni l'occasion d'ériger un édifice nouveau au cœur de la ville de Londres (son prédécesseur, avec ses marbres luxuriants de style edwardien, a été démantelé et exporté en Estonie, où il est question de lui rendre son caractère baltique en le reconstruisant à Tallinn).

Un design écologique Le bâtiment, conçu par Foster & Partners and Arup, a été présenté comme le premier building « vert » à caractère commercial. Le plan est circulaire, avec un cadre extérieur en acier léger, ce qui a permis de libérer l'intérieur de tout pilier. Chaque étage subit une torsion de 5° par rapport à l'étage du dessous. Il n'y a aucun local technique au sommet de l'immeuble, mais un grand espace inondé de lumière qui n'abrite pas le siège grand standing d'une société, mais un restaurant. La vue qu'il offre est

30 St Mary Axe •

INFORMATIONS

Architectes
Foster + Partners

Ingénierie
Arup

Entreprise générale
Skanska

Achèvement
2004, projet lauréat
du prix Stirling RIBA

Hauteur
195 m, 41 étages

Surface au sol
76 400 m²

Premier propriétaire
Suisse Re, société de
réassurance internationale

Page ci-contre : vu de
la rive sud de la Tamise, le
Gherkin éclipse certains
anciens points de repère
de la ville comme la porte
de la London Tower et
le vieux Port de Londres.

Ci-contre : la forme
aérodynamique du Gherkin
évite l'effet de soufflerie
créé au niveau du sol par
les grandes structures
verticales.

Ci-dessous : les critiques
du bâtiment l'ont accusé
de ne pas s'intégrer dans
le paysage existant.

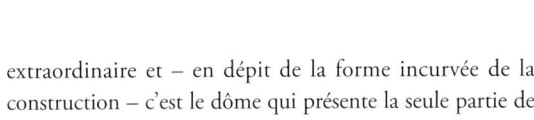

extraordinaire et – en dépit de la forme incurvée de la
construction – c'est le dôme qui présente la seule partie de
verre incurvée de tout l'édifice.

Air et lumière Six puits de lumière sont creusés dans les
étages, afin d'optimiser la lumière naturelle et la ventilation.
Le chauffage fonctionne à l'énergie solaire et réchauffe la façade
à double revêtement. Les fenêtres s'ouvrent, mais de nombreux
locataires préfèrent la climatisation. Il n'est plus nécessaire
d'aller respirer l'air frais au niveau de la rue, où le faible encombrement de la nouvelle construction a permis de créer l'espace
d'une place pavée, bordée de bancs et plantée d'arbres par Ian
Hamilton Finlay, concepteur de l'Arcadian Dream Garden.

Même s'il a remplacé un édifice vieux d'un siècle, le
Gherkin se tient en un lieu beaucoup plus ancien, et surplombe
l'église médiévale de St. Andrew Undershaft. Il suffit d'entamer
une promenade de quelques minutes pour se rendre à la
Norman Tower de Londres. La préparation du site a mis à jour
la tombe d'une adolescente romaine, qui a trouvé une nouvelle
sépulture sous la place.

Stonehenge

LES CHRONIQUEURS DU MOYEN ÂGE CITAIENT STONEHENGE PARMI LES MERVEILLES DU MONDE, ET CE LIEU RESTE SYNONYME DE PUISSANCE SPIRITUELLE ET DE MYSTÈRE. SES ÉNORMES PIERRES ET LA SOPHISTICATION DE SA CONCEPTION LE DÉSIGNENT COMME UN LIEU PRÉHISTORIQUE D'EXCEPTION.

L'immense cercle de pierre se dresse au milieu d'un paysage de monuments cérémoniaux : tout près de là, se trouve le site néolithique de Woodhenge Néolithique ainsi qu'un autre ensemble de la même époque à Murs Durrington, les massifs cercles de pierre d'Avebury et de Colline Silbury, plus grand tumulus d'Europe. À l'approche de Stonehenge, une « avenue » se déroule sur 3,5 km : ce parcours processionnel relie le site à la rivière Avon et traverse des tumulus et collines cérémoniales.

L'activité de construction s'est poursuivie pendant au moins 1500 ans à Stonehenge. De gigantesques blocs de pierre ont été transportés sur place, dressés et taillés à l'aide d'outils en pierre et de pioches en bois. Comment cette opération a-t-elle été rendue possible ? Quelle méthode a été employée ? Pourquoi cette région d'Angleterre est-elle devenue un centre de rituels et de croyances ?

Cercles néolithiques Le site d'origine se niche dans une boucle de la rivière. Il y avait un fossé, peut-être entouré de poteaux en bois dressés vers l'an 3000 av. J.-C. Des traces de foyers ont été trouvées, et des rituels de crémation semblent y avoir été associés.

Le premier cercle en pierre, installé au moins 500 ans plus tard, était constitué de pierres bleues provenant des collines Preseli au pays de Galles, situé à 240 km. Les archéologues pensent que les hommes ont traîné les pierres jusqu'à la mer

CHRONOLOGIE

Vers 3100 av. J.-C.
Rive circulaire et fossé

Vers 3000 av. J.-C.
Structure en bois en guise de terrassement. Traces de crémations rituelles.

Vers 2600 av. J.-C.
Érection de pierres bleues, alignement de l'entrée sur la position du soleil au solstice d'été. Création d'une avenue menant vers la rivière.

Vers 2600-2400 av. J.-C
Des pierres en grès parées sont érigées en cercle extérieur et des trilithons sont postés à l'intérieur.

Vers 2300-1930 av. J.-C
Réaménagement des pierres bleues dans le cercle extérieur et au centre. Érection d'un autel en pierre.

1915
Achat du site par Cecil Chubb et don à la nation en 1918.

1928
Les terrains avoisinants sont achetés par le National Trust.

1986
Le site est inscrit au patrimoine de l'humanité.

Page ci-contre : les champs situés autour du monument ont été longtemps utilisés pour l'agriculture mais la zone, dont la pierre constituante est le calcaire, a désormais été rendue à la prairie.

Ci-contre : les énormes linteaux sont maintenus en place par du mortier et des tenons, fait unique parmi les sites préhistoriques en pierre.

et les ont transportées sur des radeaux. Une autre théorie veut qu'elles aient été déplacées par l'action glaciaire. Ce cercle a été ensuite remplacé par des pierres disséminées d'une taille plus grande, apportées du Marlborough Downs, situé à 40 km. Un cercle extérieur de 30 pierres droites a été surmonté de linteaux. Cinq paires de pierres plus volumineuses ont été dressées à l'intérieur de ce cercle, et surmontées de linteaux massifs afin de former des « trilithons ». Puis à l'âge de bronze, les pierres bleues ont été réutilisées pour former un anneau à l'intérieur du cercle extérieur, et le reste des pierres a été dressé à l'intérieur du fer à cheval formé par les trilithons.

Pourquoi Stonehenge ? Pour certains, Stonehenge était un observatoire, un calendrier solaire ou un temple érigé en l'honneur du soleil ou de la déesse mère. D'autres prétendent qu'il a été construit par des extraterrestres. Selon la théorie moderne, il représentait le royaume des morts, et « l'Avenue », voie processionnelle funéraire, symbolisait le passage de la vie à la mort. Les druides modernes associent Stonehenge aux Celtes qui venaient y célébrer diverses cérémonies. Aujourd'hui, ce lieu est lié à divers rituels New Age et croyances.

Ci-dessus : l'entrée du Nord-Est est précisément alignée sur le lever du soleil au solstice d'été.

Ci-contre : les cinq trilithons intérieurs arborent la forme d'un fer à cheval tourné vers l'entrée.

Royal Crescent

AU COURS DU XVIIIᴱ SIÈCLE, BATH A CESSÉ D'ÊTRE UNE STATION THERMALE DÉCRÉPITE POUR SE TRANSFORMER EN UN LIEU PRESTIGIEUX ET TRÈS COURU. LA CONSTRUCTION DE BELLES VILLAS ÉLÉGANTES A ENTRAÎNÉ UN VÉRITABLE BOUM IMMOBILIER, ET LA VILLE S'EST ORNÉE D'UN VÉRITABLE JOYAU ARCHITECTURAL, LE ROYAL CRESCENT.

John Wood, architecte originaire de Bath, ambitionnait de recréer une ville romaine dans la ville thermale et de l'orner de places et de terrasses magnifiques. Le monumental King's Circus, dont la construction débuta en 1754, marqua l'apogée de ce programme. Toutefois, le fils de l'architecte, aussi prénommé John Wood, présenta un projet plus original. Après avoir achevé le King's Circus entamé par son père, il ajouta Brock Street, rue qui se dirigeait vers l'ouest, au dos d'une colline où le Royal Crescent fut construit entre 1767 et 1775. Trente logements ont été aménagés dans une semi-ellipse autour d'une pelouse, et tournés vers les terrains en contrebas. C'était la première fois qu'un tel ensemble ouvert était construit en milieu urbain.

Pour le visiteur qui passe à l'angle du Crescent aujourd'hui, l'effet reste sensationnel. L'échelle des constructions est spacieuse et les appartements sont tournés vers les espaces verts, tandis que la vue porte au loin vers les collines. Jusqu'à la Seconde Guerre mondiale, des moutons et des vaches paissaient dans les champs en contrebas du Royal Crescent, et des barrières bucoliques marquaient le bord de la pelouse centrale.

Une façade classique Une façade marquée par de gigantesques colonnes ioniques unifie des maisons individuelles. Sur leurs pacerelles achetées, les propriétaires ont bâti des habitations selon leur goût derrière la stricte façade

Royal Crescent •

![Royal Crescent, Bath](image above)

Ci-dessus : cette vue n'a presque pas changé depuis les années 1760. Une flèche d'église de style victorienne ornait le toit, mais a été détruite durant la Seconde Guerre mondiale.

À droite, en bas : les habitations de chaque côté du « croissant » ont 5 baies vitrées en encorbellement, et des doubles colonnes angulaires – détail répété sur l'habitation centrale.

Ci-contre : les poivrières en fer forgé attachées aux portes permettaient aux laquais de suspendre les lanternes dont ils se servaient pour éclairer les portes des résidents.

CHRONOLOGIE

1688-1703
Bath devient à la mode, après les visites de la reine, pour ses cures thermales.

1704
Galant Nash devient maître de cérémonies à Bath.

1767-1774
Construction du Royal Crescent

1942
Les appartements 2 et 17 sont détruits par les bombes.

1967
Bernard Cayzer fait don du n° 1 au Conservation Trust, afin d'y créer un musée.

1971
Les n° 15 et 16 sont occupés par le Royal Crescent Hotel.

uniforme, ce qui conduisit à des modifications diverses à l'arrière du bâtiment, et à la création d'extensions en saillie, effet décrit selon la formule, « C'est la reine Anne à l'avant, et Marianne à l'arrière ».

Les résidents Au XVIIIe siècle, de nombreuses habitations n'étaient occupées que pendant la saison thermale, mais certaines ont eu des occupants permanents. Aujourd'hui, quelques maisons sont encore privées, mais la plupart ont été divisées en appartements. La maison au numéro 1 est un musée, et un hôtel occupe le centre. Cependant, l'uniformité de la façade a été préservée, y compris dans ses couleurs.

Le Crescent est devenu le Royal Crescent en 1795, quand Frederick, Duc d'York s'y est installé (le grand-duché de York rassembla jadis 10 000 hommes). Parmi les autres résidents célèbres, citons Christopher Anstey, auteur du livre satirique *The New Bath Guide*, Elizabeth Linley, qui s'est enfuie avec le dramaturge Richard Brinsley Sheridan et Isaac Pitman, l'inventeur de la sténographie.

Iron Bridge

CE NOM NE SEMBLE PAS TRÈS ORIGINAL, MAIS EN 1779, LA SIMPLE MENTION DU PONT DE FER (« IRON BRIDGE ») SUFFISAIT À DÉSIGNER UN OUVRAGE TRÈS PARTICULIER, CAR C'ÉTAIT LE SEUL AU MONDE. L'ATTRACTION ÉTAIT SI IMPORTANTE QU'UNE VILLE ENTIÈRE NAQUIT DANS SES PARAGES, ET LUI EMPRUNTA CE NOM.

Le comté anglais de Shropshire dissimule une véritable fortune minérale : les premiers mineurs travaillèrent dans d'épaisses veines de plomb, de charbon et de fer qui étaient faciles à atteindre dans la profonde faille de la Gorge de Severn. Dès le milieu du XVIIᵉ siècle, 100 000 t de charbon y étaient extraites chaque année. La plus grande partie descendait la rivière pour partir à l'exportation, mais le reste alimentait quelques manufactures dans la région. C'était le cas de certaines poteries et d'entreprises de ferronnerie. Le charbon de la gorge donnait un excellent coke qui permettait de fondre les métaux. En 1709, Abraham Darby commença à l'utiliser dans sa

méthode de fonderie Coalbrookdale (qui fit l'objet d'un brevet), et fabriqua des marmites de fonte.

Soixante ans plus tard, il se lança dans une production à grande échelle. Le petit-fils de Darby, Abraham Darby III, fabriqua des rails de chemin de fer en fonte, et dans les années 1770, il se lança dans la production d'éléments pour le tout premier pont de fonte.

Une conception sans précédent Les plans du pont furent réalisés par Thomas Pritchard, un architecte local peu habitué à des projets à grande échelle utilisant des matières révolutionnaires. Mais comme personne n'avait construit un tel pont de fer auparavant, il n'y avait aucun modèle à suivre. Le père de Pritchard était menuisier. Il savait donc comment

Iron Bridge •

CHRONOLOGIE

1709
Abraham Darby commence à utiliser le coke au lieu du charbon de bois pour fondre le fer.

Années 1750
L'industrialisation de la région de Coalbrookdale augmente les besoins en trafic fluvial, et six ferries entrent en fonction.

1776
Le Parlement autorise la construction du pont.

1779-1780
Construction du pont

1er janvier 1781
Ouverture du pont au trafic

1802
Les arcs-boutants en pierre sont enlevés et remplacés par des arches en fer.

1835
Agrandissement du péage

1935
Fermeture du pont aux véhicules

1972
Création de contre-arcs en béton armé sous l'eau pour renforcer les fondations

Page ci-contre : l'élégant Iron Bridge est devenu le symbole de la révolution industrielle, et le site est souvent appelé « le berceau de l'industrie », même si de semblables avancées se sont manifestées ailleurs.

Ci-contre : certaines arches fragilisées ont dû être remplacées.

En bas, à droite : la réparation des péages fut votée en 1776. Ils n'ont jamais été changés depuis.

utiliser le bois, et appliqua les mêmes principes au pont de fer. Darby fabriqua chacune des 800 pièces, qui ont été assemblées par des tenons à mortaise, et à l'aide d'éléments en queue d'aronde. On utilisa des boulons pour l'apex de l'arc. Les coûts ont largement excédé les prévisions. Pritchard mourut peu après le début du chantier, et Darby resta endetté toute sa vie.

Attraction touristique Quand le pont de fer ouvrit au trafic, de nombreux voyageurs, artistes et concurrents potentiels se massèrent pour le voir, et la petite ville d'Ironbridge dut s'agrandir pour les accueillir – beaucoup s'installaient au Tontine Hôtel, construit en 1784 par les actionnaires du projet, et toujours en activité aujourd'hui. Le pont a survécu à une grande inondation en 1795, ce qui conduisit les industriels à privilégier la fonte comme matériau de construction. En Angleterre, puis dans le monde entier, les ponts, les aqueducs et d'autres structures en fonte se multiplièrent.

Ci-dessous : aujourd'hui, la vallée ressemble à la scène de la gravure qui fut faite pour promouvoir le pont en 1780, à l'époque où elle était en réalité enfumée et bruyante.

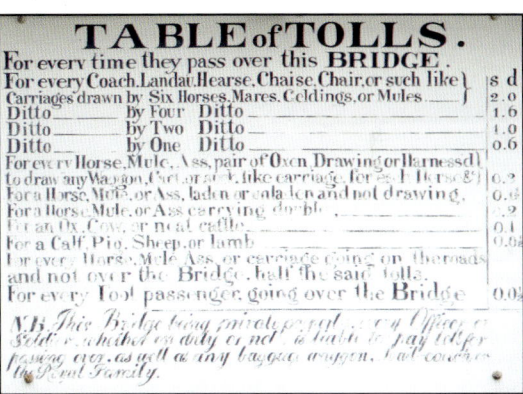

ANGLETERRE, GATESHEAD

Ange du Nord

SI VOUS PRENEZ LA ROUTE A1 EN DIRECTION DE GATESHEAD ET DE NEWCASTLE UPON TYNE, VOUS VERREZ UNE SILHOUETTE SE DÉTACHER DU SOMMET DES ARBRES, LE LONG DE LA VOIE. VOUS AUREZ L'IMPRESSION QUE SES AILES DÉPLOYÉES CHERCHENT À VOUS ENVELOPPER. DES MILLIERS DE GENS PASSENT DEVANT ELLE CHAQUE JOUR.

L'ange est debout sur un terril, aux abords de Low Fell. Depuis le Moyen Âge, on extrayait le charbon de la mine, et au XIXᵉ siècle, il alimentait en combustible l'énorme bassin industriel du nord-est de l'Angleterre. Les fonderies ainsi que les usines de construction navale et de locomotives, ont transformé Gateshead, petite ville paisible, en plaque tournante de l'industrie lourde. Toutefois, un lent déclin s'est amorcé au XXᵉ siècle, et le dernier puits de mine ferma dans les années 1970.

Renaissance Les années 1980 ont vu fleurir des projets artistiques comme celui de l'Ange du Nord, du Sage Gateshead et de la Baltic contemporary art gallery. C'est ainsi que la région de Gateshead a amorcé sa renaissance. Le site de la mine a été investi en 1989, et le sculpteur Antony Gormley a été chargé en 1994 d'y ériger une œuvre spécifique. Quatre ans plus tard, ses massifs éléments ont lentement quitté Hartlepool par la route, sous escorte de la police.

L'ange d'acier élaboré par Gormley a été fabriqué par Hartlepool Steel Fabrications, société plus habituée à travailler à l'élaboration de ponts et de plates-formes pétrolières. Son corps et ses ailes, nervurés, reflètent les techniques employées pour l'industrie. Ils sont assez solides pour résister aux vents forts qui balaient ces collines.

Ange du Nord •

INFORMATIONS

Sculpteur
Antony Gormley

Ingénieurs
Ove Arup et Associés

Fabricant
Hartlepool Steel

Envergure des ailes
54 m

Hauteur
20 m

Poids
200 t

Page ci-contre : les ailes déployées sont légèrement incurvées vers l'intérieur, créant, selon Gormley, une impression d'embrassade.

Ci-contre : l'ange est en acier Corten, alliage résistant aux intempéries, conçu pour former un manteau de rouille au bout de quelques années, qui lui donne sa chaude couleur brun rouge.

Ci-dessous : l'ange est juché sur un monticule contenant les résidus de charbon d'une ancienne mine de Colliery.

Il n'y a aucun socle. La statue semble avoir atterri sur le monticule herbeux, où elle attend de décoller en étendant ses ailes pour être portée par le vent, telle un gigantesque planeur. Toutefois, elle est bien ancrée au sol. Pour se tenir ainsi entre terre et ciel, l'ange est posé sur des plots en béton coulés dans 22 m de rocher au-dessous de la surface, sur ce terril témoin du dur labeur des mineurs, étalé sur trois siècles. Gormley a écrit qu'il rendait hommage à ces hommes et à leur industrie disparue.

Icône nationale Quoiqu'isolée entre de grandes routes, elle reste rarement seule. Ses pieds luisent à force d'avoir été frottés par les visiteurs qui grimpent également sur la statue. Le Gateshead Council vend des kits permettant de tricoter une réplique de l'ange, de la reproduire sous forme d'origami, et une variété de jonquille (la Tall and rusty orange) lui doit son nom. Ce symbole de la Tyneside, immédiatement reconnaissable, est l'un des monuments les plus filmés et les plus photographiés en Angleterre.

Mur d'Hadrien

*Hervé – Feb + Mars 1970
– marché – et perdu
mon passport.
Ursula + Hervé 1973*

CE MONUMENT ANCIEN, LE PLUS VASTE DU GENRE EN EUROPE DU NORD, TÉMOIGNE D'UNE PROUESSE TECHNIQUE ROMAINE. IL COURT DE WALLSEND, SUR LA CÔTE EST DE L'ANGLETERRE, À BOWNESS, SUR LA CÔTE OUEST. PENDANT 300 ANS, CETTE CONSTRUCTION A CONSTITUÉ LA FRONTIÈRE SEPTENTRIONALE DE L'EMPIRE ROMAIN.

Désormais, un sentier court à proximité du mur d'Hadrien, long de 135 km. C'est l'un des chemins les plus appréciés des randonneurs anglais. Toutefois, pour les soldats romains du IIᵉ siècle, être une patrouille à proximité de ce mur humide et venteux ne devait pas être une perspective séduisante. Sans doute auraient-ils préféré les climats plus doux de leur pays.

L'empereur Hadrien a succédé à Trajan, mais contrairement à lui, il n'avait plus d'ambition de conquête et souhaitait seulement assurer la paix. Ses prédécesseurs avaient tous rêvé de mettre le monde à leurs pieds, mais il voulait simplement protéger ses frontières. Le nord de la Grande-Bretagne était une des zones de conflits. En l'an 122 avant [*après*] J.-C., Hadrien se rendit sur place, et c'est à cette date que les travaux commencèrent. Trois légions de l'armée fournirent la main-d'œuvre adéquate et le mur fut achevé en six ans environ.

Ouvrage de défense Il s'agissait de la frontière la plus lourdement fortifiée de l'empire. Haute de 4,5 m et large de 3 m, elle était dotée de chaque côté de pierres soigneusement taillées jointoyées par du mortier. Toutefois, la partie occidentale du mur fut construite plus vite, avec des blocs de tuf posés sur une base en pavés ronds. Des fossés défensifs et des ouvrages en terre, postés de chaque côté du mur, le désignaient comme un sérieux obstacle sur la route d'attaquants potentiels.

Mur d'Hadrien •

La sécurité était totale. Chacun des 16 forts construits le long du mur permettait de loger quelque 800 soldats. Entre ces forts, à chaque mile romain (tous les 1 500 m environ) une tour militaire plus petite donnait accès à la passerelle qui courait au sommet du mur. Entre les tours militaires, deux tourelles étaient gardées par des sentinelles qui patrouillaient nuit et jour.

Impact local Le mur d'Hadrien ne permettait pas *les écossais* seulement de garder les Pictés à distance. Certaines portes faisaient sans doute office de postes de douane. Les Romains prélevaient un péage et des impôts à chaque passage. Mais avant tout, le mur symbolisait le contrôle exercé par les Romains sur les habitants, qu'ils appelaient dédaigneusement *Brittunculi* (« petits Bretons »). Plus

tard, cependant, certains d'entre eux furent enrôlés, de père en fils, pour effectuer également des rondes de surveillance. La présence de troupes nombreuses attirait les commerçants locaux, et des colonies florissantes s'établirent autour des forts.

Après le départ des Romains, le mur fut abandonné et ses pierres furent progressivement utilisées comme matériaux de construction. Certaines furent intégrées aux grands monastères de la région, y compris à Jarrow, Lindisfarne et Monkwearmouth. Aujourd'hui, dans quelques localités, le mur n'est qu'un amas de pierres perdu entre des hameaux ou au bord d'une route. Mais on le voit toujours s'étirer majestueusement sur les collines du Northumberland, le long des fiers rochers escarpés de Whin Sill et devant les ruines de Housesteads Fort.

Ci-dessous : une partie du mur mesure 2 m de largeur. On y aperçoit des gravats entre deux parements de pierres.

Ci-dessous : près du fort de Vindolanda, le mur descend vers Sycomore Gap (nom de l'arbre situé à côté des pierres).

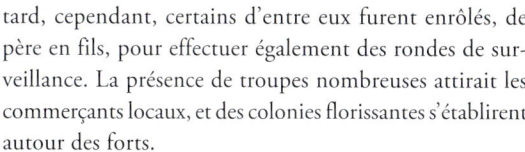

Ci-dessus : le mur suit les défenses naturelles de Windshield et Highshield Rochers escarpés au-dessus de Crag Lough.

En haut : la maçonnerie romaine montait bien plus haut à l'origine. Elle était surmontée d'un parapet, probablement crénelé, et d'une passerelle.

CHRONOLOGIE

55 et 54 av. J.-C.
Invasions de la Grande-Bretagne par Jules César

43 ap. J.-C.
Le pays passe sous la férule romaine de Claudius

117-138
Règne d'Hadrien

122-128
Construction du mur

142-154
Début des travaux sur le mur d'Antonin (inachevé)

Vers 410
Fin de la domination romaine en Grande-Bretagne

ÉCOSSE, ÉDIMBOURG

Hervé – 1970 – Feb et Mars
Ursula + Hervé 1973

Château d'Édimbourg

ON COMPTE PLUS DE 2 000 CHÂTEAUX EN ÉCOSSE. MAIS CELUI D'ÉDIMBOURG,
PERCHÉ SUR SON IMPOSANT ROCHER, PRÉSIDE AUX DESTINÉES DE LA VILLE,
MÊME S'IL A PERDU SES FORTIFICATIONS MÉDIÉVALES. IL EST HANTÉ PAR
PLUSIEURS FANTÔMES, NOTAMMENT UN RAMONEUR ET UN MUSICIEN SANS TÊTE.

Son socle est constitué d'un basalte très dur, issu d'un volcan éteint qui a résisté aux derniers stades de l'érosion glaciaire. C'est ainsi que s'est formé un rocher escarpé, presque imprenable, auquel on n'accède que par un petit chemin, et qui présente des vertus de refuge suprême. Les Écossais l'ont appelé Din Eidyn jusqu'à ce qu'il tombe aux mains des Angles en 638. Il fut alors rebaptisé du nom anglais d'Édimbourg.

Chapelle Sainte-Marguerite Le roi David Ier quitta Dunferline pour en faire sa capitale au XIIe siècle, et le château acquit un statut royal. De cette période, il ne reste qu'une structure, la petite chapelle romane qui est consacrée à la mère du roi. C'est aussi le bâtiment le plus ancien et le plus élevé. Quand le comte de Moray conquit le château anglais en 1314, ce fut la seule construction épargnée. Robert Bruce économisa ensuite de l'argent pour les réparations.

Mons Meg Le canon posté à l'extérieur de la chapelle fut installé en 1457. Il fut offert par Philippe, duc de Bourgogne. Ses boulets, d'un poids de 150 kg, étaient expédiés à une distance supérieure à 3 km. Mais il était plus impressionnant que dangereux, car il n'était possible de l'employer qu'à intervalles assez longs dans la journée, et il était trop lourd pour être manœuvré sur un champ de bataille. À partir de l'an 1540, Mons Meg ne fut plus utilisé que lors d'occasions festives. Un boulet fut envoyé en 1681 pour l'arrivée du duc d'Albany.

Château d'Édimbourg

CHRONOLOGIE

900 av. J.-C.
Traces archéologiques d'un campement humain.

600
Première référence écrite sur la forteresse de Din Eidyn.

Vers 1130
Construction du château royal par David Ier.

1356
David II reconstruit le château.

1571-1573
Destruction de la tour de David.

1757-1814
On enferme les prisonniers de guerre dans le château.

1861
Première mise à feu de la One O'Clock Gun.

1950
Première armée des Tatoos d'Édimbourg

1996
La pierre du Destin est rendue au château d'Édimbourg.

Ci-dessous : le château domine la ligne d'horizon de la ville d'Édimbourg.

Page ci-contre : le pittoresque corps de garde fut ajouté au XIXe siècle. Sur la porte figure la devise de l'Ordre du Chardon : *Nemo Moi Impune Lacessit* (« Personne ne m'attaque impunément »).

Ci-contre : à chaque reconstruction, le château fut remanié avec les nouvelles techniques de guerre. Il fut nécessaire d'aménager des ouvertures plus larges aux murailles médiévales pour les canons.

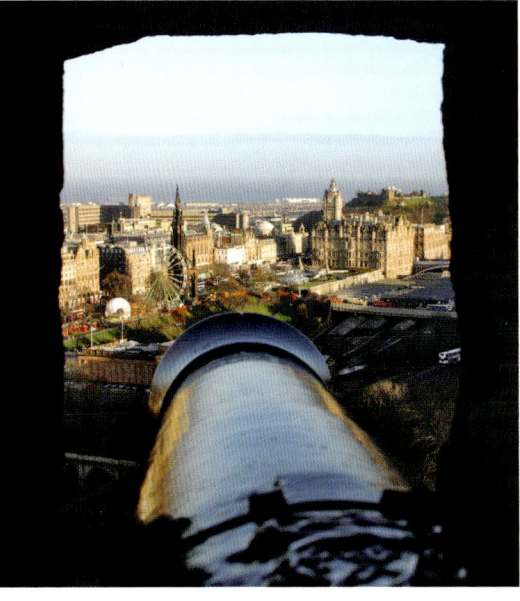

Palais royal Au XVe siècle, des appartements royaux furent aménagés en même temps que le grand hall d'entrée. Mais par la suite, la famille royale s'installa à Holyrood Palace, et le château servit d'arsenal. Toutefois, Mary, reine d'Écosse, y chercha refuge pour y donner naissance à son enfant, dans une minuscule pièce garnie de panneaux en bois qui commémorent l'événement de manière colorée. Avant que l'enfant n'atteigne l'âge d'un an, elle fut forcée d'abdiquer. Son fils devint James IV, que l'on appela ensuite Jacques Ier d'Angleterre.

Divers sièges En tout, le château essuya 13 attaques, notamment le « Lang Siege », à l'époque où la garnison tint bon pendant presque deux ans pour défendre la reine Mary d'Écosse. En 1745, le prince Charlie fut le dernier à tester ses défenses, mais face à la menace napoléonienne, les nouveaux quartiers de l'armée furent aménagés en 1799 pour accueillir 600 soldats. Mais le château ne fut jamais assiégé par les Français, et il servit à accueillir les prisonniers de guerre.

Une question de tradition Des gardes surveillent toujours l'accès du château, mais les hordes de barbares sont désormais composées de touristes curieux de connaître « la vieille Écosse ». Walter Scott prétendit dans ses livres qu'Édimbourg était le lieu où les joyaux de la couronne étaient restés cachés pendant un siècle, et il peaufina l'image de soldats experts dans le maniement de la cornemuse. Le corps de garde et le grand hall d'entrée furent restaurés dans le style de la baronnie, et l'on vit apparaître la silhouette du One O'clock Gun sur les remparts. Tous les ans, une parade militaire est organisée sur l'esplanade, ce qui confirme le statut particulier d'Édimbourg aux yeux de l'Écosse tout entière.

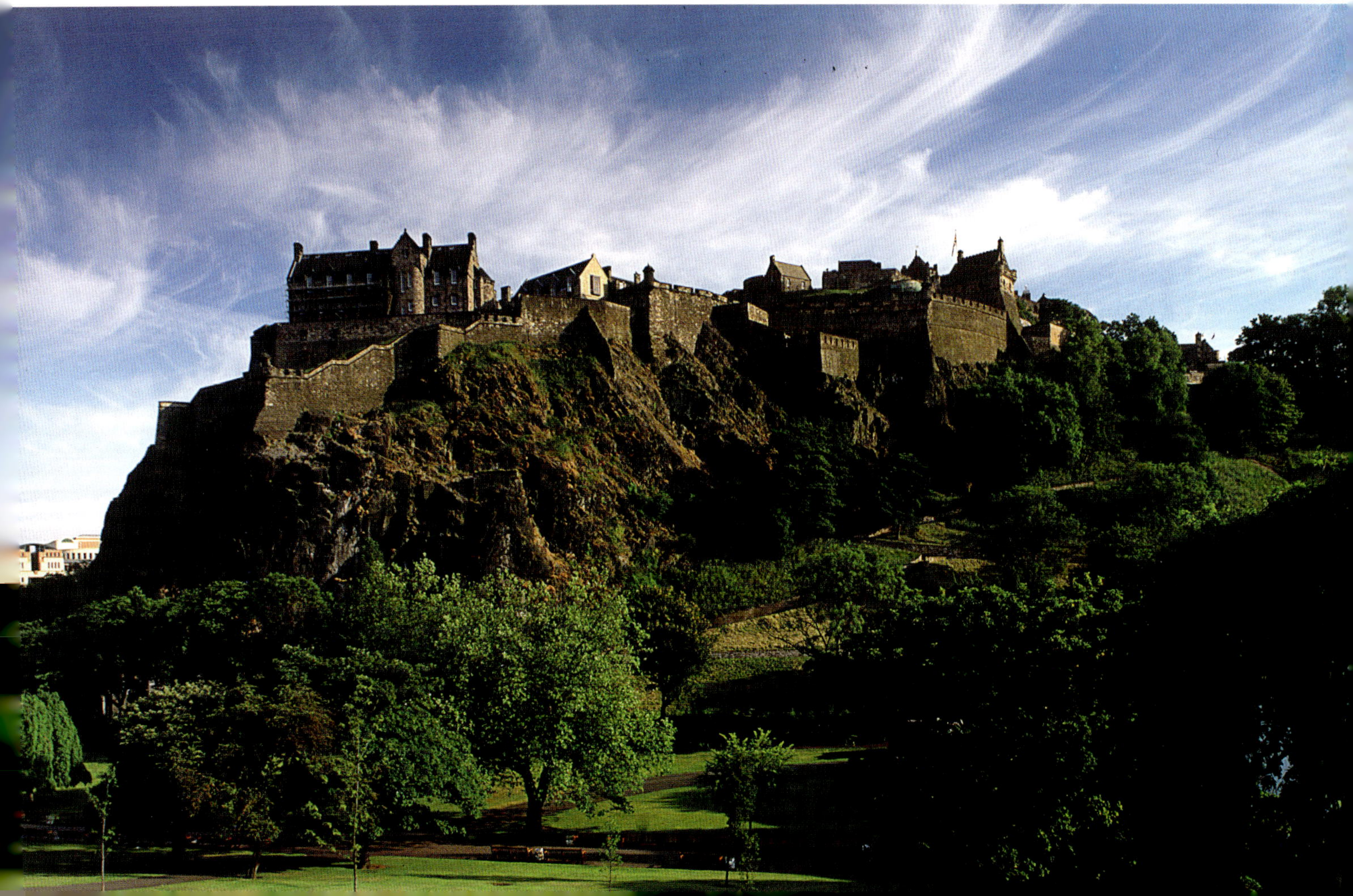

FRANCE, PARIS

Hervé ← 1970
Ursula + Hervé 1973
" " (2017 Sept Oct)

Tour Eiffel

LA « GRANDE DAME DE FER » ORNE LA LIGNE D'HORIZON PARISIENNE DEPUIS 1889.
AU DÉPART, SA CONSTRUCTION DEVAIT ÊTRE TEMPORAIRE, MAIS LE GÉNIE D'EIFFEL
DÉPASSAIT LA SIMPLE PROUESSE EN MATIÈRE D'INGÉNIERIE, ET IL AVAIT PRIS SOIN
DE DOTER SON MONUMENT DE STRUCTURES BEAUCOUP PLUS DURABLES.

Lorsque la ville de Paris organisa sa première Exposition universelle en 1889, date qui marquait aussi le premier centenaire de la Révolution française, elle lança un concours pour la construction d'une tour spectaculaire située à l'entrée du site de l'exposition, sur le Champ de Mars. Elle devait mesurer au moins 300 m pour être la plus haute du monde. Confronté à près de 700 concurrents, Gustave Eiffel fut choisi à l'unanimité.

Maurice Koechlin et Émile Nougier, les deux ingénieurs en chef désignés par Eiffel, signèrent la forme audacieuse du monument, un entrelacs ouvert de structures en fer qui ne cherchait nul-

lement à se cacher sous un revêtement en pierre ou des finitions décoratives. Quelques éléments ornementaux, notamment les arches situées sous le premier étage, furent ajoutés par l'architecte Stephen Sauvestre afin d'apprivoiser un peu le style fonctionnel de l'ensemble, mais la tour fut avant tout un monument de l'ère industrielle.

La construction débuta en janvier 1887, mais les premiers résultats furent largement décriés par le public. Le 14 février 1887, le journal *Le Temps* publia une lettre signée par près de 300 artistes influents, parmi lesquels Charles Garnier (architecte de l'Opéra de Paris), Charles Gounod, Alexandre Dumas fils et Guy de Maupassant, qui le comparaient à une gigantesque cheminée d'usine toute noire. Ils soulignaient que cette

Ci-dessus : la couleur bronze de la structure métallique a été choisie pour se marier facilement aux couleurs du paysage parisien qu'elle domine.

À droite : la partie supérieure n'est accessible que par ascenseurs : en 1982, deux cabines à système électrique ont remplacé le système hydraulique de départ.

CHRONOLOGIE

1884
Premières esquisses

1887-1889
Construction (2 ans, 2 mois et 5 jours).

Mars 1889
Ouverture au public

1898
Système télégraphique établi entre le Panthéon et la tour Eiffel

1903-1905
Eiffel fait des expériences sur la chute des corps.

1909
Achèvement de la station de radio militaire

1912
Franz Reichelt meurt après un saut en parachute fabriqué par lui-même.

1921
Première radiotransmission

1935
Première émission télé

1984
Moriarty pilote un avion sous les arches de la tour.

masse barbare était aussi omniprésente qu'humiliante au regard des autres monuments et ouvrages d'architecture. Les illustres artistes protestèrent en ces termes : « Sur la ville entière, nimbée du génie que tant de siècles lui léguèrent, nous verrons s'étendre pendant 20 ans l'ombre odieuse de cette affreuse colonne rivetée de métal, pareille à une tache d'encre. » Plus tard, on vit Maupassant déjeuner tous les jours au restaurant de la tour. Quand on lui demanda pourquoi, il répondit que c'était le seul lieu d'où il pouvait ne pas la voir.

Résistance au vent C'est le rivetage métallique de la tour qui rendit possible son élévation extrême pour l'époque. Après avoir édifié de nombreux ponts, Eiffel savait que l'élément essentiel de telles constructions était le problème de résistance au vent. La forme incurvée des pylônes fut développée pour créer une force de gravité égale aux vents les plus violents. La structure ajourée minimisait la résistance au vent. La tour oscille de 6 à 7 cm sous les bourrasques, et son sommet peut se déplacer de 18 cm, en raison de l'expansion des composants métalliques que l'on voit briller sur les côtés de la tour.

Hauteur
324 m (en incluant le mât)

Encombrement au sol
125 m²

Profondeur maximale
des fondations
15 m

Nombre de marches
1 655

Composants en fer
18 038 (plus 2.5 millions
de rivets).

Poids du métal
7 300 t

Poids total
10 100 t

Peinture
Il faut 60 t de peinture
pour repeindre la tour.

Personnel
620 employés

Ci-dessous : Eiffel a rendu hommage aux 72 scientifiques et ingénieurs français qui avaient participé à la construction en inscrivant leur nom sur la tour, en dessous du premier étage.

En haut, à gauche : la tour, vue d'en haut, du premier étage et de l'un des piliers en pierre conçus par Sauvestre.

En bas, à droite : vue d'en bas, la tour met en valeur la symétrie et la légèreté de ses structures.

Construction Les défis à relever étaient formidables. En raison de la proximité du fleuve, les piliers devaient être soutenus par des fondations à compression d'air, situées dans des caissons en acier, immergés dans la Seine. Gustave Eiffel conçut un système de crics hydrauliques, afin de calculer l'angle adéquat des pieds par rapport au tablier horizontal placé au premier étage de la tour. Les composants de fer, d'un poids total de 7 300 t, furent assemblés dans les ateliers Eiffel et boulonnés ensemble sur le site. La tour fut inaugurée le 31 mars 1889.

En 1909, quand la propriété de la tour revint à la ville, il fut question de démolition, mais Eiffel avait déjà pensé à une façon de la rendre indispensable, en y installant divers équipements scientifiques, notamment des baromètres, des anémomètres et des antennes de communications. La tour fut utilisée pour transmettre des signaux télégraphiques sans fil, les émissions de radio (en 1918) et finalement de télévision (en 1957). C'est ainsi que la technologie a assuré la pérennité de ce monument caractéristique de l'ère moderne, en lui donnant le temps de s'imposer comme le symbole international de la ville de Paris.

Ci-contre : la tour Eiffel a célébré son 120ᵉ anniversaire en 2009, dans une explosion de feux d'artifice, à l'occasion de la fête nationale du 14 juillet.

Le « brun Eiffel » Aujourd'hui, la tour est soigneusement entretenue, et repeinte tous les sept ans. Les peintres travaillent au-dessus de filets de sécurité et, suspendus par des harnais, ils la repeignent à l'aide de simples pinceaux. Leur tâche s'étale sur 18 mois. La première couleur choisie était rougeâtre, mais on s'est également servi de jaune. Depuis 1968, on a opté pour le « brun Eiffel », qui évoque plutôt la couleur mastic, spécialement conçue pour se marier avec le paysage urbain, et appliquée en trois nuances. La tour est plus foncée au sommet et plus claire dans le bas, afin d'uniformiser son aspect optique.

Près de six millions de personnes la visitent chaque année, et deux millions de visiteurs s'y sont pressés en 1889. Gustave Eiffel a commenté : « Je devrais être jaloux de la tour, elle est bien plus célèbre que moi. » Toutefois, comme il a astucieusement attaché son nom au monument, sa postérité est assurée.

Ci-dessous : Eiffel comprit qu'il était essentiel d'entretenir la tour en la peignant avec soin. Au premier étage, quelques échantillons de toutes les couleurs utilisées sont exposés.

FRANCE, PARIS

Herré — 1970
Ursula + Herré 1973
"   "   (2017 sept. oct.)

Arc de Triomphe

NAPOLÉON COMMANDA LA CONSTRUCTION DE L'ARC JUSTE APRÈS SA VICTOIRE À LA BATAILLE D'AUSTERLITZ. PLUS IMPOSANT QUE LE MONUMENT ROMAIN QUI L'A INSPIRÉ, CET OUVRAGE, QUI DOMINE LA PLACE CHARLES DE GAULLE, REFLÈTE LA PORTÉE DES AMBITIONS DE L'EMPEREUR. CE DERNIER MOURUT AVANT L'ACHÈVEMENT DE L'ARC.

Avant d'être englouti par la ville, son emplacement était un tertre appelé butte Chaillot, au cœur d'une forêt. Dans les années 1770, l'avenue des Champs-Élysées fut conçue comme une extension élégante du jardin des Tuileries, et le carrefour en étoile devint l'épicentre de la place de l'Étoile.

Le triomphe de Napoléon La bataille d'Austerlitz, en 1805, fut le plus haut fait militaire de Napoléon Bonaparte. Il promit à ses hommes qu'il les ramènerait chez eux en les faisant passer sous les « arches du triomphe ». En leur honneur, il commanda la construction de ce monument, sans oublier sa propre gloire.

La construction fut très lente, et lorsqu'il épousa Marie-Louise, archiduchesse d'Autriche, en 1810, la procession mariale dut passer sous une réplique de l'arche, en bois et en tissu peint. Quand les travaux furent enfin lancés, la gloire de Napoléon commença à se ternir, et lorsqu'il abdiqua en 1814, le chantier s'arrêta complètement. Ce n'est qu'en 1836 que l'arche fut terminée, et Napoléon n'y passa qu'une fois, dans son cercueil, en décembre 1840.

Les batailles inscrites sur son fronton sont celles des victoires napoléoniennes, mais l'arche fut dédiée à tous les hauts faits de guerre des Français, et les thèmes choisis pour les quatre principaux reliefs reflètent les événements qui ont été salués par un consensus national. La Marseillaise de François Rude

Arc de Triomphe •

INFORMATIONS

Architecte
Jean François Chalgrin.
Les travaux ont été achevés par ses assistants, Joust et Guillaume Blouet.

Dimensions
Hauteur totale 50 m, hauteur de l'arc 29 m, largeur 14,6 m. Seule l'arche de Pyongyang, érigée en 1982, excède ces dimensions.

Inscriptions
Les noms de 558 généraux sont gravés dans l'arc. Lorsqu'ils sont soulignés, ils désignent ceux qui sont morts au combat.

À gauche : en tout, 22 artistes ont travaillé sur les frises et les panneaux, créant le plus vaste assemblage sculpté en France au XIXe siècle.

Ci-dessous : l'arc a été construit sur le point le plus élevé du principal axe processionnaire de Paris, qui s'étend des Tuileries jusqu'à la Grande Arche de la Défense. Il lui sert de contrepoint.

En bas, à droite : représentation de la France par François Rude. Cette incarnation mythique appelle les volontaires de 1792 à suivre les sentiers de la gloire.

Ci-contre : un gigantesque drapeau tricolore est suspendu sous l'arche le 14 juillet. L'arc est le point de ralliement du défilé militaire annuel qui a lieu le jour de la fête nationale.

dresse le portrait des volontaires républicains en 1792, et le Triomphe de 1810, signé par Jean-Pierre Cortot, montre Napoléon à son zénith. Toutefois, les deux reliefs d'Antoine Etex s'intitulent *Résistance* et *Paix*. Ils symbolisent la fin des guerres et la restauration de la monarchie des Bourbon.

Le projet de Jean Chalgrin a été inspiré par divers monuments romains, et adopte les mêmes proportions que l'arc de Titus. Mais alors que ce dernier mesure 15 m de hauteur, l'arc de triomphe s'élève à 50 m. Son arche principale fut assez large pour laisser passer l'avion de Charles Godefroy, qui la traversa en 1919, tandis qu'un ami journaliste était posté sur les lieux pour enregistrer son exploit sur la pellicule. Sous l'arche est aménagée la tombe du soldat inconnu, inhumé en 1920, et au-dessus de laquelle brûle une flamme éternelle.

Circulation L'arc est situé au milieu d'un carrefour à forte circulation. Au départ, il marquait le croisement de cinq grandes avenues, mais les aménagements urbains du baron Hausmann dans les années 1870 ont porté ce chiffre à douze. Toutes les voies portent le nom de chefs militaires, et la place fut rebaptisée, en 1970, place Charles de Gaulle.

FRANCE, **NORMANDIE**

Mont-Saint-Michel

UN GÉANT GOTHIQUE SE DRESSE AU-DESSUS DES MARAIS SALANTS ET DES SABLES DE LA CÔTE NORMANDE. LA FLÈCHE DE L'ABBAYE EST COURONNÉE D'UNE EFFIGIE DORÉE DE SAINT MICHEL. LES PÈLERINS TRAVERSENT LE PASSAGE À MARÉE BASSE DEPUIS DES SIÈCLES. CET ENDROIT EST LE PLUS VISITÉ EN FRANCE APRÈS PARIS.

La légende veut que l'archange saint Michel soit apparu à l'évêque Aubert d'Avranges en 708, et qu'il lui ait ordonné de bâtir un sanctuaire sur l'îlot battu des vents qui se trouvait au milieu de la baie. L'archevêque fut lent à réagir, et l'archange dut apparaître une troisième fois. Il posa son doigt brûlant sur le crâne du prélat pour le brûler. Cela suffit à démarrer les travaux. Les saintes reliques apportées d'Italie attirèrent les pèlerins. Mais la voie avait été toute tracée pour eux, car de nombreux sites anciennement consacrés au dieu solaire celtique Bel furent convertis en lieux de culte catholique lorsque le christianisme absorba les traditions païennes.

Île livrée aux marées Initialement, l'îlot de granit était rattaché à la terre ferme, mais le niveau de la mer monta après la dernière ère glaciaire et il ne se trouva plus relié à la côte que par un passage naturel recouvert à chaque marée montante. À cette occasion, l'eau monte rapidement à une hauteur de 14 m. Les premiers pèlerins durent se montrer prudents et éviter les pièges des sables mouvants. Aujourd'hui, les guides locaux assurent la traversée sans risques du passage aux visiteurs.

En 1879, une chaussée fut construite, mais celle-ci provoqua un empilement de la vase transportée dans la baie par la rivière Couesnon. Actuellement, des travaux sont en cours pour remplacer la chaussée par un pont, laissant ainsi son statut insulaire au Mont-Saint-Michel.

Mont-Saint-Michel •

Page ci-contre : l'abbaye a été construite au sommet du mont. Elle est soutenue par les bâtiments en contrebas, qui entourent le rocher. Le premier chœur roman s'est effondré en 1421 ct a été reconstruit en gothique flamboyant.

Ci-contre : à marée basse, le mont est entouré de sable, mais la chaussée a bloqué son mouvement et la vase s'est amoncelée sur ses côtés, menaçant de combler l'espace entre l'île et la côte. La construction d'un pont est en cours.

Abbaye et forteresse Lorsque les Normands firent la conquête de l'île au Xᵉ siècle, ils la transmirent aux frères bénédictins, et le monastère de Saint-Michel-au-péril-de-la mer fut fondé en 966. Les moines, reconnaissants, soutinrent les prétentions de Guillaume le Conquérant au trône d'Angleterre, et après la conquête, la loyauté de l'ordre fut récompensée. Ce dernier se vit décerner, parmi d'autres propriétés, une île de Cornouailles située près de Penzance, où une abbaye fut construite, qui porta le nom de St Michael's Mount.

Voyant leur fortune grandir, les moines du Mont-Saint-Michel entamèrent un ambitieux programme de construction sur le rocher, afin de créer une plate-forme autour de l'église au sommet. Les travaux se poursuivirent pendant près de cinq siècles, et culminèrent dans la construction du chœur gothique flamboyant en 1520. Les pèlerins se pressèrent en grand nombre, même au cours de la guerre de Cent Ans, pendant laquelle le mont fut assiégé, sans succès, par les Anglais. Toutefois, la Réforme provoqua le déclin de l'abbaye, qui, au pire moment de son histoire, fut transformée en prison pendant la Révolution française.

Aujourd'hui, l'abbaye séduit autant de touristes qu'elle attirait jadis de pèlerins. La traversée du village animé est souvent rythmée par les bruits de fouets dans des bols en cuivre, car l'île est célèbre pour ses omelettes soufflées. La montée est rude – il y a 900 marches à gravir pour parvenir à l'église, et il faut se faufiler dans un véritable labyrinthe de couloirs surmontés de voûtes, d'escaliers et de cloîtres qui offrent de vertigineuses vues sur les marais salants et sur la mer.

Ci-dessous : le cloître situé au sommet du bâtiment érigé au début du XIIIᵉ siècle, appelé la Merveille, est perché sur la face nord du mont.

CHRONOLOGIE

Vᵉ-VIIᵉ siècles
Le Mont-Saint-Michel est l'avant-poste de la culture romano-celtique.

708
Construction du sanctuaire

Xᵉ-XVᵉ siècles
Construction de l'abbaye par l'ordre bénédictin

1337-1453
Guerre de Cent ans

XVIᵉ siècle
Le monastère amorce son déclin.

1789
L'abbaye sert de prison.

1836
Victor Hugo fait campagne pour sa restauration.

1874
Le mont est classé monument historique.

1979
Le site est inscrit au patrimoine de l'UNESCO.

Ci-contre : sous l'abbaye, le village compte des boutiques, restaurants et hôtels.

Phare de l'île Vierge

TOUT PHARE SE DOIT DE SIGNALER LA TERRE, AINSI QUE LES DANGERS QUI MENACENT LES BATEAUX AU MILIEU DES RÉCIFS. MAIS CES ÉDIFICES, COMME CETTE ÉLÉGANTE TOUR DE GRANIT, ONT BIEN SOUVENT ACQUIS UNE RÉPUTATION À PART ENTIÈRE. LE PHARE DE L'ÎLE VIERGE EST LE PLUS HAUT D'EUROPE.

La côte du nord-ouest de la Bretagne dessine un dense réseau d'îlots et de récifs, traversés de courants forts, malmenés par de puissantes marées et par les tempêtes. La navigation y est un véritable défi pour les marins les plus expérimentés. Mais les Bretons ont toujours vécu en ces lieux, en vendant le fruit de leur pêche et en ramassant les algues. La mer est le sang de la région, et il y a plus de 2 000 ans que les bateaux se fraient un chemin entre les rochers les plus traîtres, le long de la côte.

Les phares ont toujours été essentiels à la navigation, mais depuis des siècles, les Bretons allumaient des feux sur la côte pour aider les

Phare de
l'île Vierge ●

bateaux à rentrer à bon port. Ils craignaient que les phares puissent aider d'éventuels envahisseurs en même temps que les marins locaux. Le premier phare de la région, à Stiff sur Ouessant, fut allumé en 1700.

La première tour Au XIXᵉ siècle, toute crainte avait disparu, et les tours en granit se mirent à fleurir le long de la côte, notamment dans les baies du Finistère. Certaines furent placées sur des rochers que l'on ne voyait émerger qu'à marée basse, et il fallut des années pour les construire. Les bâtisseurs ne pouvaient travailler que quelques heures d'affilée. Sur la petite île Vierge, à la pointe nord-ouest du Finistère, s'éleva une tour carrée de 33 m, et son phare entra en fonctionnement en 1845. Il était visible à 29 km de distance.

Page ci-contre : la Manche anglaise est délimitée par une ligne tracée entre le phare de l'île Vierge et l'extrémité de la Cornouailles.

Ci-contre : l'escalier en colimaçon est constitué de 165 marches qui grimpent jusqu'au sommet, et vers la pièce dévolue au gardien. Il faut encore gravir 35 marches pour arriver à la lanterne.

INFORMATIONS

Hauteur
82,5 m

Diamètre à la base
13,2 m

Diamètre de l'escalier
5 m

Puissance du phare
650 watts

Ci-dessous : le phare est ouvert au public, et l'escalier étroit qui mène à son sommet permet de découvrir une vue panoramique des récifs aux alentours.

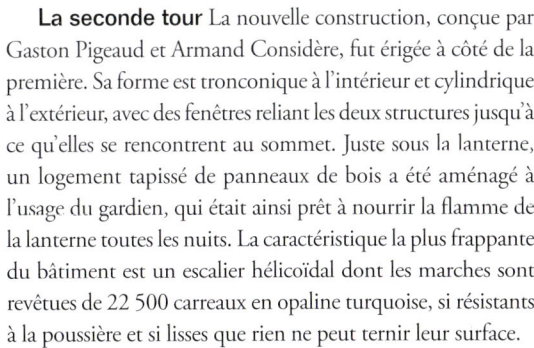

La seconde tour La nouvelle construction, conçue par Gaston Pigeaud et Armand Considère, fut érigée à côté de la première. Sa forme est tronconique à l'intérieur et cylindrique à l'extérieur, avec des fenêtres reliant les deux structures jusqu'à ce qu'elles se rencontrent au sommet. Juste sous la lanterne, un logement tapissé de panneaux de bois a été aménagé à l'usage du gardien, qui était ainsi prêt à nourrir la flamme de la lanterne toutes les nuits. La caractéristique la plus frappante du bâtiment est un escalier hélicoïdal dont les marches sont revêtues de 22 500 carreaux en opaline turquoise, si résistants à la poussière et si lisses que rien ne peut ternir leur surface.

Le nouveau phare est entré en fonctionnement en 1902. Quatre lentilles Fresnel et deux rayons jumeaux s'allument toutes les cinq secondes, et il est possible d'apercevoir le phare à 50 km à la ronde. L'électrification a été réalisée en 1956 et a permis de se passer de l'intervention nocturne du gardien. Aujourd'hui, le phare est automatisé, mais un gardien du phare vit toujours sur l'île, dans la solide petite maison bâtie en dessous de la vieille tour.

L'Atomium

L'ATOMIUM EST NÉ À L'OCCASION DE LA PREMIÈRE EXPOSITION UNIVERSELLE
APRÈS LA SECONDE GUERRE MONDIALE. IL NE DEVAIT PERDURER QUE SIX MOIS,
MAIS CET EMBLÈME DE L'ÈRE ATOMIQUE FUT RESTAURÉ POUR SON 50E ANNIVERSAIRE.
C'EST AUJOURD'HUI L'UN DES MONUMENTS LES PLUS AIMÉS DU PAYS.

En 1958, on vit fleurir l'invention du circuit intégré qui allait révolutionner le développement des ordinateurs. Le mot « aérospace » fut forgé lorsque le *Spoutnik* entra en orbite autour de la Terre, et la NASA vit le jour. La Belgique, sortie d'une période sombre de son histoire, cherchait à se présenter comme une nation jeune et enthousiaste.

Expo 58 L'Exposition universelle de Bruxelles voulait mettre en valeur des éléments progressistes et positifs : elle mit en exergue des technologies révolutionnaires, notamment dans le Pavillon Philips aménagé par l'architecte et musicien Iannis Xenakis pour Le Corbusier. On pouvait y écouter un « poème électronique » d'Edgar Varèse, diffusé par des haut-parleurs cachés dans des murs hyperboliques et paraboliques. Le thème de l'exposition était le «Symbole de la fraternité mondiale et la construction dans la concorde d'un monde plus humain ». L'idée était un peu optimiste en pleine guerre froide, car les États-Unis et l'URSS ne manquaient pas une occasion de s'empoigner sur le plan idéologique.

La vaste superficie consacrée à la Belgique dans l'Exposition universelle était dominée par deux structures géantes. La flèche de l'ingénierie civile ressemblait à un avion en papier. En réalité, elle était constituée de béton armé. Elle dominait une représentation miniature du pays, mais la star incontestée de l'exposition était l'Atomium.

L'Atomium •

INFORMATIONS

Hauteur
102 m

Diamètre de chaque sphère
18 m

Sphères
Cinq d'entre elles sont ouvertes au public. Elles abritent une exposition permanente consacrée à l'Exposition universelle de 1958, ainsi qu'un espace dévolu à diverses expositions temporaires. Certaines d'entre elles abritent également l'hôtel des enfants et deux restaurants. La sphère la plus élevée offre de belles vues sur Bruxelles.

Ci-dessous : la structure a la forme d'un cube renversé qui présente une sphère à chaque angle. La neuvième sphère se trouve au centre.

Page ci-contre : lors de la restauration de l'Atomium en 2004-2005, le revêtement en aluminium, abîmé, fut remplacé par de l'acier inoxydable plus durable et à l'aspect flambant neuf.

Ci-contre : la nuit, les sphères sont éclairées par 2 970 ampoules.

En bas, à droite : les escalators situés dans les tubes desservent les sphères.

Structure moléculaire L'une des idées retenues pour l'exposition était celle d'une tour Eiffel inversée. Celle-ci fut rejetée pour un projet plus futuriste de l'ingénieur André Waterkeyn, avec des intérieurs conçus par André et Michel Polak. Au cours des années 1950, les sphères connectées et les tiges utilisées par les scientifiques pour représenter la structure moléculaire avaient séduit les ingénieurs. Elles évoquaient pour eux les éléments d'un Lego, tour à tour patères ou pattes d'animaux. L'Atomium jouait avec la même idée, à une échelle beaucoup plus grande. Il s'agit d'un ensemble d'atomes, agrandi à 165 milliards, et plus précisément du modèle géant d'une cellule de cristal de fer, avec chaque sphère représentant un atome. Dans le contexte difficile de l'époque, et de la détention d'armes nucléaires par deux puissances, le thème choisi était l'une utilisation pacifique de l'énergie atomique.

Les escaliers roulants mènent aux sphères, qui sont utilisées pour des expositions et divers événements culturels. Un restaurant occupe le sommet, que l'on atteint à l'aide d'un ascenseur (le plus rapide du monde en 1958), et plusieurs groupes d'enfants peuvent passer une nuit dans « l'hôtel des enfants ».

Herengracht

LE XVIIE SIÈCLE A MARQUÉ L'ÂGE D'OR DES PAYS-BAS. SES RICHES ET PROSPÈRES HABITANTS COMMANDAIENT LA CONSTRUCTION DE MAISONS LUXUEUSES PLACÉES LE LONG DES ÉLÉGANTS CANAUX DE LA VIEILLE VILLE. LE PLUS PRESTIGIEUX DE CES CANAUX S'APPELLE HERENGRACHT, LE CANAL DES MESSIEURS.

Les riches marchands et les banquiers étaient les « régents » qui tenaient les rênes du pouvoir. À partir du Moyen Âge, ils acquirent le contrôle des villes hollandaises, ainsi que des institutions du pays, créant une oligarchie soutenue par les liens de parenté entre les différentes familles patriciennes. Ces familles finançaient également des travaux publics, en renforçant les infrastructures civiques, en construisant des églises, des hôpitaux et en jouant les mécènes auprès de divers artistes.

Cité idéale À l'aube du XVIIe siècle, les régents avaient fort à faire. Amsterdam était la ville portuaire la plus prospère d'Europe, et elle était devenue l'adresse la plus enviée. Avec le soin et la précision qui les caractérisaient (et avec un sens aigu des affaires), les régents projetèrent de quadrupler la superficie de la cité médiévale, en l'entourant de canaux semi-concentriques bordés de terrains à bâtir. Ils avaient prévu de vastes maisons construites aux abords directs des canaux, et des maisons plus petites, destinées aux artisans et à leurs ateliers, dans les rues adjacentes.

Le projet était ambitieux, car les terres marécageuses situées entre les canaux devaient être drainées et surélevées. Il fallut enfoncer des pieux pour étayer les bâtiments et aménager des jardins. Toutefois, ce projet donna le ton de l'aménagement urbain jusqu'au XIXe siècle, et le Grachtengordel (réseau de canaux) est resté une construction à échelle humaine, apprécié

Herengracht •

N° DES MAISONS

43-45
Construits vers 1590, les entrepôts « La fortune et l'Arche de Noé » seraient les plus vieux du quartier de Herengracht.

168
Maison bâtie par Philips Vingboons, en 1638. C'est la première façade à pignons d'Amsterdam.

170-172
Bartolotti-de Keyser fut construite en 1615, avec une façade à pignons incurvée.

386
Ce bâtiment, construit par Vingboons entre 1663 et 1665, est un musée.

502
Maison aux colonnes, de 1672. Résidence officielle du maire d'Amsterdam.

605
Maison double de 1687 avec intérieur du XVIIIe siècle.

Page ci-contre : le point d'intersection entre Herengracht et Leidsegracht est l'un des plus petits canaux du centre ville.

Ci-contre : chaque maison a été conçue pour l'acheteur du lot à bâtir. En dépit d'une planification stricte, il en a résulté une diversité dans les détails architecturaux. L'ensemble reste cependant harmonieux.

Ci-contre : les bâtiments de Herengracht n'étaient pas tous résidentiels : les entrepôts Baltimore et Gouda situés à la pointe septentrionale du canal datent du milieu du XVIIIe siècle.

À droite : les félins du Katten Kabinet bénéficient de l'intérieur opulent d'une maison datant de 1667.

En bas, à droite : les ponts qui enjambent les principaux canaux relient les rues adjacentes.

de ceux qui peuvent s'offrir d'y habiter. De strictes conditions de planification urbaine furent appliquées. Chaque lot à bâtir devait mesurer 8 m de façade et 28,3 m de profondeur. La taille des bâtiments et des murs donnant sur les jardins était restreinte. Sur Herengracht, aucun commerce ne pouvait recourir à l'usage d'une enclume, ce qui excluait les échoppes de maréchal-ferrant et les tailleurs de pierre. Mais ces artisans pouvaient s'établir le long des nouveaux canaux voisins.

À partir de 1664, le quartier de Herengracht se peupla de belles demeures. Mais l'étalage de luxe n'était pas bien vu dans cette société protestante aux mœurs strictes. La richesse s'étalait de manière plus subtile. Des façades aux proportions classiques furent exécutées avec un méticuleux travail de la brique, parées de détails bien maîtrisés et surmontées de pignons aux formes inventives. À l'intérieur, on pouvait se laisser aller à quelques fantaisies discrètes dans la décoration, caractérisée par des stucs superbes, des panneaux en bois gravés et des peintures.

Le méandre d'or Les résidents les plus prospères achetaient une seconde parcelle à bâtir, ou en aménageant à l'arrière un jardin spacieux orné de jolis pavillons et de dépendances. Sur la centaine de maisons « doubles » qui revêtent des allures de palais, près de la moitié se serre le long d'une portion du canal que l'on appelle le méandre d'or. Désormais, ces bâtiments sont trop vastes pour servir de résidences privées, et ils sont occupés par des sièges de banques ou de compagnies d'assurance. L'une des exceptions est le Katten Kabinet, un musée du chat comptant de nombreux félins, en chair et en os.

Moulins de Kinderijk

REPRODUITS SUR DES CARREAUX EN FAÏENCE, THÉIÈRES ET AUTRES USTENSILES DE CUISINE, LES MOULINS À VENT FONT PARTIE DES SITES TOURISTIQUES HOLLANDAIS. ILS SONT AUSSI DES SYMBOLES DE BON ALOI : LES POMPES ACTIONNÉES PAR LE VENT ONT PERMIS AUX DEUX TIERS DU PAYS DE NE PAS DISPARAÎTRE DANS LA MER.

Les Néerlandais n'ont pas inventé les moulins à vent, car ils étaient utilisés dans l'empire perse dès le IXᵉ siècle, et les premiers d'entre eux avaient servi à concasser du grain. Toutefois, dès le XIVᵉ siècle, des ingénieurs hollandais mirent au point des moulins reliés à de subtils systèmes de drainage, afin de créer et protéger des paysages façonnés par l'Homme. Ils facilitèrent les premières activités industrielles du monde, dont le sciage du bois pour la construction navale.

Moulins de Kinderijk •

Conquête des terres Dans les régions côtières de Hollande situées, comme Utrecht, au niveau de la mer, une bataille s'engagea pour lutter contre les inondations, dès la construction des premières digues vers l'an 1000. Les Hollandais devinrent experts dans la conquête des terres, notamment par l'assèchement des marécages. Ils creusèrent des canaux qui permirent de réguler le niveau de l'eau et de constituer des réservoirs ainsi que des barrages. Les moulins à vent faisaient fonctionner des pelles rotatives en fer qui retiraient l'eau des marécages et la déversaient dans les rivières ou les canaux. Divers bassins rectangulaires aménagés entre les canaux, appelés polders, permettaient d'irriguer les pâturages et les terres fertiles, constituées de tourbe. Ainsi, les récoltes se sont améliorées. Le pays est désormais recouvert à 60 % de polders, ce qui a inspiré l'adage suivant : « Dieu a créé le monde, mais les Hollandais ont créé les Pays-Bas. »

Ci-contre : le paysage typique des Pays-Bas se compose de plaines cultivées, de moulins à vent et de grandes portions de ciel. Les historiques moulins à vent de Kinderijk sont les derniers en leur genre en Hollande.

Déclin de l'énergie éolienne Au XVIIIe siècle, des milliers de moulins animaient le paysage hollandais, mais ils furent détruits. Les moulins de Kinderijk furent construits entre 1738 et 1740. Ce sont les derniers des 150 moulins de la région d'Alblasserwaard, et ils ont contribué à contrôler le niveau de l'eau entre les rivières Lek, Noord et Merwede pendant plus d'un siècle. Des pompes à vapeur furent installées en 1868.

Les moulins à vent de Kinderijk sont empreints d'une beauté sereine et rendent hommage à une technologie ancienne. Ils sont désormais confrontés à un monde post-pétrolier. Ils furent remis en service de manière régulière pendant la Seconde Guerre mondiale, à un moment où le diesel n'était plus disponible pour faire fonctionner les pompes. Les moulins sont toujours maintenus en état de marche pour le cas où les équipements modernes tomberaient en panne.

En bas, à gauche : les moulins de Kinderijk sont appelés les « bateaux de la terre », car leurs énormes ailes passent à 30 cm du sol.

Ci-dessous : le moulin cavier était une invention hollandaise. Sa galerie permet au meunier d'orienter la calotte supportant les ailes, pour faire face au vent.

CHRONOLOGIE

XIe siècle
Les premières terres sont reconquises dans les régions tourbeuses de la Hollande et d'Utrecht.

1277
Création d'une administration centrale pour la protection des digues en Hollande

Vers 1360
Les polders d'Alblasserwaard sont créés grâce au réseau de canaux qui rejoignent la rivière Lek.

1726
Des inondations provoquent la construction des moulins à vent qui contribuent au drainage de l'eau et à son évacuation vers des réservoirs en hauteur, actionnés par des écluses.

1868
Des stations de pompage à vapeur sont installées pour remplacer les moulins à vent.

1997
Les moulins de Kinderijk sont inscrits au patrimoine de l'humanité par l'UNESCO.

Reichstag

APRÈS SA DESTRUCTION PAR UN INCENDIE EN 1933, LE REICHSTAG EST DEVENU L'EMBLÈME DE LA MENACE QUI PESAIT SUR LA DÉMOCRATIE. SA RECONSTRUCTION L'A DÉSIGNÉ COMME UN SYMBOLE DE TRANSPARENCE, CAR LA LUMIÈRE Y PÉNÈTRE AU TRAVERS DE LA COUPOLE QUI ILLUMINE LE HALL DE L'ASSEMBLÉE PARLEMENTAIRE.

En tant qu'institution, le Reichstag fut d'abord le lieu de réunion de l'assemblée des États impériaux qui constituaient le Saint-Empire romain. Mais dès le XIXᵉ siècle, ce nom désigna le parlement du nouvel empire allemand fondé par Guillaume Iᵉʳ. Sa réunion inaugurale intervint en 1871 à Berlin. À cette occasion, l'édification du nouveau siège fut votée. Il fallut dix ans pour que Bismarck, l'empereur et les membres du Reichstag adoptent cette solution.

Finalement, l'architecte Paul Wallot fut retenu au terme d'un concours d'architecture, et le bâtiment fut terminé en 1894. Bien qu'il ait été conçu comme un palais de style néorenais-

Reichstag •

sance, il comportait certaines innovations techniques, notamment dans la construction d'une vaste coupole en acier et en verre. Les quatre tours situées aux angles du bâtiment représentaient les quatre royaumes du nouvel empire : la Prusse, le Wurtemberg, la Bavière et la Saxe.

Ruine symbolique Le bâtiment survécut à la transition de l'empire à la république, proclamée du haut de l'un de ses balcons en 1918, mais pas à l'attaque incendiaire de février 1933, dans des circonstances qui restèrent partiellement inexpliquées. Les nazis prétendirent que le feu avait été mis au bâtiment à la suite d'un complot communiste, et s'en servirent pour justifier la suspension des libertés civiques. Ce fut le début de l'enchaînement qui conduisit à la dictature hitlérienne.

CHRONOLOGIE

1871
Fondation de l'empire
allemand

1884-1894
Construction du Reichstag

9 novembre 1918
La république allemande est
proclamée du haut d'un
balcon du Reichstag.

Février 1933
Incendie du Reichstag

1961-1989
Le mur de Berlin

Octobre 1990
Réunification de l'Allemagne
et séance inaugurale du
Bundestag au Reichstag

1991
Foster & Partners
sont choisis pour la
reconstruction du bâtiment.

Juin-juillet 1995
Christo et Jeanne-Claude
« emballent » le Reichstag :
ce « projet pour Berlin »
a été annoncé en 1971.
Début de la reconstruction

1999
Première réunion
du Bundestag dans la
nouvelle salle plénière.

Page ci-contre : le point focal du bâtiment restauré est le dôme en verre qui, en dépit de son aspect résolument moderne, renvoie à la première coupole du bâtiment, érigée au XIXᵉ siècle.

Ci-contre : l'inscription *Dem Deutschem Volke* (« au peuple allemand »), a été ajoutée en 1916. Les lettres en bronze ont été fondues dans les canons français saisis à Leipzig en 1813.

Sous la férule du gouvernement national-socialiste, le Reichstag vacant resta en ruines, mais il fut défendu par les forces allemandes (des centaines de soldats moururent pour le protéger) lorsqu'il devint la cible de l'Armée rouge pendant la bataille de Berlin en 1945. Pour les Russes, la conquête de ce bâtiment décrépit était le symbole d'une victoire sur Hitler, malgré le fait que le régime nazi n'y avait jamais siégé, par mépris des principes démocratiques qu'il représentait. Une photographie signée par Yevgeny Khaldei montre un soldat soviétique sur le toit du Reichstag, qui élève le drapeau rouge sur les ruines fumantes de la ville. C'est l'une des images les plus célèbres de la Seconde Guerre mondiale.

La guerre froide Après la guerre, le Bundestag siégea dans la nouvelle capitale ouest-allemande de Bonn, et le Reichstag resta privé de fonctions. Il fallut démolir la coupole en 1954, mais on garda les murs intacts et un nouvel intérieur neutre fut aménagé dans les années 1960. Il servit de cadre à

Ci-dessous : des panneaux de miroirs ont été placés sur le cône central. Ils renvoient la lumière naturelle dans la chambre des débats.

divers expositions et concerts. Le Reichstag était pratiquement situé sur la ligne de frontière entre l'est et l'ouest, et il en vint à symboliser la scission du pays, surtout après 1961, lorsque le mur de Berlin fut construit juste derrière.

Reconstruction Le mur tomba en novembre 1989, et la réunification de l'Allemagne put commencer. Elle signifiait que le Bundestag représenterait désormais l'ensemble du pays. L'assemblée choisit de réintégrer la capitale et l'ancien bâtiment. Mais le Reichstag devait être transformé pour servir sa nouvelle mission. Un autre concours d'architecture fut organisé. Il fut remporté par Norman Foster qui écrivit alors : « L'approche la plus directe aurait consisté à démolir le Reichstag et à ériger un bâtiment moderne en lieu et place du

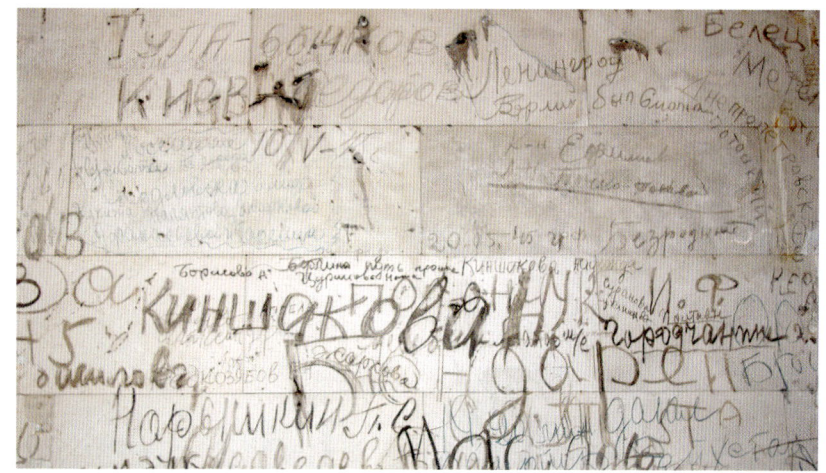

À gauche, au centre : pour le projet Wrapped Reichstag, signé par Christo et Jeanne-Claude, l'édifice a été enveloppé d'un tissu argenté et de corde bleue pendant 15 jours en 1995.

À gauche, en haut : des graffitis bruts, gravés au charbon par des soldats de l'Armée rouge en 1945, ont été laissés en place, en guise de témoignages à l'histoire de l'édifice.

bric-à-brac un peu incohérent de la fin du XIXe siècle, associé à la fin des années 1960. En un sens, cela aurait été trop facile. Nous avons pensé que nous ne pouvions pas nous contenter de balayer l'histoire d'un revers de main. »

Parmi les éléments historiques qui ont été préservés figurent des graffitis russes datant de 1945, que les bâtisseurs des années 1960 avaient recouverts de plaques en plâtre. Il aurait été plus fastidieux de nettoyer les murs. Foster est aussi revenu au concept originel de la coupole centrale, et sa version moderne en est venue à incarner la nouvelle identité de Berlin.

La transformation commença par une sorte de tour de passe-passe : la disparition du bâtiment entier sous un gigantesque drap tendu pour l'opération « Le Reichstag emballé », travail environnemental réalisé par Christo et Jeanne-Claude. Dès que le bâtiment fut « déballé », les travaux de construction furent entamés dans la coquille vide de l'ancien édifice.

Transparence et fonctionnalité Le vieux Reichstag témoignait du démantèlement de la démocratie : la nouvelle version ne parle que de transparence. La salle plénière occupe le centre du bâtiment, et elle est surplombée par la vaste coupole de verre où le public peut se promener sur la rampe

Ci-contre : une partie du Reichstag est ouverte au public, et une rampe en spirale court autour du dôme de verre.

hélicoïdale pour regarder la ville ou ce qui se passe en bas (symboliquement) entre ses représentants. Au centre, un cône recouvert de miroirs reflète la lumière zénithale jusque dans la salle située en contrebas. Cette « sculpture lumineuse » insiste sur la dimension écologique du bâtiment, car elle réduit les besoins en électricité et en lumière artificielle. Elle sert aussi à extraire l'air vicié tout en récupérant sa chaleur. Dans le cas où les débats dans la salle plénière ne seraient « que du vent », ils contribuent quand même à chauffer les locaux !

Devoir de mémoire Aux côtés des graffitis soviétiques, on peut également apercevoir des « éclats d'histoire », notamment dans une section de tunnel qui a peut-être servi de point d'accès à l'incendiaire en 1933. Dans le sous-sol, une salle garnie d'étagères accueille de nombreuses boîtes rouillées grâce auxquelles Christian Boltanski a symbolisé les « archives des membres allemands du Parlement », en hommage à tous les parlementaires élus entre 1919 et 1999. Les boîtes striées d'une ligne noire désignent les parlementaires assassinés et une unique boîte noire représente la période de 1933 à 1945, époque où il n'y avait plus de Parlement.

INFORMATIONS

Architectes
Paul Wallot 1884-1894
Reconstruction menée
par Foster & Partners,
entre 1995 et 1999

Superficie au sol
11 000 m²

Hauteur
54 m

Hauteur de la coupole à partir du toit en terrasse
24 m

Diamètre de la coupole
40 m

Surface de verre dans la coupole
3 000 m²

Taille de l'aigle dans la salle plénière
6.8m x 8.5 m.
Il est constitué de près de 2,5 t d'aluminium.

À gauche : pour les besoins de la reconstruction, le bâtiment a été presque entièrement évidé, et seuls les murs extérieurs sont restés intacts.

ALLEMAGNE, BERLIN

Porte de Brandebourg

LE MONUMENT LE PLUS CÉLÈBRE DE BERLIN EST UN SYMBOLE DE PAIX, MAIS IL FUT
CONSTRUIT POUR CÉLÉBRER UNE VICTOIRE MILITAIRE. PENDANT LA PAGE LA PLUS
SOMBRE DE L'HISTOIRE DE LA VILLE, IL A SYMBOLISÉ LA DIVISION. AUJOURD'HUI,
LA PORTE EST OUVERTE À TOUS ET ELLE S'EST TRANSFORMÉE EN SIGNE D'UNITÉ.

En 1701, Berlin devint la capitale du nouveau royaume de Prusse, et acquit un statut et une taille enviables. Un mur d'enceinte fut construit dans les années 1730, afin de contrôler l'entrée dans la ville et de prélever des taxes sur les marchandises. Chacune des 18 routes qui menaient à la forteresse aboutissaient à une porte. La porte de Brandebourg est la seule qui soit restée debout à ce jour.

Elle se trouvait au bout de l'avenue dont les abords furent plantés de tilleuls. Cette avenue ombragée, appelée Unter den Linden (« sous les tilleuls ») est devenue l'axe principal de Berlin lorsque Frédéric le Grand transforma sa ville en

Porte de
Brandebourg •

pôle des lumières. Peu après, la porte obtint ses lettres de noblesse et fut réaménagée sous sa forme actuelle.

Sa forme fut inspirée par l'antique propylée d'Athènes, et elle fut dotée de 12 colonnes doriques monumentales encadrant ses ouvertures. Des pavillons à colonnes remplacèrent les anciennes guérites des gardiens, de chaque côté. Johann Gottfried Schadow la surmonta d'un quadrige conduit par Irène, déesse de la paix. Mais en 1806, les Prussiens furent mis en déroute par Napoléon, qui emporta le quadrige à Paris. Lorsque les Prussiens entrèrent dans la capitale française après la chute de Napoléon, ils trouvèrent la sculpture encore emballée dans des cartons et la ramenèrent à Berlin. La déesse devint Victoria et fut dotée de la Croix de fer prussienne.

CHRONOLOGIE

1791
Construction de la porte

1793
Installation du quadrige
en bronze

1806
Le quadrige est pris par les
troupes napoléoniennes.

1933
Les forces nationales-
socialistes défilent sous la
porte pour signifier leur
accession au pouvoir.

1958
Réparation des destructions
de guerre, prises en charge
par Berlin-Est et Ouest.

1961-1989
Le mur de Berlin

1990
Réunification de l'Allemagne

Page ci-contre : la partie
centrale de la porte est
inspirée par les propylées
d'Athènes.

Ci-dessous : après la
Seconde Guerre mondiale,
la porte était le seul édifice
debout aux abords de
la Pariser Platz.

À droite, en haut : à la tête
de son quadrige (chariot
à quatre roues), la Victoire
tient à la main le sceptre
orné de la Croix de fer
surmontée de l'aigle
prussien.

À droite, en bas :
rassemblement devant
la porte de Brandebourg
le 10 novembre 1989, lors
du démantèlement du mur
de Berlin.

Le mur En 1961, la porte de Brandebourg accéda à la célébrité internationale et devint un symbole de la guerre froide lorsque le mur de Berlin l'encercla, la laissant au milieu d'un *no man's land*. Pendant près de 30 ans, personne ne passa plus sous ses arcades. Lors de sa visite en 1963, John F. Kennedy ne put même pas voir ce qu'il y avait derrière elle, car les dirigeants de l'est avaient suspendu des bannières rouges devant ses ouvertures. Mais dans les années 1980, le paysage politique changea. Le 12 juin 1987, Ronald Reagan se tint devant le monument et lança un appel au bloc soviétique : « Monsieur Gorbatchev, ouvrez cette porte. Monsieur Gorbatchev, démolissez ce mur ! », et en 1989, le mur fut détruit.

Les ingénieurs travaillèrent toute la nuit pour ouvrir des points d'accès. Le 22 décembre, Helmut Kohl se rendit à pied à Berlin Est, suivi par des milliers de Berlinois qui agitaient des drapeaux et débouchaient des bouteilles de champagne. Aujourd'hui restaurée et baignée de lumière, la porte de Brandebourg veille sur l'élégante Pariser Platz et de nouveau, elle se tient au cœur du paysage urbain pour symboliser la nouvelle Allemagne.

Cathédrale de Cologne

LA PLUS VASTE ÉGLISE GOTHIQUE D'EUROPE ATTIRE LES TOURISTES. ELLE ÉTAIT DÉJÀ UN POINT DE MIRE AU XIIIᴱ SIÈCLE, LORSQU'ELLE FUT CONÇUE COMME CENTRE DE PÈLERINAGE ET CHOISIE POUR ABRITER LES TRÉSORS DE LA VILLE : LES RELIQUES DE TROIS ROIS MAGES, PREMIERS PÈLERINS CHRÉTIENS.

Drapés dans leur munificence, les mages entamèrent un long voyage pour aller rendre hommage à l'Enfant Jésus, et leur expérience initiatique donna l'exemple à tous les pèlerins de l'empire chrétien. Au Moyen Âge, des pèlerinages furent organisés en direction des grands centres de la chrétienté. La possession d'une relique importante était susceptible de transformer le destin d'un lieu, voire d'une ville entière. En 1164, Cologne se trouva dépositaire de ce genre de trésor, lorsque les reliques des trois rois mages, saisies à Milan par Frédéric Barberousse, furent transportées dans son ancienne cathédrale.

Reliquaire des mages Un reliquaire en or fut commandé, incrusté de représentations des prophètes et des apôtres, serti de joyaux, et les trois couronnes royales furent placées sur le crâne des rois. En 1225, le reliquaire était prêt. Mais la basilique n'était pas conçue pour l'accueillir. Datant de 818 et agrandie au fil des siècles, la vieille cathédrale occupait le site d'une villa romaine où la plus ancienne communauté chrétienne de la ville s'était réunie au IVᵉ siècle. Mais en 1248, ce monument fut partiellement démoli, et on posa la première pierre d'une nouvelle cathédrale gothique.

Six siècles de construction Le chœur situé dans la partie orientale de la cathédrale fut érigé le premier, dans une forêt de pinacles et d'arcs-boutants. Il fut consacré en 1322 et

Cathédrale de Cologne •

CHRONOLOGIE

873
Fin des travaux
de la vieille cathédrale.

1164
L'archevêque Rainald de
Dassel apporte les reliques
rois mages à Cologne.

1248
La cathédrale ancienne est
détruite par le feu. Les plans
de la nouvelle cathédrale
sont attribués à Gerhard
von Rile.

1322
Consécration du chœur.
Le reliquaire des rois
mages y est installé.

1517
Luther initie la Réforme
en Allemagne.

1842
Pose de la première pierre
lors de la reprise des travaux

1880
Guillaume Ier assiste à la
cérémonie d'inauguration
de la cathédrale.

Page ci-contre :
la cathédrale et l'église
romane voisine de Grand
St. Martin surplombent
la vieille ville.

Ci-contre : les restes mortuaires des trois rois mages reposent dans un reliquaire doré, le plus grand du monde occidental, d'une longueur de 2,2 m.

Ci-contre : la croix de Gero, datant d'avant 976, est l'un des trésors de la cathédrale

À droite : le nouveau vitrail de Gerhard Richter, assemblage de taches colorées qui semblent disposées au hasard, a été posé dans le transept méridional en 2007.

 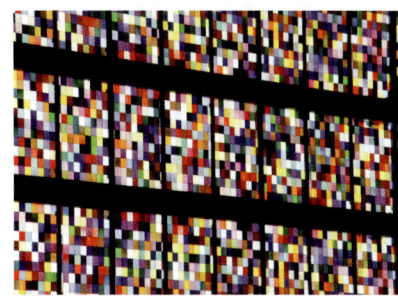

isolé par un mur temporaire pour que l'on puisse l'utiliser en semaine, tandis que les travaux se poursuivaient les week-ends. Mais le rythme de construction se ralentit après la Réforme. Certaines parties de la cathédrale furent négligées et au cours de la Révolution française, lorsque les forces révolutionnaires françaises s'emparèrent de la ville en 1794, on y installa des étables. Il fallut la redécouverte du gothique au XIXe siècle pour que les splendeurs de la cathédrale se révèlent de nouveau au public. La grue en bois qui datait du XVe siècle, plantée depuis quatre siècles sur la tour méridionale à moitié construite, faisait partie intégrante du paysage de la ville. Elle fut finalement démontée en 1868 lorsque les deux tours furent achevées, et le gigantesque monument fut enfin terminé.

Pendant quelques années, jusqu'à ce que le Washington Monument le détrône, ce fut l'édifice le plus élevé du monde. Ses flèches en pierre montent jusqu'à 157 m, et la nef semble incroyablement vaste. La découverte des plans médiévaux d'origine montre qu'en dépit des six siècles qu'il fallut pour la construire, cette cathédrale reste fidèle à sa conception gothique. Lorsqu'elle fut achevée en 1880, elle fut célébrée en tant que monument national et religieux. Aujourd'hui, elle domine toujours la ligne d'horizon de Cologne.

Ci-contre : de délicats pinacles filigranés et d'aériens arcs-boutants entourent la façade orientale de la cathédrale, consacrée en 1322.

Rocher de la Lorelei

ALLEMAGNE, VALLÉE DU RHIN

Rocher de la Lorelei

LORSQUE LES MARINS ABORDENT LES EAUX TRAÎTRESSES DU RHIN, ILS ÉVOQUENT DES SIRÈNES ET DE DIABOLIQUES CRÉATURES QUI CHERCHERAIENT À LES ATTIRER VERS LEUR TRÉPAS. UN ROCHER, SITUÉ SUR LES RIVES DU RHIN, SYMBOLISE LA PRÉSENCE D'UNE BELLE MAIS DANGEREUSE TENTATRICE.

Le rocher de la Lorelei a certainement de quoi impressionner le visiteur. Ce pic de 132 m, aux lignes épurées, est posté dans un méandre du fleuve, en un lieu particulièrement étroit qui crée des courants rapides nécessitant de délicates manœuvres. De nos jours, une balise protectrice est postée dans le port de Goar, afin de prévenir et de protéger les marins. Elle indique la route à suivre pour contourner le rocher, mais le passage est toujours périlleux. Les skippers doivent posséder un permis spécial pour conduire leurs bateaux à cet endroit ou prendre à bord un pilote lamaneur qui les aidera à se diriger.

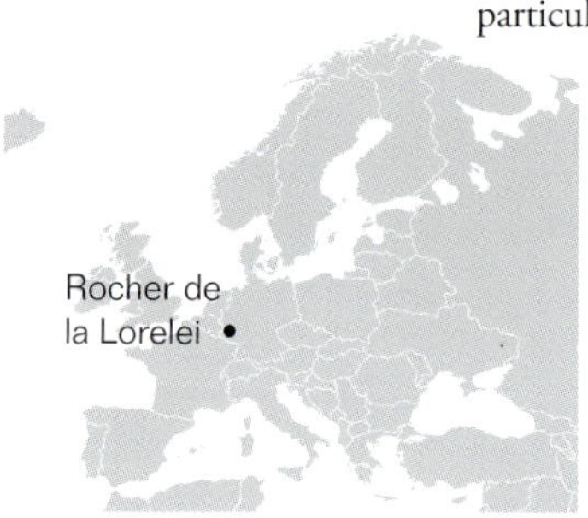

Voix murmurantes Le rocher, perché sur la rive orientale du Rhin près de la ville de Sankt Goarshausen, est chargé d'histoire et de légendes. Plusieurs théories coexistent à propos de la signification du nom « Lorelei » : il viendrait de *lureln*, verbe du dialecte local (« murmurer » ou « bourdonner ») et du *lei* (« rocher ») du dialecte celtique, mais il peut être également ment lié à l'idée de ce qui est caché, à la notion de séduction, à l'existence des elfes ou des fées. Le rocher aurait véritablement murmuré, à cause de la présence d'une cascade proche, mais ce bruit semble avoir été occulté depuis par le passage de trains sous un tunnel de chemin de fer.

Création d'un mythe Selon les ménestrels de l'époque médiévale, le Lurlenburg était le lieu où était caché le légendaire

Rocher de
la Lorelei ●

Ci-dessus : en aval du Burg Katz, le Rhin coule au travers de sublimes paysages. Il opère un virage à hauteur du rocher de la Lorelei.

À droite, en haut et au centre : les hommes sont installés le long du Rhin depuis plus de 2 000 ans. La présence d'une falaise au point le plus profond du fleuve n'a fait que renforcer le mythe de la belle Lorelei.

Ci-contre : représentée sur divers supports, la Lorelei est ici dessinée à une échelle disproportionnée. Au XIXe siècle, on lui attribuait des talents de musicienne et l'allure fatale d'une sirène.

CHRONOLOGIE

Milieu du IXe siècle
Le mont Lurlaberch est signalé dans les archives du monastère de Fulda

1811
Les contes de fées de Brentano mentionnent l'histoire de la Lorelei.

1823
Heine publie son poème intitulé *La Lorelei*.

1835
Première publication des pages sur le Rhin de Baedeker.

2002
La moyenne vallée du Haut-Rhin est inscrite par l'UNESCO au patrimoine mondial de l'humanité.

trésor des Nibelungen. Mais l'histoire que l'on raconte aujourd'hui est celle d'une jeune fille blonde qui, abandonnée par son amant, s'est jetée du haut du rocher dans le Rhin. Elle a été transformée en une sirène dont la beauté distrait les marins et les conduit à la mort. Même si ce récit semble revêtir l'allure authentique d'un conte populaire, il a été forgé par le romantisme du XIXe siècle, inspiré par ce paysage saisissant.

La belle tentatrice a fait sa première apparition dans *Lore Lay*, ballade écrite en 1801 par Clemens Brentano. Toutefois, c'est Heinrich Heine qui l'a transformée en poème lyrique en 1822, et qui l'a rendue véritablement célèbre. Dans le récit de Brentano, qui est influencé par une morale chrétienne, l'évêque local absout la femme ensorcelée et lui envoie trois chevaliers qui doivent l'escorter sur le chemin du couvent. Mais dans son désespoir, elle se jette du haut du rocher, entraînant son escorte avec elle. La version d'Heinrich Heine ne retient que l'image archétypale de la belle sirène qui peigne ses cheveux blonds sur le rocher, tandis qu'un batelier fasciné se laisse emporter par le flot mortel.

Friedrich Silcher a mis le poème en musique, et la Lorelei est ainsi entrée dans le patrimoine traditionnel allemand. Tous les enfants du pays l'apprennent, et les touristes suivent leur exemple en s'accrochant à leur guide touristique Baedeker, lorsqu'ils entament la croisière sur le Rhin. Aujourd'hui, cet air continue de hanter le syndicat d'initiative de la Lorelei, le théâtre en plein air et le restaurant tout proches, ainsi que d'autres entreprises qui tirent profit du charme de la dame.

Château de Neuschwanstein

CE CHÂTEAU FUT LE CHEF-D'ŒUVRE D'UN ROI RECLUS DANS SES RÊVES
ROMANTIQUES DE CHEVALERIE MÉDIÉVALE. HÉLAS, IL NE PUT L'ACHEVER ET N'Y
VÉCUT QUE BRIÈVEMENT. AU XXᴱ SIÈCLE, LE CADRE ESCARPÉ DE NEUSCHWANSTEIN
ET SES TOURELLES ÉCHEVELÉES ONT INSPIRÉ LES CHÂTEAUX DE WALT DISNEY.

Enfant, Louis II de Bavière adorait vivre au cœur des montagnes de l'Hohenschwangau, dans le château médiéval reconstruit par son père. Fasciné par la légende du Cygne et par la vie du chevalier Lohengrin, il fut fasciné par l'opéra que Wagner avait composé autour de ce thème. Après avoir assisté à un concert de ce compositeur en 1861, il décida de devenir son mentor et de construire un opéra digne de lui. Devenu roi, à l'âge de 18 ans, il accueillit Wagner à Munich et entama les préparatifs de son projet. Toutefois, ses ministres craignaient l'influence de Wagner sur leur monarque, et ils bannirent le compositeur

en Suisse. Ludwig eut l'impression d'avoir perdu son meilleur ami. Dans l'intervalle, la Bavière fut entraînée dans la guerre qui opposait l'Autriche et la Prusse, et elle perdit son indépendance au profit de la Prusse victorieuse. Le mariage prévu entre Louis et sa cousine Sophie fut annulé. En proie au désespoir, Louis se réfugia dans ses rêves de châteaux et mena une vie recluse dans les montagnes. En 1869, lorsque la Prusse enrôla l'armée bavaroise dans le conflit franco-prussien, Louis s'était retiré de la vie publique de ses devoirs de roi.

Rêve médiéval Neuschwanstein incarne la vision romantique de Louis, ses souvenirs d'enfant dans les monts d'Hohenschwangau et ses obsessions wagnériennes. Des

Château de
Neuschwanstein •

CHRONOLOGIE

1845
Naissance de Louis au château de Nymphenburg

1864
Louis devient roi de Bavière et rencontre Wagner

1868
Les ruines du château médiéval sont abattues et des travaux sont entamés.

1886
Louis se noie dans des circonstances mystérieuses.

Ci-contre : le corps de garde crénelé fut la première partie achevée. Ludwig y logea à partir de 1873, supervisant tous les détails de la construction future.

Page ci-contre : conçu pour être pittoresque dans ses moindres détails, le château épouse les contours des montagnes environnantes.

Ci-dessous : un cygne entraîne le bateau du chevalier du Graal sur la fresque murale qui qui orne le salon de Louis.

fresques murales représentent les légendes de Lohengrin, de Tannhäuser et de Parsifal, et la décoration intègre des éléments byzantins, romans et gothiques. Par ailleurs, le bâtiment fut construit à l'aide de matériaux modernes, et les raffinements de l'époque se retrouvent dans l'utilisation du chauffage central et du mécanisme des toilettes. Louis était sans doute excentrique, mais il voulait également du confort.

Perché au sommet d'une vertigineuse falaise qui domine la gorge du Pöllat, le château arbore un plan symétrique qui rappelle les constructions médiévales, notamment la maison des chevaliers et la tonnelle. La vaste salle du trône et le hall des chanteurs célébraient les traditions de la royauté, de la chevalerie et de l'amour courtois. Son concept repose sur les dessins de Christian Jank, qui avait travaillé aux décors de Lohengrin.

Ambitions perdues Louis désirait ardemment que Wagner puisse visiter son château, mais en 1884, lorsque le roi s'installa finalement dans le bâtiment inachevé, le compositeur était mort. Seules 15 des 200 salles prévues étaient terminées. En 1886, les coûts d'entretien devinrent pharaoniques. Louis avait d'autres projets architecturaux en tête, mais il était proche de la banqueroute. Il menaça de se suicider. L'État bavarois refusa de lui avancer l'argent dont il avait besoin et vota sa destitution. Il fut éloigné de Neuschwanstein et placé sous la garde d'un psychiatre. Deux jours plus tard, on le retrouva noyé.

Frauenkirche

LA « CLOCHE DE PIERRE » BAROQUE QUI COURONNE LA FRAUENKIRCHE (ÉGLISE DE NOTRE-DAME) DE DRESDE A ÉTÉ L'UN DES SYMBOLES DE LA VILLE PENDANT DEUX SIÈCLES. APRÈS SA DESTRUCTION, SES PIERRES NOIRCIES ET DÉCHIQUETÉES SONT DEVENUES UN POIGNANT MÉMORIAL DE GUERRE.

Au début du XVIIIe siècle, Auguste le Fort, grand électeur de Saxe, se convertit au catholicisme afin d'accéder au trône de Pologne. Il commanda la construction de l'opulente Hofkirche (cathédrale de la Sainte-Trinité) de Dresde, où son cœur fut finalement enterré. Toutefois, Dresde était un bastion du protestantisme, et ses citoyens s'étaient donnés pour objectif de construire une église encore plus belle, l'inoubliable Frauenkirche.

Église de Bähr L'église médiévale de Frauenkirche, fondée au XIe siècle, tombait en ruines, et il était désormais possible de la reconstruire dans un style totalement différent, mieux adapté à la doctrine luthérienne. On fit appel à George Bähr, architecte local et maître charpentier, pour la concevoir. Son chef-d'œuvre baroque fut comparé à la cathédrale Saint-Paul de Londres et à la basilique Saint-Pierre de Rome. Le plan octogonal, comprenant un étage sur colonnes avec des galeries semi-circulaires, est dominé par un dôme central, ce qui permet de placer l'autel, le pupitre et les fonts baptismaux au centre de l'église, sous les yeux de toute la congrégation.

L'encombrement relativement restreint de l'église met l'accent sur les lignes verticales, avec une tour placée à chacun de ses angles. Le dôme, presque aussi haut que large, présente une base incurvée qui lui donne l'apparence d'une cloche. L'église est entièrement en pierre et couronnée d'une lanterne. Elle

CHRONOLOGIE

XIe siècle
Fondation de la Frauenkirche, alors hors des murs de la ville

1480
L'église est reconstruite dans le style gothique.

1559
Elle se transforme en temple luthérien juste après la Réforme.

1722-1743
Le nouvel édifice est construit par George Bähr.

13-15 février 1945
Bombardement de Dresde. L'église s'écroule.

1990
Fonds de soutien pour la reconstruction de l'église.

1996
Consécration de la nouvelle crypte

30 octobre 2005
Consécration de l'église reconstruite.

Ci-dessous : les galeries qui entourent le centre de l'église donnent à la congrégation une vue de l'autel, du pupitre et des fonts baptismaux.

Page ci-contre : les pierres noircies du vieil édifice ont été laissées en l'état et replacées, dans la mesure du possible, à l'endroit originel de la construction.

Ci-contre : en 2009, Barack Obama et Angela Merkel se tiennent devant l'autel, largement reconstruit à l'aide des matériaux d'origine.

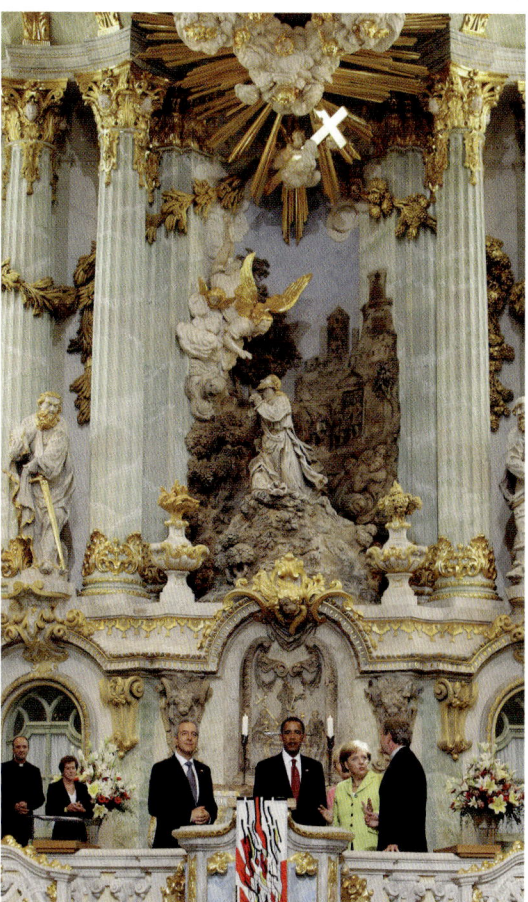

n'est soutenue par aucun pilier en son centre. Ce joyau du paysage de Dresde survécut jusqu'en février 1945.

Destruction Le déluge de feu initié par le bombardement anglo-américain de Dresde produisit des températures supérieures à 1 000 °C autour de l'église. Les contreforts explosèrent et le dôme s'écroula. Quelques éléments de l'autel et du chœur restèrent debout, entourés d'un tas de décombres noircis. On les laissa sur place pendant les 45 années suivantes, en témoignage poignant de la destruction de la ville, et des dizaines de milliers de personnes qui étaient mortes dans cet enfer.

Reconstruction Après la réunification, un mouvement de soutien s'organisa pour reconstruire l'église, et il gagna en force. Des fonds furent collectés et l'effort devint international. L'architecte Eberhard Burger suivit les plans originaux de Bähr, mais opta pour un système de soutien moderne au dôme. Près de 4 000 pierres anciennes furent réutilisées. En signe de réconciliation, la nouvelle lanterne fut offerte par l'Angleterre et fabriquée par le fils d'un pilote qui avait participé au bombardement de Dresde.

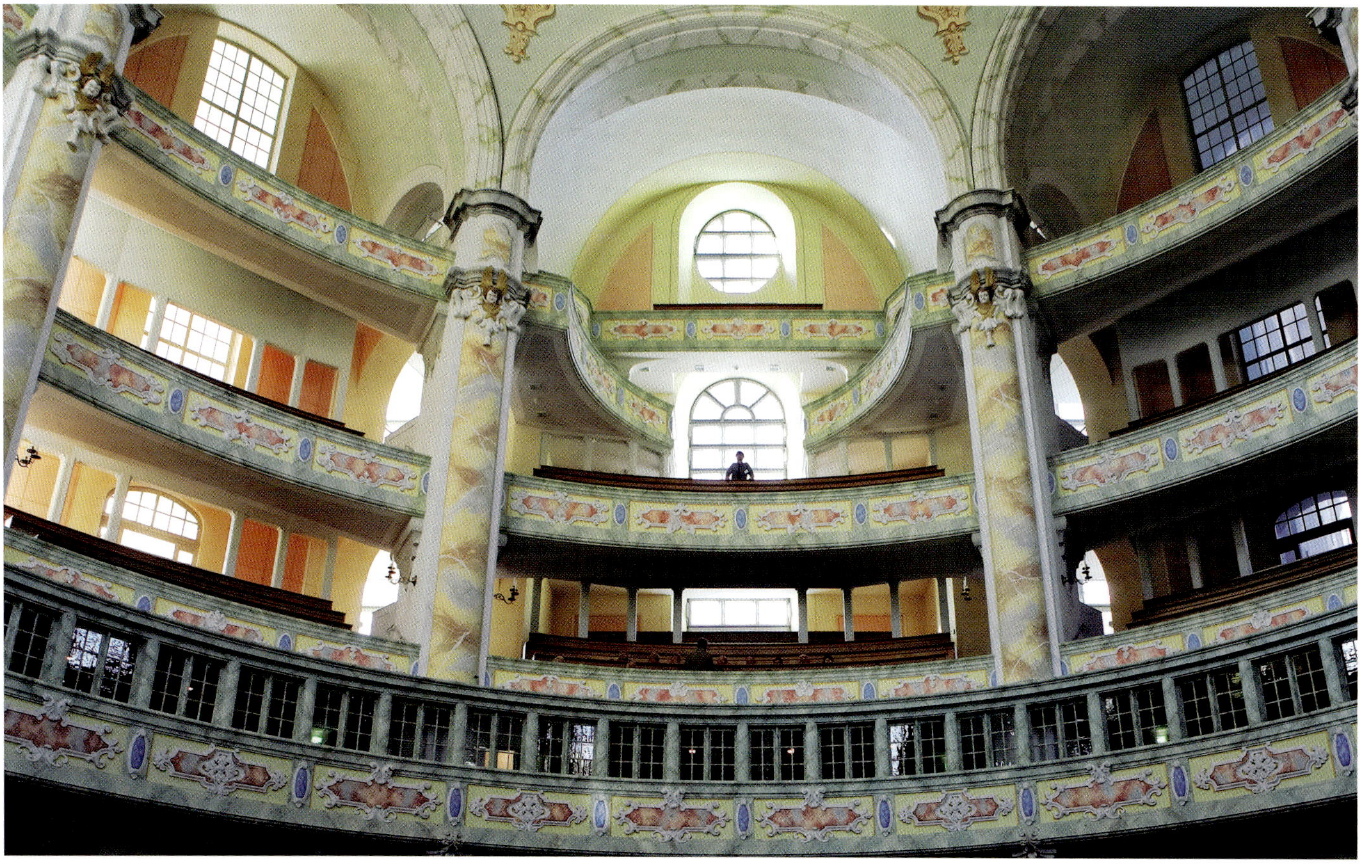

DANEMARK

Pierres de Jelling

DEUX ÉNORMES BLOCS DE PIERRE RUNIQUES SONT POSÉS DEVANT LA PORTE DE
L'ÉGLISE DE JELLING. LES ÉCRITS DU Xᴱ SIÈCLE RELATENT LES HAUTS FAITS DE DEUX
ROIS AU DÉBUT DE L'HISTOIRE NATIONALE DU DANEMARK, À L'HEURE OÙ LE PAYS ÉTAIT
DOMINÉ PAR LA CULTURE VIKING PAÏENNE, AVANT L'AVÈNEMENT DU CHRISTIANISME.

Quelques milliers de personnes vivent dans le bourg paisible de Jelling, au sud du Danemark. Au centre, il y a deux gigantesques tumulus datant du Xᵉ siècle, et entre eux, deux pierres massives considérées comme « le certificat de naissance du Danemark ». Il s'agit de l'un des plus grands sites historiques du pays.

Les deux pierres sont postées devant la porte de l'église de Jelling, bâtiment en pierres blanches qui fut construit aux alentours de l'an 1100, et qui est entouré d'un joli petit cimetière. C'est comme si deux Vikings surgissaient au beau milieu d'un jardin de presbytère. Mais en réalité, les deux pierres sont arrivées les premières.

Histoire royale Jelling était le lieu de résidence du roi Gorm le Vieux, dont la redoutable épouse, la reine Thyre, aurait défendu le Danemark contre les Saxons. À la mort de cette dernière, Gorm fit ériger la plus petite des deux pierres en guise de mémorial, comme l'expliquent simplement les runes affectueuses qui sont gravées :

Le roi Gorm a érigé ce monument en mémoire de sa femme Thyre, joyau du Danemark.

Gorm fit sans doute construire le tumulus au même moment.

Harald Iᵉʳ, dit Harald la Dent bleue, fils de Gorm, fit ériger la plus grande pierre, qui est beaucoup plus ambitieuse

Page ci-contre : le rocher en forme de pyramide est le plus grand du genre que l'on puisse encore admirer en Scandinavie. Il n'a jamais été déplacé.

Ci-contre : scène de crucifixion sur la pierre d'Harald Ier. Elle est la première représentation du Christ dans les pays du nord de l'Europe. Initialement, ce dessin était orné de couleurs vives.

que la première. Illustrée de manière élaborée, elle rappelle les hauts faits d'Harald et rend hommage à ses parents :

Le roi Harald a commandé ce monument en mémoire de son père Gorm et de sa mère Thyre. C'est le même Harald qui a conquis l'ensemble du Danemark et de la Norvège, et qui a converti les Danois au christianisme.

Fin de l'époque païenne Les pierres gravées de runes sont les seuls témoignages écrits datant de la période viking. Cet impressionnant monument à trois faces est considéré comme un élément-clé de l'histoire du Danemark. La première pierre est placée sur le lieu même où elle a été érigée, à mi-chemin entre les deux tumulus funéraires, alors que la pierre de Gorm a été déplacée pour faire pendant à l'autre. Les deux faces portent des dessins qui témoignent de la transition entre la période païenne de la fin du Xe siècle et la période chrétienne. Les deux pierres se caractérisent par des entrelacs gravés. La première décrit le monstre de Jelling (un lion-serpent), et l'autre montre la crucifixion. C'est la toute première représentation du Christ en Scandinavie.

Ci-dessus : la grande pierre de Harald a été placée à mi-chemin entre les tumulus funéraires dont le sommet est aplati. Ces deux tumulus sont constitués de tourbe compactée.

Ci-contre : l'église en pierre, datant du XIIe siècle, a été construite sur le site de l'église en bois commandée par Harald. Il fit enterrer son père sous cet édifice.

DANEMARK, COPENHAGUE

La Petite Sirène

ELLE EST VRAIMENT DE PETITE TAILLE ET DE NOMBREUX VISITEURS SONT DÉÇUS QUAND ILS L'APERÇOIVENT POUR LA PREMIÈRE FOIS. ASSISE SUR SON ROCHER INHOSPITALIER, ELLE A L'AIR D'AVOIR TRÈS FROID ET DE PORTER TOUT LE POIDS D'UN SYMBOLE SUR SES FRÊLES ÉPAULES.

Aujourd'hui, *La Petite Sirène* est devenue l'emblème officiel de Copenhague, et elle incarne deux éléments essentiels qui ont fait la célébrité et la fortune de cette ville : la mer, et Hans Christian Andersen. La grande brasserie locale fait aussi son entrée dans l'histoire.

Le nom Copenhague, køpmannaehafn, signifie « port des marchands ». Il reflète l'importance de son activité maritime, tournée vers la mer Baltique. Aux XIIᵉ et XIIIᵉ siècles, Copenhague est devenu un grand port de commerce et de pêche du hareng. Au XVIIᵉ siècle, Christian IV en a fait sa capitale ainsi que le principal port naval du Danemark.

Un conte de fées Hans Christian Andersen est l'un des fils favoris de la ville, même s'il a passé une bonne partie de sa vie à l'étranger. Comme de nombreux personnages qui peuplent ses histoires, il ne tenait guère en place et se sentait mal à l'aise en société. Hans Christian Andersen rêvait toujours d'une vie ailleurs. Il écrivit sa première série de contes à une époque où il vivait près du port de Copenhague, et voyait passer des bateaux devant ses fenêtres.

Dans un conte, la petite sirène écoute ses sœurs qui racontent comment elles ont nagé vers le rivage pour apercevoir les maisons et entendre les rumeurs de la ville. Elle rêve d'y aller aussi. La statue est placée près du rivage, proche des voix humaines que la petite sirène voulait entendre.

La Petite Sirène •

CHRONOLOGIE

1805
Naissance de Hans Christian Andersen

1837
Publication du premier volume des *Contes de Fées pour les enfants,* dans lequel paraît l'histoire de la petite sirène.

1875
Mort d'Andersen

1909
Reprise par le Royal Danish Ballet du conte de la petite sirène, sur une musique de Fini Henriques et une chorégraphie de Hans Beck.

1913
Une statue est érigée dans le port de Copenhague.

2010
La statue est envoyée à Shanghai pour l'Expo 2010. Elle est momentanément remplacée par une installation vidéo de Ai Weiwei.

Ci-dessous : la statue a été la star du pavillon danois Welfairytales, caractérisé par une double spirale, lors de l'exposition 2010.

Page ci-contre : la statue d'Eriksen ne fait que suggérer les nageoires aux pieds, et ne représente pas la classique queue de sirène.

Ci-contre : la danseuse Ellen Price a inspiré la sirène mélancolique qui aspire à devenir mortelle.

Le modèle La statue qui fut commandée ne représenta pas exactement la petite sirène, mais en constitua une adaptation. En 1909, Carl Jacobsen, fondateur de la brasserie Carlsberg et mentor des arts à Copenhague, admira la danseuse danoise Ellen Price dans le rôle titre du ballet que Fini Henriques avait tiré du conte d'Andersen. Il la persuada de poser pour le sculpteur Edvard Eriksen, mais quand elle découvrit qu'il s'agissait d'un nu et que la statue serait largement exposée au public, elle refusa de poser pour le corps de la sirène, et ce fut la femme du sculpteur qui fut représentée par Eriksen.

L'icône *La Petite Sirène* fut installée dans le port de Copenhague le 23 août 1913. Depuis, des millions de visiteurs ont posé les yeux sur elle, elle a perdu deux fois la tête (la première fois, il fallut la remodeler et la deuxième fois, elle fut seulement recollée), s'est retrouvée avec le visage peint en rouge et a été habillée d'un soutien-gorge et d'un pull. Par ailleurs, sa lignée « génétiquement modifiée » a été installée en 2000 par l'artiste Bjørn Nørgaard : son œuvre a profité du statut iconique de l'original pour ouvrir un débat sur les organismes génétiquement modifiés.

En 2010, *La Petite Sirène* a quitté son perchoir habituel pour la première fois, et elle s'est rendue à Shanghai pour y devenir la pièce maîtresse du pavillon danois lors de l'Expo 2010. En son absence, une copie originale signée par Eriksen, propriété de sa famille, la représenta dans les jardins du Tivoli. Tous les ans, l'anniversaire de *La Petite Sirène* est célébré par des « sirènes » danoises en bikini qui sautent dans le port tout autour d'elle. Il y en a une par année de vie de la sirène. En Chine, elle a célébré ses 97 ans entourée d'athlètes pratiquant la natation synchronisée, pendant trois jours de concerts.

SUÈDE, MALMÖ

Turning Torso

SURPLOMBANT DES BÂTIMENTS DE PETITE TAILLE, CE GRATTE-CIEL TORSADÉ
NE MANQUE PAS D'ATTIRER L'ŒIL DU VISITEUR QUI ENTRE DANS LA VILLE PAR
LE PONT DE L'ÖRESUND, TRAIT D'UNION ENTRE LA SUÈDE ET LE DANEMARK.
DÉSORMAIS, LE TURNING TORSO EST L'ÉDIFICE LE PLUS CÉLÈBRE DE MALMÖ.

Santiago Calatrava, l'architecte et ingénieur espagnol qui a conçu le Turning Torso, a choisi de privilégier des formes naturelles pour concevoir la tour. Il s'est inspiré de ses propres sculptures torsadées, les Swinging Torsos, réalisées en 1985 et 1991. « Elles se rapportent à la colonne vertébrale humaine, et à la manière dont notre corps se redresse », explique-t-il. Ce sont nos vertèbres qui sont représentées dans les sculptures, de manière schématisée, sous forme de cubes. Il est également essentiel de montrer comment notre colonne vertébrale se tord, comment elle tourne autour de son axe, comment elle se plie et se déplie. »

Turning Torso •

Nouveau point de mire La tour tourne de 90° autour de son axe, entre le sol et le sommet de l'édifice. Elle est située dans un nouveau quartier résidentiel qui a redessiné les contours de l'ancien quartier industriel du port. Cette zone a occupé la place centrale de l'exposition Bo01 portant sur l'habitat européen. Malmö a créé un éco-quartier doté d'une architecture de haut rang et d'espaces publics. Le Turning Torso est devenu le clou de ce projet.

D'aucuns prétendront que la tour a échappé à tout contrôle. Au départ, elle ne devait mesurer que la moitié de sa hauteur finale, et coûter deux fois moins cher. Quand le projet fut attribué à Calatrava, la ville céda aux charmes du projet et finança l'un des édifices résidentiels les plus hauts d'Europe.

INFORMATIONS

Hauteur totale
190 m

Surface au sol
400 m² environ

Espace résidentiel total
1 4600 m² pour
147 appartements

Espace de bureaux
4 200 m² en tout

Ci-contre : la tour est revêtue de panneaux en aluminium, incurvés pour suivre la torsion du bâtiment, mais les fenêtres sont plates.

Page ci-contre : la tour surgit de manière incongrue mais spectaculaire d'un quartier aux maisons basses, plus typiques de Malmö.

Ci-dessous : les peintres travaillent avec des harnais, tandis qu'ils chevauchent les tubes en acier qui relient la colonne vertébrale au reste du bâtiment.

Cet édifice a pris la place, en termes de célébrité locale, de la grue de Kockum, qui a dominé l'horizon du chantier naval tout proche, pendant près de 30 ans. Elle servit finalement à hisser les matériaux de construction du pont de l'Öresund, avant de disparaître du paysage quand commencèrent les travaux d'édification de la tour. Ce choix symbolique souligna que la ville quittait ses priorités industrielles pour mettre l'accent sur son caractère résidentiel.

Encoignures Le bâtiment est un pentagone irrégulier divisé en segments, tout comme les sculptures qui l'ont inspiré. Les segments regroupent cinq étages chacun. Le « dos » de l'édifice est soutenu par une tige d'acier extérieure. Le profil de la tour change selon l'angle sous lequel on le regarde, et le bâtiment semble se tordre, se rétrécir ou s'élargir, prenant parfois une allure lourde et massive. Si on l'observe du dessous, on a presque le tournis. Tous les résidents ont dû s'habituer à certains angles inconfortables. En effet, pour se conformer à la torsion générale, les fenêtres sont légèrement incurvées, vers l'intérieur sur la façade occidentale, et vers l'extérieur sur la façade orientale, tandis que les côtés de l'édifice ont une pente qui s'écarte de 6 % de l'axe vertical.

En dépit de ces effets secondaires, de nombreuses personnes ont envie de vivre dans ce bâtiment prestigieux, doté d'ascenseurs particulièrement rapides, d'une salle de gymnastique et d'un sauna, ainsi que de caves à vin individuelles.

Église d'Urnes

À LA SORTIE DU FERRY EN PARTANCE DE SOLVORN, IL SUFFIT DE GRAVIR UN COURT
RAIDILLON POUR PARVENIR À CETTE ÉGLISE ANCIENNE, SITUÉE AU MILIEU D'UN
DÉCOR DE PRAIRIES ET DE MONTAGNES. LES GRAVURES SOPHISTIQUÉES QUI ORNENT
CET ÉDIFICE ONT DONNÉ SON NOM À UN STYLE ANIMALIER TYPIQUE DES VIKINGS.

Église
d'Urnes •

Comme elle est entièrement fabriquée en bois, cette église peut être datée avec précision. En effet, ses poutres ont été sciées entre 1129 et 1131. Deux autres églises avaient déjà été construites sur ce site au Xᵉ siècle, après le début de l'ère chrétienne. La famille qui possédait ces terres fit appel à des artisans remarquables pour ériger et décorer la nouvelle église.

Les stavkirke Les églises en bois debout sont les vestiges uniques que la Norvège a hérités de l'architecture médiévale. Les communautés de ce pays étaient maigres et dispersées, mais très pieuses. Chacune d'entre elles souhaitait posséder son église. Plus d'un millier fut construit jusqu'à la peste Noire de 1349. Ensuite, plus aucune construction ne fut entamée pendant les deux siècles qui suivirent. Il ne reste que 28 *stavkirke*. Urnes est la plus ancienne et celle qui est décorée de la manière la plus sophistiquée. Le nom « stave » évoque la structure de l'édifice, un canevas de pilotis reposant sur des fondations en pierre qui les empêche de pourrir.

De longue date, les Norvégiens, marins vivant dans un pays recouvert de forêts, sont des spécialistes du bois. Ils savent comment construire des bâtiments à l'épreuve des intempéries en utilisant des méthodes de construction navale. Dans cette église, il n'y a pas le moindre clou. Sa structure flexible a résisté à près de 1 000 ans de tempêtes venues du fjord. Le toit très

En bas, à gauche :
les colonnes à chapiteaux
cubiques de style roman
sont en bois.

En bas, à droite : l'église
peut accueillir 40 personnes.

Page ci-contre : le cadre
de l'église d'Urnes
est spectaculaire. Des
montagnes tapissées
de forêts descendent
à pic vers le fjord, selon
une image d'Épinal qui
sied à la Norvège.

Ci-contre : cet animal a été
identifié dans l'iconographie
chrétienne comme un lion
livrant combat à des
dragons. Cependant, il est
directement lié à la
ménagerie mythique
des Vikings.

pentu, couvert de bardeaux disposés en écaille, permet à la neige de glisser plus facilement au bas de l'édifice. Les constructeurs connaissaient les styles architecturaux en vogue, mais ont choisi de les exprimer dans le bois plutôt que dans la pierre, notamment en taillant des arcades romanes dans des pièces de bois naturellement incurvées.

Style de l'église d'Urnes Cet édifice est tout spécialement célèbre pour ses gravures, dont certaines proviennent de la première église construite sur le site. Le portail situé sur le mur septentrional a sans doute été la porte d'entrée du bâtiment d'origine. Il est décoré de créatures serpentines qui évoluent dans un feuillage délicat. On aperçoit un étrange quadrupède qui ressemble à un lévrier.

D'autres animaux stylisés décorent l'intérieur aux dimensions modestes et intimes, plongé dans une relative obscurité, car il n'est éclairé dans l'entrée que par de toutes petites ouvertures, complétées par une fenêtre plus grande dans le chœur. L'église est encore marquée par les traditions païennes quand ses mystères se déployaient autour de bougies et de fumée d'encens, dans une atmosphère propice aux rituels.

Place Rouge

AU CŒUR DE MOSCOU ET DE LA RUSSIE, LA PLACE ROUGE EST UN ESPACE
CHARGÉ DE SYMBOLES. L'HISTOIRE SE RÉVERBÈRE SUR SON PAVÉ ; LES ÉDIFICES
QUI L'ENTOURENT REFLÈTENT L'ÉVOLUTION RELIGIEUSE ET POLITIQUE DU PLUS
VASTE PAYS DU MONDE.

Elle est entièrement pavée de gris. D'un côté, on peut y admirer l'architecture monumentale qui caractérise les murailles, la nécropole du Kremlin, le tombeau de Lénine et de l'autre, le pseudo-palais vénitien du grand magasin GOUM. Il s'agit d'un étrange mélange de symbolisme et de commerce, tempéré par les formes exquises et l'impact spirituel de la cathédrale Saint-Basile, située à l'extrémité sud. La place Rouge est associée, dans l'imaginaire collectif, aux démonstrations de pouvoir politique et au triomphalisme des parades militaires ponctuant le jour de la Victoire. Toutefois, elle est également un lieu de concerts estivaux, de pati-

nage sur glace, de célébrations pour la nouvelle année et de simples balades pour les Moscovites qui viennent y déguster des glaces au beau milieu de l'hiver.

Le pouvoir d'un nom Ce grand espace ouvert, qui mesure environ 23 100 m², date de 1493. Par un édit, Ivan III a ordonné de raser les maisons en bois, de bric et de broc, qui encombraient la muraille du Kremlin. De ce fait, les Moscovites ont surnommé ce lieu Pozhar (« place brûlée »), mais on l'appelait aussi place de la Trinité, en l'honneur de la cathédrale qui fut ensuite remplacée par la cathédrale Saint-Basile.

La traduction de *Krasnaya Ploshchad* en « place Rouge » est erronée, car *krasnaya* (« rouge ») désignait avant tout ce qui était beau. Cependant, l'association avec les événements san-

Place Rouge •

Page ci-contre : au-delà de la cathédrale Saint-Basile, les hautes murailles du Kremlin, avec leurs 20 tours, abritent quatre palais et quatre cathédrales. Le Kremlin est le siège du gouvernement national et la résidence présidentielle.

Ci-contre : le monument à Minin et Pozharsky, qui chassèrent les envahisseurs polonais du Kremlin en 1612, est la seule statue qui orne la place. Elle en occupa un jour le centre mais elle gênait le déroulement des parades et fut donc déplacée en 1936.

Ci-dessous : l'entrée du mausolée de Lénine est balayée tous les matins avant l'arrivée des visiteurs. Le corps embaumé de Lénine est exposé au public depuis 1924. Il requiert, dit-on, des soins quotidiens pour sa conservation, et on parle régulièrement de l'enterrer.

glants de la révolution russe, la couleur symbolique du communisme, et même les murs du Kremlin, en briques rouges, ont contribué au choix du nom de cette place.

Le Kremlin et le tombeau de Lénine Un des murs du Kremlin, l'ancienne citadelle de Moscou, siège du gouvernement depuis le début de l'ère soviétique, occupe le côté occidental de la place. La tour Spasskaya, qui surplombe l'entrée officielle, date de 1491. L'horloge du Kremlin, sur la tour, est l'équivalent moscovite de Big Ben, et le cœur symbolique des célébrations de la nouvelle année.

Entre les tours Spasskaya et Nikolskaya, toutes deux coiffées de l'étoile rouge soviétique depuis les années 1930, on aperçoit la nécropole, où des niches aménagées dans les murs contiennent les urnes funéraires des héros de la révolution d'Octobre. En 1917, près de 240 soldats bolcheviques furent tués au cours d'une attaque contre le Kremlin. Ils furent enterrés dans une fosse commune, pratiquement à l'endroit où ils étaient tombés. Constantin Tchernenko fut la dernière personne à être enterrée dans la nécropole en 1985.

Ci-contre : la façade du GOUM est illuminée pour les festivités de Noël et du nouvel an. Une vaste patinoire est aménagée sur la place, devant le grand magasin.

Au centre, à gauche : le mausolée de Lénine, en granit, fut conçu par Alexey Shchusev et érigé contre le mur du Kremlin en 1930.

Le très célèbre tombeau de Lénine, sévère pyramide constructiviste de granit et de labradorite, attire tous les regards. Il fut construit en 1930 pour remplacer la première structure en bois, lorsqu'il devint évident que les pèlerins ne se lasseraient pas d'aller voir le corps embaumé de Lénine. Aujourd'hui encore, les visiteurs se pressent nombreux pour regarder son cercueil en verre, à l'épreuve des balles.

La cathédrale Saint-Basile Cette cathédrale est le bâtiment le plus pittoresque du lieu. Elle incarne l'esprit russe mais reste unique. L'édifice fut construit sur ordre d'Ivan le Terrible, afin de célébrer la prise de Kazan et d'Astrakhan en 1552. Ivan Barma, l'architecte, plus connu sous le nom de Postnik, aurait été aveuglé par les autorités qui souhaitaient l'empêcher de renouveler son exploit. Toutefois, il s'agit d'une légende qui est également associée à d'autres édifices spectaculaires. De fait, Postnik travailla plus tard à la construction d'une autre cathédrale. L'intérieur est un véritable labyrinthe auquel on accède par de nombreuses volées de marches et divers passages qui relient huit petites chapelles. Chacune d'entre elles possède son dôme en oignon. Toutes sont disposées en étoile autour du sanctuaire central qui est coiffé d'une flèche.

CHRONOLOGIE

1156
Construction de fortifications triangulaires en bois sur la colline Borovitsky

1328
Moscou devient la capitale.

1485-1495
Construction de murailles et de tours autour du Kremlin.

1493
1493
Un décret interdit la construction de bâtiments entre le Kremlin et le secteur commerçant de la ville.

1560
Consécration de la cathédrale Saint-Basile.

1703
Saint-Pétersbourg devient la capitale.

1918
Le Kremlin devient le siège du gouvernement.

1941
Parade de troupes soviétiques sur la place Rouge avant que Moscou ne résiste aux forces nazies.

2010
Des troupes américaines, anglaises et françaises paradent sur la place Rouge.

En bas : flanquée du grand magasin GOUM à l'est et à l'ouest du Kremlin, la cathédrale Saint-Basile marque le centre coloré de la ville de Moscou.

Ci-contre : le musée national d'Histoire, édifice de style Renaissance russe qui fait écho aux murailles et aux tours du Kremlin, fut créé en 1872. Il abrite une immense collection d'objets d'art.

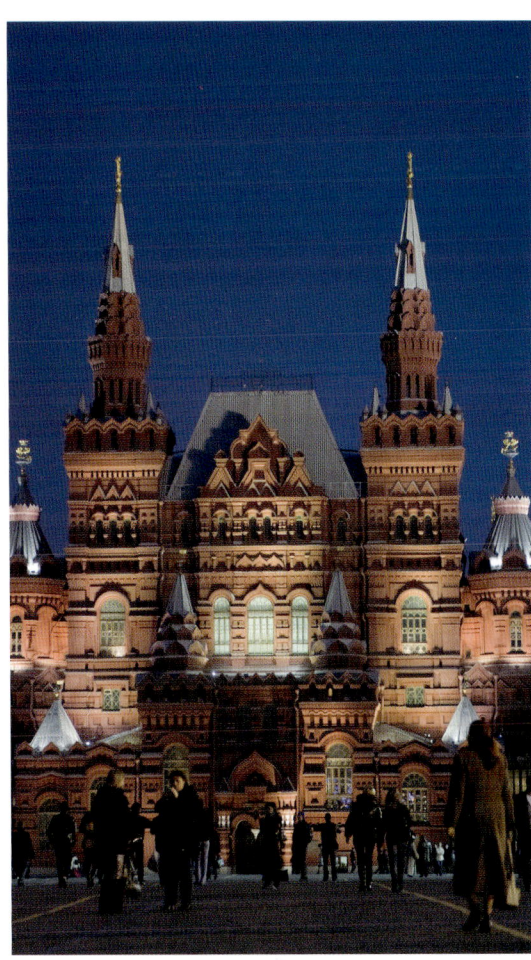

En 1936, Staline ordonna que les édifices religieux disparaissent de la place Rouge. La cathédrale Saint-Basile échappa à la destruction, mais son pendant, le musée national d'Histoire, qui se trouvait de l'autre côté de la place Rouge, fut rasé. Il fut reconstruit dans les années 1990.

GOUM Ce centre commercial qui arbore aujourd'hui une devanture chatoyante fut construit en 1893, dans un style Renaissance russe qui lui donne des allures de palais. Initialement, les commerçants s'étaient organisés en « société des Galeries supérieures » de la place Rouge. Sous l'ère soviétique, les initiales du centre commercial (prononcées « goum ») désignaient le Gosudarstvennyi Universalnyi Magazin (magasin d'État), mais son nom fut discrètement modifié en Glavnyi (grande surface), pour s'adapter à la nouvelle tolérance de la société russe pour la libre entreprise. De ce fait, la célèbre abréviation s'applique toujours.

À l'intérieur, les élégantes arcades se déploient sur trois niveaux, reliés par des passerelles, sous l'immense verrière d'un toit semi-cylindrique. La plupart des visiteurs se contentent d'admirer les richesses qui sont étalées dans ses rayons plutôt que de faire leurs emplettes sur place.

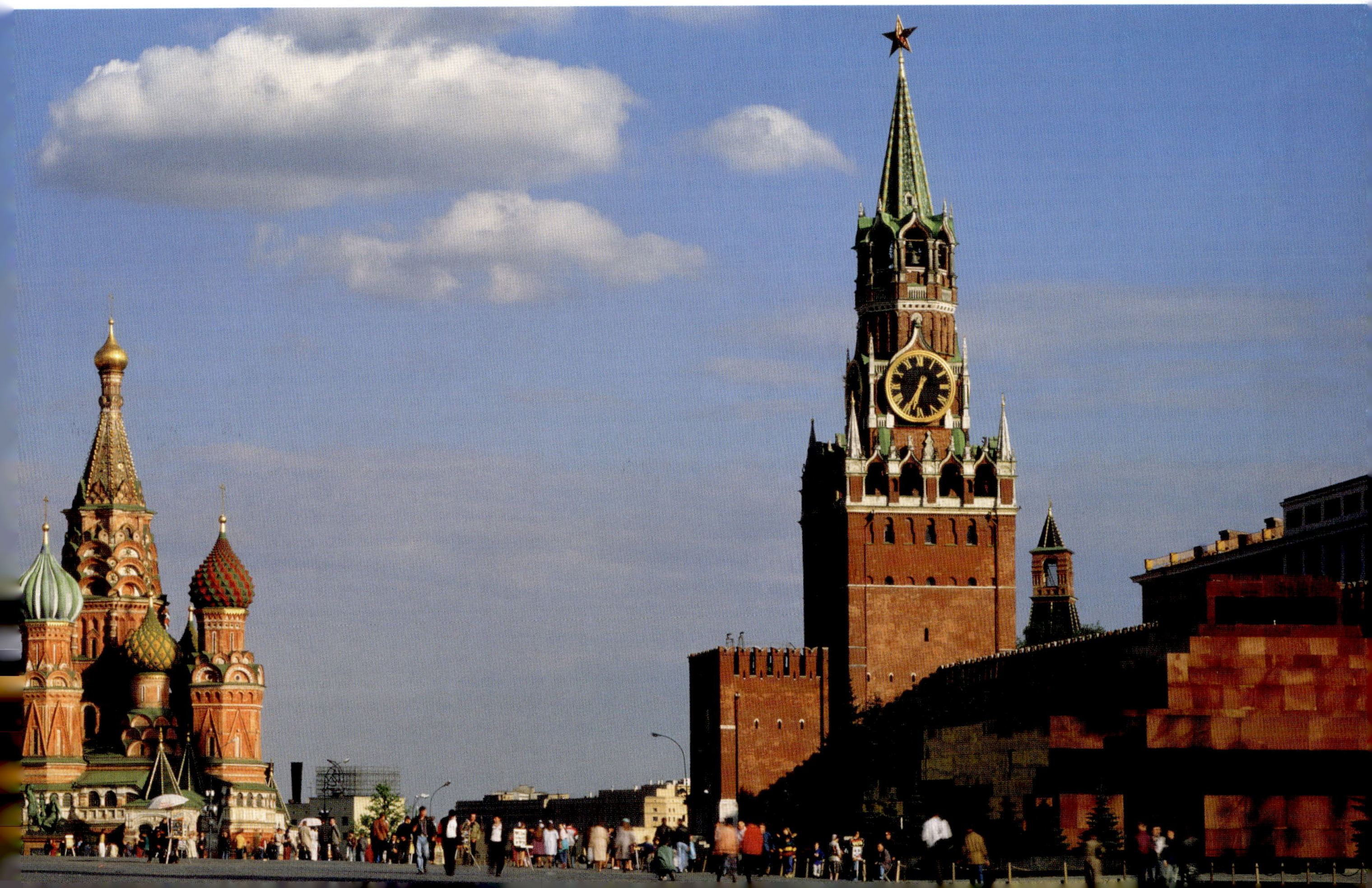

RÉPUBLIQUE TCHÈQUE

Horloge astronomique de Prague

ON PRÉTEND QUE LES COMMANDITAIRES DE CETTE GIGANTESQUE HORLOGE
AVEUGLÈRENT L'HOMME QUI L'AVAIT CRÉÉE, AFIN QU'IL NE PUISSE JAMAIS RÉITÉRER
SON EXPLOIT. CETTE MÉCANIQUE, VIEILLE DE 600 ANS, ÉMERVEILLE ENCORE
LES MATHÉMATICIENS. ELLE FAIT MÊME L'OBJET D'UNE APPLICATION SUR I-PHONE.

Lors des fêtes pour le 600ᵉ anniversaire de l'horloge en
2010, un spectacle son et lumière en trois D a éclairé
la tour et les cadrans de l'Orloj, avec des animations en
haute définition des événements marquants de son histoire.
Les innovations technologiques du XXIᵉ siècle
rendaient hommage au savoir-faire technique du
début du XVᵉ siècle. Cette sublime horloge constitue l'attraction la plus populaire et la plus originale de la Vieille-Ville.

Bien qu'elle ait été créée pendant une période
de grands troubles politiques à Prague, cette
mécanique est un miraculeux héritage de l'âge
d'or de la ville, à l'époque médiévale. À cette

Horloge astronomique
de Prague ●

époque, le saint-empereur romain Charles IV en fit sa capitale.
Prague devint le centre économique et culturel du pays. L'université Charles, fondée en 1348, fut une plaque tournante de
tous les savoirs en Europe. L'empereur veilla également au
développement de la ville ; l'horloge montée dans son centre
historique veille sur la place du marché, datant du Xᵉ siècle, du
haut du mur du vieil hôtel de ville, érigé par Jean de Luxem-
bourg, le père de Charles.

Vision médiévale L'horloge et son cadran astronomique,
qui est en réalité un astrolabe, furent montés en 1410. Ils sont
l'œuvre de l'horloger Mikuláš de Kadaň, qui s'inspira des
calculs de Jan Šindel, professeur de mathématiques et d'astronomie à l'université. Le Soleil et la Lune tournent autour de

CHRONOLOGIE

1410
Installation de l'horloge et du cadran sur le mur de l'ancien hôtel de ville

1490
Ajout du cadran calendaire et des sculptures gothiques

XVIIe siècle
Des personnages animés apparaissent près du cadran

1866
Le défilé des apôtres est ajouté après quelques réparations majeures.

8 mai 1945
Soulèvement de Prague : des bombes allemandes visent l'hôtel de ville. Le défilé des apôtres et le calendrier sont détruits.

1948
L'horloge est remise en route.

À droite, au centre : le défilé des apôtres suit son parcours au sommet de l'horloge.

Ci-dessous : le cadran calendaire illustre les mois et indique quel est le saint du jour.

Page ci-contre : trois roues coaxiales à traction indépendante contrôlent la flèche qui pointe vers le Soleil et celle vers la Lune. Les phases de la Lune et les signes du zodiaque sont aussi indiqués de manière excentrique.

Ci-contre : l'horloge orne la place de la Vieille-Ville de Prague, espace ancien qui se caractérise par un ensemble architectural hétéroclite, mais qui est dominé par l'église gothique de Notre-Dame-du-Tyn.

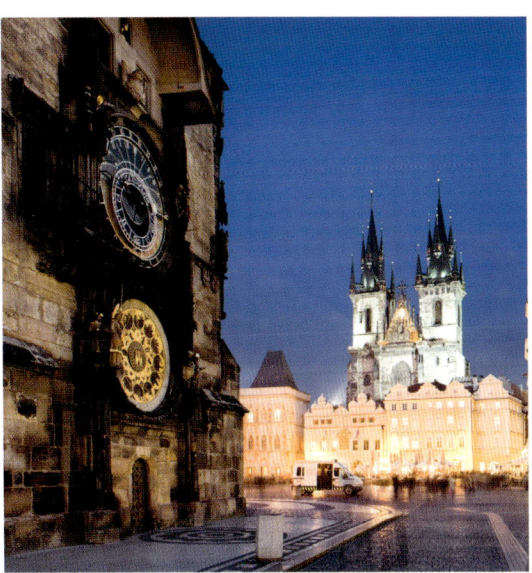

la terre immobile qui occupe le centre du cadran. Le Soleil traverse les signes du zodiaque et la Lune indique ses phases. La flèche dorée et le Soleil donnent l'heure de diverses manières : sur un cadran de 24 heures et sur l'anneau extérieur de l'horloge. Des chiffres dorés indiquent l'ancienne heure de Bohême et la période de la journée est répartie en 12 heures inégales, plus longues en été, plus courtes en hiver.

Automates Sous l'horloge figure un calendrier flanqué de quatre statuts : un chroniqueur, un archange, un astronome et un philosophe. Mais les personnages qui fascinent les foules sont les automates qui entrent en action toutes les heures.

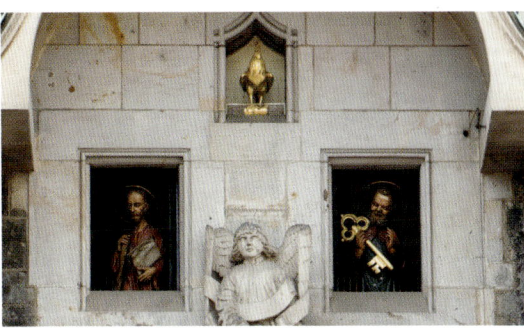

Quatre personnages datant du XVIIe siècle se tiennent à proximité de l'horloge. Le Vaniteux tient son miroir à la main. La statuette de bois hoche la tête et admire son reflet. L'Avare tient une cane et une bourse qu'il agite en dodelinant du chef. Le Turc est enturbanné et la Mort retourne son sablier et jauge les vies humaines. Au-dessus, les 12 apôtres, ajoutés dans les années 1860, posent les yeux sur les badauds, et une corneille dorée croasse pour signaler la fin du spectacle.

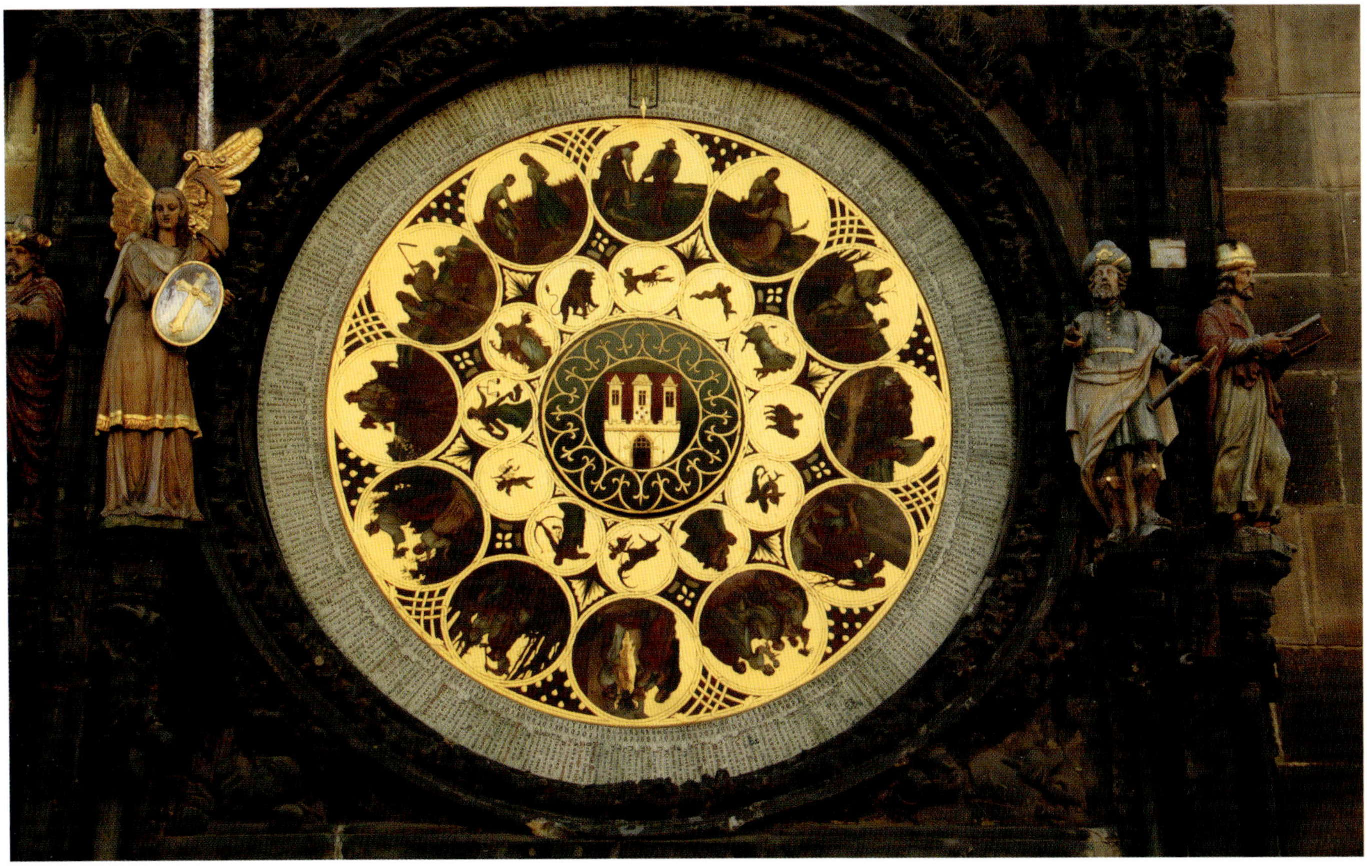

Palais de Schönbrunn

L'UNESCO CITE CE PALAIS PARMI LES « ENSEMBLES BAROQUES REMARQUABLES », UN PARFAIT EXEMPLE DE « *GESAMTKUNSTWERK* ». L'ARCHITECTURE BAROQUE EST ORDONNÉE, SYMÉTRIQUE ET EXUBÉRANTE. LE TERME « *GESAMTKUNSTWERK* » DÉSIGNE LA FUSION DE FORMES D'ART QUI FORMENT UNE ŒUVRE D'ART GLOBALE.

L'aristocratie européenne du XVIIIe siècle aimait à se définir par une forme d'extravagance. En Autriche, les édifices et les jardins de Schönbrunn s'adonnent au style baroque pour créer un *Gesamtkunstwerk*. L'intérieur du palais est une débauche de dorures et de cristal, de panneaux en châtaignier ciré, de stuc doré, de marbre blanc et de papiers peints scintillants, de velours cramoisi et de fine dentelle. L'éclectisme artistique est de mise dans les broderies élaborées, d'une sophistication sans précédent. Tout ici rivalise de luxe. Les tableaux, les fresques et les peintures murales sont dignes de remplir un musée à eux seuls.

Palais de Schönbrunn •

Plaisir et peinture Schönbrunn fut le terrain de jeux et souvent la résidence des Habsbourg jusqu'à la chute de cette dynastie en 1918. Au cœur d'un labyrinthe d'escaliers, de salles voûtées et de cours élaborées, la pièce maîtresse du château est une galerie des glaces, longue de 40 m. De hautes fenêtres sont postées en face de miroirs, et une fresque réalisée au plafond envoie un message dépourvu de toute ambiguïté au spectateur. Au centre de la fresque, l'impératrice Maria Theresa est entourée d'une allégorie de ses vertus et d'une représentation de ses territoires, avec toutes leurs richesses.

Symbole de puissance et un parc d'attractions L'extérieur est aussi magnifique, et la liste des extravagances s'allonge. Un labyrinthe végétal côtoie le premier zoo du

CHRONOLOGIE

1683
Des envahisseurs turcs détruisent le château.

1688-1700
Johann Bernhard Fischer von Erlach conçoit la partie centrale du palais.

1743-1749
Nikolaus Pacassi achève les appartements de la résidence.

1805-1809
Occupation par Napoléon.

1817-1904
Restauration après le Congrès de Vienne. En 1904, la maison du cadran solaire est construite pour abriter la plus grande collection mondiale d'orchidées.

1996
L'UNESCO inscrit le palais au patrimoine mondial de l'humanité.

En haut, à droite : la serre aux palmiers fut construite en 1881, au milieu d'un jardin anglais.

Ci-contre : le salon Vieux-Laqué, datant du XVIIIᵉ siècle, a lancé la mode des chinoiseries en Europe.

Ci-dessus : le corps principal du palais, vu de la colline de Schönbrunn. Au-delà des belles lignes des jardins et du palais, on aperçoit Vienne à l'arrière-plan.

Ci-contre : les règles de la symétrie sont de mise sur cette vue du palais, que l'on aperçoit en arrivant de la ville. La grande galerie est directement située derrière deux volées de marches.

monde, la plus vaste orangerie existante, une serre à palmiers, un théâtre, une fausse ruine romaine, le tout étant imbriqué pour souligner la stabilité et la cohésion de la toute première famille de l'empire. Malgré la chute des Habsbourg, le grand ensemble architectural reste intact. Il est devenu un véritable parc d'attractions qui a pour thème l'opulence, le bon goût et la puissance d'une dynastie.

L'Histoire et Mozart Schönbrunn est un creuset de l'histoire européenne. Au XIVᵉ siècle, ce qui est devenu une attraction touristique était un monastère. Puis ce fut un terrain de chasse impériale, puis un palais austro-hongrois à la gloire des Habsbourg. Après la Seconde Guerre mondiale, ce lieu fut brièvement transformé en garnison de l'armée britannique. En 1961, le site était revenu aux mains de la république autrichienne. L'Ouest se confronta à l'Est quand John F. Kennedy rencontra Nikita Khrouchtchev dans la galerie des glaces. En cette période de paix européenne, le palais rend grâce à son héritage historique et trouve de nombreuses fonctions. Il est le cadre de concerts de Mozart. Le baroque est toujours vivant.

Grande roue du Prater

LA GRANDE ROUE DE VIENNE, IMMORTALISÉE SUR LE GRAND ÉCRAN DANS LE FILM *LE TROISIÈME HOMME*, EST LA PRINCIPALE ATTRACTION DU CÉLÈBRE PARC DU PRATER DEPUIS PLUS D'UN SIÈCLE. ELLE EST DEVENUE L'EMBLÈME DE CETTE VILLE, ET LE SYMBOLE D'UN LIEU OÙ L'ON SAIT APPRÉCIER LES PLAISIRS DE L'EXISTENCE.

La première grande roue Ferris, créée par George Washington Gale Ferris Jr. à l'occasion de l'Exposition universelle de Chicago en 1893, fut conçue pour surpasser la précédente merveille mécanique, à savoir la tour Eiffel, exposée lors de l'Exposition universelle de Paris. Au départ, le projet de Ferris fut rejeté parce qu'il était jugé impossible à mettre en œuvre. Au final, la grande roue de Ferris fut copiée un peu partout dans le monde.

L'idée d'une roue géante séduisait à plus d'un titre : elle donnait un signe tangible des progrès technologiques en cours, occupait un grand espace et offrait un moyen unique de découvrir les environs. Tout un chacun voulait y monter. Quatre ans après le triomphe de l'Exposition universelle de Chicago, les organisateurs de l'exposition de Vienne prévue en 1898, à l'occasion du jubilé de l'empereur François-Joseph Ier, décidèrent d'avoir leur propre roue.

Fêtes du jubilé La Riesenrad (grande roue) de Vienne ne fut pas créée par Ferris mais par un ingénieur anglais, Walter B. Basset, qui avait précédemment monté d'autres grandes roues à Blackpool et Londres. Les composants en acier furent fabriqués à Glasgow. Quand la roue fut achevée, elle mesurait près de 65 mètres de haut et réunissait 30 gondoles. Elle fut érigée en 1897 au Prater, le parc d'attractions historique de Vienne, où d'autres animations étaient présentes pour le jubilé.

Grande roue
du Prater •

CHRONOLOGIE

1897-1898
La Riesenrad est érigée à l'occasion de l'Exposition universelle.

1914
Solange d'Atalide monte sur la roue.

1916
La démolition de la roue est programmée, mais l'ordre n'est pas appliqué.

1944
Incendie de la roue

1947
Restaurée, la grande roue recommence à tourner.

1949
Sortie du film *Le Troisième Homme*, réalisé par Carol Reed, sur un scénario de Graham Greene.

À droite, au centre : six cabines sont meublées avec luxe en vue de dîners amoureux et de fêtes.

Ci-dessous : la roue est postée à l'entrée du Prater. Elle fait partie intégrante de la ligne d'horizon de Vienne.

Page ci-contre : la grande roue est illuminée tous les soirs depuis 2002. Après sa restauration, on n'a installé que des cabines fermées.

Ci-contre : les cabines ont été restaurées en 1947. Chacune d'entre elles est suspendue par un câble aérien et peut accueillir 20 personnes debout.

Question de la pérennité La grande roue remporta un succès immédiat. Quelque 225 000 tickets furent vendus au cours des deux premières saisons. À la différence des autres grandes roues de la même époque, celle-ci échappa au démantèlement à la fin de l'exposition, même si un permis de démolition avait été accordé en 1916. Mais on ne trouva pas l'argent nécessaire pour la démonter. La grande roue devint bientôt un véritable point de repère dans le paysage viennois, et un lieu de pèlerinage pour de nombreux visiteurs. Les enfants viennois y grimpaient juste après la fête de leur première communion, car les parents les emmenaient traditionnellement au parc d'attractions en cette occasion, et un voyage sur la Riesenrad marquait le point d'orgue de cette visite.

Statut de vedette Au cours de la Seconde Guerre mondiale, la grande roue fut brûlée, mais fut reconstruite et de nouvelles cabines furent installées en 1947. Il n'y en a plus que 150 au lieu des 300, mais il est toujours possible de savourer le plaisir de la Riesenrad, en souvenir de l'échange extraordinairement tendu qui eut lieu entre Orson Welles et Joseph Cotton dans *Le Troisième Homme*.

Jet d'eau

LE PLUMET UNIQUE DE CE JET D'EAU FAIT PARTIE INTÉGRANTE DU PAYS. DÉSORMAIS, UNE SIMPLE FONTAINE DÉSIGNE UN PAYS TOUT ENTIER AUX YEUX DU MONDE. TOUTEFOIS, ELLE S'INSCRIT EN FAUX PAR RAPPORT À TOUS LES STÉRÉOTYPES QUI SALUENT LA PRUDENCE D'UN PEUPLE ENFERMÉ DANS L'ÉCRIN DE SES MONTAGNES.

Le jet d'eau fonctionne à l'électricité. Il est éphémère et n'a rien de naturel, à l'opposé de l'image des Alpes suisses. La fontaine est exhibitionniste et dépensière, contrairement au peuple helvète. Pourquoi est-elle si célèbre ?

Puissance hydraulique Il s'agit peut-être d'un antidote qui autorise le plaisir pour le plaisir, d'un jouet construit par un peuple qui contrôle assez bien son destin pour créer un havre de prospérité au cœur de montagnes inhospitalières. De fait, la fontaine a d'abord le rôle d'une soupape de sécurité. À la fin du XIXᵉ siècle, l'usine de la Coulouvrenière, qui est la centrale hydraulique locale, avait besoin d'alléger la pression sur

ses turbines, lorsque les entreprises et les ateliers de Genève cessaient leur activité tous les soirs. En 1886, dans le cadre d'une mesure temporaire précédant l'ouverture d'un réservoir, un ingénieur brancha un orifice de sortie dans le Rhône, et le jaillissement d'eau qui s'ensuivit, haut de 30 m, attira de nombreux touristes et habitants de la région.

Électricité Cinq ans plus tard, la fontaine fut déplacée et réinstallée sur le lac de Genève, afin de célébrer le 600ᵉ anniversaire de la Confédération Helvétique. Le jet d'eau de cette seconde fontaine atteignait une hauteur maximale de 90 m. Un demi-siècle plus tard, le goût du public pour ce genre de spectacle ainsi que l'élan instillé par la fin de la Seconde Guerre mondiale motivèrent la création d'une troisième fontaine. En

Jet d'eau •

Hauteur
140 m

Volume
500 l d'eau jaillissent à chaque seconde, et 7 000 l d'eau sont projetés en l'air.

Vitesse
L'eau est éjectée à une vitesse de 200 km/h.

Durée
Par temps calme, les gouttelettes d'eau restent 16 secondes en l'air.

Puissance
Les deux pompes de 500 kW, fonctionnant à 2 400 V, consomment 1MW d'électricité.

Ci-dessous : le lac de Genève et sa célèbre fontaine sont ici photographiés du haut de la cathédrale Saint-Pierre.

Page ci-contre : le jet d'eau coupe en deux la vue sur la ville et semble monter plus haut que les sommets des Alpes, que l'on aperçoit en arrière-plan.

Ci-contre : la fontaine reste en fonctionnement le soir, et offre à la ville un spectacle lumineux qui fait désormais partie des animations de Genève.

1951, quand le jet d'eau s'élança vers le ciel, alimenté par des moteurs électriques qui consommaient plus dc 1 MW d'électricité, le jet d'eau devint la plus haute fontaine du monde, en s'élevant à 140 m de hauteur.

Spectacle fantastique Vu de la rive, le jet d'eau déploie toute sa force et son volume en cataractes alpines. Le cadre plus vaste, au point où le Rhône débouche sur le lac de Genève, est également spectaculaire. Ce spectacle du jet d'eau fait désormais partie des curiosités à voir en Suisse.

Les fontaines fascinent le public et depuis les 60 dernières années, elles sont toujours plus hautes. Sur la liste des records de hauteur figure la fontaine du roi Fahd (créée en 1985) à Djeddah, en Arabie Saoudite. Elle est suivie par la World Cup Fountain (créée en 2006) à Séoul, en Corée du Sud. Viennent ensuite la fontaine du port à Karachi, au Pakistan, Fountain Park (1970) à Fountain Hills, en Arizona, la fontaine de Dubaï (2008), et le Captain Cook Memorial Jet (1970) à Canberra, en Australie. Le jet d'eau se range désormais à la fin de ce classement, mais son renom le place en tête de liste. La taille n'est pas tout !

Musée Guggenheim de Bilbao

VAISSEAU D'ARGENT DISLOQUÉ, AMARRÉ SUR LA RIVE DU NERVIÓN, LE MUSÉE GUGGENHEIM A OUVERT EN 1997. IL A BOULEVERSÉ L'IMAGE DE SA VILLE D'ACCUEIL ET DES MUSÉES D'ART EN GÉNÉRAL. CET ÉDIFICE EST UNIVERSELLEMENT RECONNU COMME UN MONUMENT À PART ENTIÈRE.

Bilbao est une ville élégante et spacieuse dotée d'un quartier médiéval fascinant, de larges rues et de squares bordés de belles maisons des XIXᵉ et XXᵉ siècles. Son histoire est celle d'une cité qui a su accueillir les prouesses industrielles et a tiré ses richesses du commerce et de la banque. Il y a un siècle, c'était la ville la plus opulente d'Espagne, un grand port de construction navale où transitait l'acier. Cependant, dans les années 1980, ses industries lourdes ont été frappées d'obsolescence, et le chômage y a atteint 25 %. Les rues et les bâtiments ont commencé à se déliter, la pollution s'est installée, en même temps que la délinquance.

Musée
Guggenheim
de Bilbao •

Régénération urbaine La ville a lancé un programme de restauration de ses infrastructures, construisant un nouveau système de transport, des maisons et des bureaux, renouvelant son réseau d'égouts, assainissant son air et se débarrassant de la pollution qui éloignaient les touristes. La pièce maîtresse de ce programme – la construction d'un musée d'art moderne –, était une mesure audacieuse que certains jugèrent inadéquate et irresponsable. En fait, le musée fit la fortune de Bilbao : dès son inauguration, il attira plus de 100 000 visiteurs par an, et dans le monde entier, les grandes villes cherchèrent à reproduire « l'effet Guggenheim ».

Icône architecturale L'architecte américano-canadien Frank Gehry a créé un ensemble architectural inspiré par l'his-

1991
La fondation Guggenheim
signe l'accord préliminaire
pour la construction
d'un nouveau musée
Guggenheim à Bilbao.

1993
Début des travaux
de construction

19 octobre 1997
Inauguration du musée avec
des expositions sur l'art
du XXe siècle et sur l'art
contemporain en Europe.

1998
Plus de 1,3 million
de personnes visite
le musée en un an.

2007
Le dixième anniversaire
du musée est marqué par
l'inauguration d'un nouvel
ouvrage intitulé *Arcos
Rojos*, signé par Daniel
Buren, sur le pont La Salve.

Ci-contre : les contours
intérieurs sont aussi fluides
que les murs extérieurs.
Des passerelles
suspendues relient
les galeries par le biais
d'un atrium central.

Page ci-contre : vu
de l'autre rive du fleuve,
l'édifice ressemble
à un grand bateau à voile
poussé par le vent.

Ci-contre : le
10e anniversaire de la
galerie, en 2007, a été
marqué par un feu d'artifice
au-dessus du fleuve.

toire maritime de Bilbao et l'emplacement de l'édifice au bord
du fleuve. Les matériaux de construction du musée sont la
pierre calcaire, le verre et le titane. Ses formes incurvées et
organiques rappellent les voiles d'un bateau, tandis que les
panneaux en titane reflètent la lumière. Les murs intérieurs se
plient aux contours des passerelles qui traversent l'atrium de
50 m pour rejoindre les 19 espaces d'exposition répartis sur
trois étages. Ceux-ci abritent une collection permanente et des
expositions temporaires d'art contemporain. Pour la plupart
des visiteurs, la principale curiosité est le musée lui-même.

Les critiques font valoir que le bâtiment excède ses fonctions, qu'il cohabite difficilement avec le reste de la ville et qu'il
n'est pas très accueillant. Toutefois, sur le plan visuel, il est
inoubliable. On peut aussi l'admirer dans toute sa splendeur,
sur le bord du fleuve, tandis que l'eau se reflète dans ses bril-
lantes écailles en titane.

Ci-contre : devant l'entrée du musée, un terrier
floral a été installé par Jeff Koons. La ville entière a
adopté *Puppy* (1992) comme mascotte.

ESPAGNE, BARCELONE

H + u — Oct 2017

Sagrada Familia

LA CONSTRUCTION DE L'ÉDIFICE LE PLUS CÉLÈBRE DE BARCELONE A DÉBUTÉ EN 1882.
IL N'EST PAS ENCORE ACHEVÉ, MAIS LE RÉSULTAT COMPTE DÉJÀ PARMI LES JOYAUX
ARCHITECTURAUX DU MONDE, ÉTRANGEMENT BEAU ET PARÉ D'UN SYMBOLISME
DÉROUTANT. IL A ÉTÉ L'OBSESSION DE SON CRÉATEUR ÉCLECTIQUE, ANTONI GAUDÍ.

À la fin du XIXᵉ siècle, les terrains à bâtir devenaient chers dans la ville de Barcelone, alors en plein essor industriel. En 1881, dans le quartier surnommé « le petit Manchester », l'association des dévots de Saint-Joseph trouva un site abordable pour y faire construire un nouveau « temple expiatoire ». Ce quartier ouvrier très modeste était situé dans les faubourgs de la ville, mais l'association souhaitait encourager la piété de ses humbles habitants, et les dons des citoyens plus riches qui avaient beaucoup à se faire pardonner.

Le premier architecte nommé fut Francesco de Paula Villar i Lozano. Il élabora un modeste projet d'église de style néogothique, mais se brouilla bientôt avec l'association et jeta l'éponge en 1882, bien avant l'achèvement de la crypte. Gaudí, qui comprenait mieux la vision conservatrice des dévots de Saint-Joseph, fut nommé à sa place. Il termina la crypte puis, grâce à un immense don anonyme qui permit de financer les travaux pendant les années 1890, commença à imaginer une église dont la construction serait l'œuvre de sa vie. Ses plans étaient constamment remaniés, et l'on trouva un dessin de l'une des façades dans sa poche, la veille de sa mort.

Modernisme catalan Les premiers éléments architecturaux de Gaudí suivaient les préceptes néogothiques et les associaient aux styles catalans traditionnels. Toutefois, l'amour de

Sagrada
Familia •

Page ci-contre : chacune des trois façades monumentales sera flanquée de quatre clochers qui représenteront les 12 apôtres.

Ci-contre : le motif central qui surmonte la façade de la Nativité est l'arbre de vie, avec une flopée de colombes blanches qui se serrent sur ses branches.

Ci-dessous : les clochers sont reliés par de hautes passerelles étroites qui permettent d'admirer de près les mosaïques décoratives et une vue panoramique de Barcelone.

la nature qui l'avait aidé à guérir, enfant, d'une longue maladie marquée par divers épisodes solitaires, l'aida à s'exprimer par le biais de l'art nouveau et du symbolisme. Inspiré par la forme des arbres, des fougères, des os d'animaux, des coquillages, des feuilles et des fruits, il élabora des formes organiques en recourant à des matériaux modernes comme les tiges d'acier renforcé. L'architecte inspiré par sa foi catholique considérait son œuvre comme un hommage à la création divine, et la Sagrada Familia en devint l'expression la plus aboutie.

Façades contrastées Au fur et à mesure que son projet prenait tournure et se développait, à la fois dans ses dimensions et ses ambitions, Gaudí décida de bâtir successivement les ailes de l'église, pour que la façade et ses flèches permettent aux fidèles de comprendre sa vision, mais aussi pour donner un modèle à suivre, que d'autres pourraient achever après sa mort. Il choisit de commencer par la façade de la Nativité, qui était le thème le plus accessible et le plus évocateur. Tournée vers l'est (c'est-à-dire vers le soleil levant, synonyme de naissance), c'est une masse de feuillage sinueuse et élaborée qui ressemble

Ci-contre : les tuiles vertes du toit suggèrent la canopée, et chacune des facettes de l'intérieur de l'église est inondée de lumière, grâce aux centaines d'ouvertures qui seront progressivement décorées de vitraux, afin de créer de complexes effets de couleurs.

davantage à la cire qu'à la pierre, peuplée de figures qui illustrent l'histoire de la naissance du Christ.

La façade de la Passion, tournée vers l'ouest (évoquant la mort), fut élaborée entre 1954 et 1976. Austère et dépouillée, elle souligne les contrastes de l'ombre et de la lumière. Les figures anguleuses et stylisées qui l'animent sont l'œuvre du sculpteur Josep Maria Subirachs. La douleur est véritablement présente dans les scènes du chemin de croix qui mènent à la crucifixion. Gaudí souhaitait en effet inspirer la crainte.

La façade de la Gloire, qui est la troisième et la plus vaste de toutes, fut commencée en 2002 et n'est pas encore achevée. Elle représentera l'ascension des âmes, les étapes suivies entre le jugement dernier et l'accession à la gloire divine (ou la chute en enfer). Ses colonnes reposeront sur les sept péchés capitaux et seront encadrées par les sept vertus.

Dettes et guerre La mise à disposition de fonds privés ou leur absence ont présidé à la construction de l'église. Lorsque Gaudí mourut en 1926, une seule des 18 flèches prévues était achevée, et il fallut encore 10 ans de travaux pour terminer la façade de la Nativité. Préférant les plans en 3D aux dessins, Gaudí avait consacré la plus grande partie des dernières

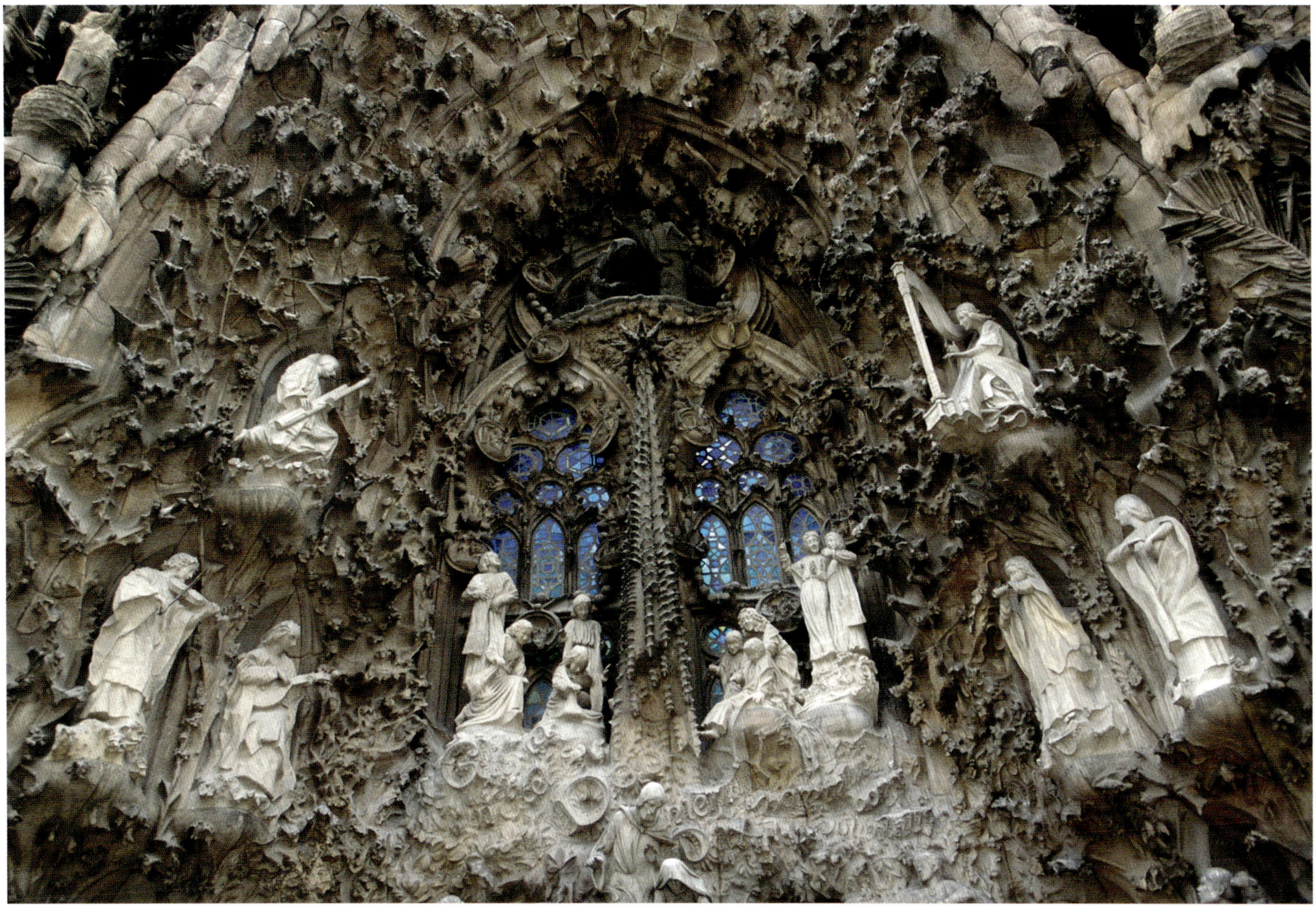

CHRONOLOGIE

1882
Villar conçoit les plans. Pose de la première pierre.

1883
Reprise du projet par Gaudí

1892
Début de la façade de la Nativité.

1923
Gaudí achève la maquette de la nef et du toit.

1926
Mort de Gaudí

1936
Église et atelier sont abîmés durant la guerre civile.

1954
Début de la façade de la Passion

2001
Pose du premier vitrail

2010
Benoît XVI désigne l'édifice comme basilique mineure.

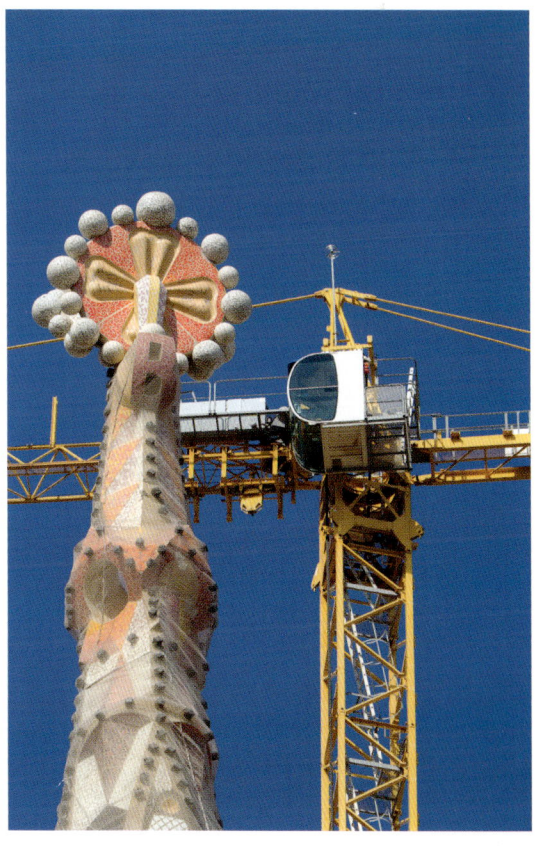

Page ci-contre : des textes de la Bible sont gravés sur les portes de l'église.

Ci-dessus : différents artistes travaillant sous la houlette de Gaudí ont créé les sculptures ornant la façade de la Nativité

Ci-contre : les grues sont les structures les plus haut perchées au-dessus de l'église, mais seront un jour dépassées par sa flèche.

années de sa vie à la création d'une maquette en plâtre qui était placée au milieu de son atelier. Mais la guerre mit fin aux travaux, et l'atelier fut dévasté en 1936.

Toutefois, des morceaux de maquettes furent conservés et, après la guerre, ils furent réassemblés. Les travaux se poursuivirent à l'aide de dessins qui avaient été retrouvés, de photographies des maquettes et de projections par ordinateur.

Consécration En 2010, l'édifice fut prêt à être consacré comme basilique, lorsque son toit fut achevé. Les colonnes élancées et la voûte en éventail des anciennes cathédrales gothiques firent écho aux canopées des anciens lieux sacrés, évoqués dans une débauche de branchages et de feuillages, de fruits et de fleurs.

Les 18 flèches de l'église achevée désigneront les apôtres, les évangélistes, la Vierge Marie et, pour la plus haute, Jésus. C'est ainsi que la Sagrada Familia deviendra l'église la plus haute du monde. Toutefois, celle-ci restera légèrement en retrait de la colline de Montjuïc, qui surplombe Barcelone. Gaudí souhaitait que son église soit « le dernier grand sanctuaire de la chrétienté », mais il ne voulait pas surpasser l'œuvre de Dieu.

*Sept 2015   H + U
en allant vers la march Camino*

Aqueduc de Ségovie

LES INGÉNIEURS DE LA ROME ANTIQUE CONÇURENT L'AQUEDUC DE SÉGOVIE EN SE CONFORMANT AUX PRINCIPES ÉDICTÉS LORS DU IER SIÈCLE APRÈS JÉSUS-CHRIST. CE REMARQUABLE OUVRAGE DE MAÇONNERIE A RÉSISTÉ AU TEMPS JUSQU'À AUJOURD'HUI. C'EST UN HOMMAGE AUX TALENTS ARCHITECTURAUX DES ROMAINS.

Marcus Vitruvius (Vitruve), architecte et ingénieur romain, édicta des principes de construction que les Européens mirent à profit jusqu'à l'avènement de matériaux modernes synthétiques. Son livre, *De Architectura*, insiste sur le fait que les structures doivent être solides, utiles et belles. Ces adjectifs conviennent très bien pour décrire cet aqueduc.

Solidité Cette structure a su préserver son équilibre sans mortier ni ciment. En effet, les 20 400 blocs de granit qui la constituent ont été taillés avec suffisamment de précision pour rester solidaires pendant près de 2 000 ans. La solidité de l'aqueduc est telle qu'il a résisté à la destruction de quelques-unes de ses arches centrales au XIe siècle, pendant la conquête des Maures. Au XVe siècle, des artisans suivirent les préceptes romains pour reconstruire les parties endommagées dans le style originel. Deux niches centrales furent ajoutées à des fins décoratives au-dessus des arches centrales au XVIe siècle. La niche septentrionale fut jadis agrémentée d'une statue d'Hercule, légendaire fondateur de Ségovie, l'autre niche contient encore une statue de la Vierge de la Fuencisla (sainte patronne de la ville) et une autre de saint Stéphane.

L'utilité En dehors de la statuaire, toutes les parties de l'aqueduc de Ségovie sont fonctionnelles. L'aqueduc a alimenté la ville de Ségovie en eau, à partir de la source de la Fuente Fria, située à 16 km de là. L'eau transportée par le biais d'un

Aqueduc de
Ségovie •

INFORMATIONS

Commanditaires
Les empereurs Domitien
et Trajan

Date de construction
Les fouilles archéologiques
suggèrent qu'il date de l'an
50 ap. J.-C.

Dimensions
L'aqueduc est constitué de
166 arches et de 120 piliers
disposés sur deux niveaux.
Il mesure 813 m de
longueur et se compose
de 20 400 blocs de granit.

**Destruction et
reconstruction**
En 1072, l'aqueduc fut
partiellement détruit par les
Maures. Il fut restauré sur
ordre du roi Ferdinand et de
la reine Isabelle après 1484.
En 1930, un canal de ciment
remplaça la conduite en
pierre datant du XVIᵉ siècle.

Statut
Le site a été classé au
patrimoine mondial de
l'humanité en 1985.

Ci-dessus : depuis près
de 2 000 ans, les habitants
de la ville espagnole de
Ségovie peuvent admirer
l'aqueduc qui a présidé à
une grande partie de
l'histoire du pays.

Ci-contre : la niche qui
occupe le centre du pont
est ornée de statues de
la Vierge de la Fuencisla
et de saint Stéphane,
datant du XVIᵉ siècle.

canal entrait à l'extrémité sud-est de Ségovie et parcourait les
813 m de cette merveille d'ingénierie. Celle-ci continua d'alimenter le centre historique, l'Alcázar, jusqu'à une date récente.
Un dicton local indique : « El acueducto da título a Segovia »
(« l'aqueduc incarne Ségovie »). Privée de son aqueduc, Ségovie n'existerait pas.

Beauté L'ingénierie civile atteint rarement des sommets
esthétiques, mais cet aqueduc est l'exception qui confirme la
règle. Les seules dimensions de cet ouvrage sont remarquables,
et son état de conservation ajoute à son effet esthétique. Toutefois, la réelle beauté vient du fait que le pont de granit semble
transcender sa propre solidité. Cela est dû à la nature de
l'arche : les Romains n'ignoraient rien de cette technique spécialisée et ils savaient comment transférer le poids des pierres
vers le bas ou l'extérieur. Les proportions de l'aqueduc, avec
ses empilements calculés de manière mathématique et ses
piliers à la forme effilée, démontrent que l'efficacité se conjugue
à l'utilité pour créer de la beauté. L'art et la technique s'unissent
d'une manière dont Vitruve n'aurait pas eu à rougir.

Oct-Nov 2015 H+M ←
avec les Stewarts — après le Camino

Alhambra

L'ALHAMBRA EST UN SYMBOLE FÉDÉRATEUR. CE PALAIS FORTIFIÉ, SITUÉ DANS LE SUD DE L'ESPAGNE, EST UN MÉLANGE DE CULTURE ARABE ET EUROPÉENNE, CHRÉTIENNE ET MUSULMANE. SA MOSAÏQUE DE PETITS ESPACES IMBRIQUÉS RÉVÈLE QUE LE PARADIS SUR TERRE N'EST PAS UNIQUEMENT UNE UTOPIE.

Un paradis d'architecture : c'est ce que les artisans nasrides du XIVᵉ siècle avaient à l'esprit quand ils ont commencé à édifier des fortifications autour de plusieurs bâtiments résidentiels. Les tours mauresques se tournaient vers l'Espagne. Elles étaient dressées au cœur d'un labyrinthe élaboré de constructions, aux angles de quadrilatères de différentes tailles. Le tout formait un bloc parcouru d'allées et de courettes. Partout, des arbres et des fleurs se mêlaient aux feuillages stylisés

Géométrie divine Les arches, les colonnes, les dômes et les plafonds à muqarnas apportent une touche orientale. Sur les murs et les sols, les entrelacs floraux des faïences font écho à la complexité architecturale, et suggèrent une idée d'infini. L'iconographie géométrique de l'Alhambra repose sur la conception islamique de l'ordre divin. Le style mudéjar, influencé par les idées occidentales, fut adopté par des artisans arabes qui travaillaient en autarcie, à l'écart du monde musulman.

La mixité culturelle s'acheva en 1492, au terme de huit siècles de domination musulmane sur la ville de Grenade. En 1527, Charles V acheva un palais de style Renaissance, et entama un programme de révisions architecturales inspirées par le modèle italien. Ce processus se poursuivit jusqu'à la mort de Philippe V en 1746. L'empire espagnol perdit de sa superbe et l'Alhambra fut oubliée jusqu'au XIXᵉ siècle.

Alhambra •

CHRONOLOGIE

IXᵉ siècle 9
Première mention de la
citadelle de Qal'at al-Hamra.

1241-1492
La citadelle est agrandie par
les sultans de la dynastie
nasride.

2 janvier 1492
La ville capitule devant
les forces de Ferdinand V.
Les Maures sont chassés.

XVIᵉ siècle
Charles V construit un
palais de style européen.

XVIIIᵉ siècle
Philippe V agrandit.

1870
L'Alhambra est déclarée
monument national.

1984
Le site est classé au
patrimoine mondial
de l'UNESCO.

À droite, en haut : le dôme
de la salle des Deux Sœurs,
doté d'une voûte en
stalactites, est typique de
l'architecture mauresque.

Ci-contre : l'eau des
bassins reflète les arches et
les ouvrages complexes.

Ci-dessus : décrite
comme « une perle sertie
d'émeraudes », l'Alhambra
est un kaléidoscope de
couleurs et de lumières.

Ci-contre : un coup d'œil
dans la cour des Lions nous
révèle un petit palais
à l'architecture et à la
décoration délicates.

La cour des Lions Véritable joyau de l'Alhambra, la
cour des Lions (Patio de los Leones) est un carré doté en son
centre d'une fontaine qui coule dans un bassin d'albâtre posé
sur le dos d'une douzaine de lions en marbre. Des galeries et
des pavillons entourent un espace sous la garde bienveillante
de 124 colonnes graciles. Des carreaux bleus et jaunes couvrent
les murs, encadrés d'émail bleu et or.

La couleur et la lumière sont l'âme du lieu. Un poète arabe
a comparé les murs extérieurs et la forêt des alentours à « une
perle sertie d'émeraudes ». Sa vue évoque un kaléidoscope. En
arabe, *Alhambra* signifie « château rouge », et c'est l'appellation
qui a été communément adoptée.

Un Paradis Le site était initialement baptisé Al-Hamrâ,
mais le trait d'union a depuis longtemps disparu, et ce nom
fait désormais partie du langage courant. Il existe des théâtres,
des hôtels et des discothèques de l'Alhambra. Alhambra est
une marque de voiture, de bière et le logo d'une société de
production cinématographique. Il existe une ville du même
nom en Californie et d'innombrables maisons le revendiquent.

Nov 2017 H.U.   1½ mois en France, Espagne et le Portugal

Tour de Belém

À L'AUBE DU XVIᵉ SIÈCLE, LE PORTUGAL REGARDE AU-DELÀ DE SES FRONTIÈRES. LISBONNE LANCE D'ÉLÉGANTES CARAVELLES SUR LES MERS MAIS CRAINT AUSSI L'ARRIVÉE DE VISITEURS HOSTILES. LA TOUR DE BELÉM EST PLUS QU'UN FORT : C'EST UNE BELLE PORTE D'ENTRÉE DU PORTUGAL ET UN JOYAU ARCHITECTURAL.

Perchée sur le bord du fleuve, la petite tour trapue flanquée de son bastion et de son embarcadère vit partir Vasco de Gama, lorsqu'il entama sa première expédition européenne vers l'Inde en 1497. Construite sur les ordres du roi Manuel Iᵉʳ entre 1515 et 1521, la tour est située à 6 km à l'ouest de Lisbonne, sur la rive nord du Tage, juste avant son embouchure. Cet ouvrage jouait donc un rôle primordial.

Kaléidoscope décoratif Avec ses petites flèches, ses coupoles nervurées, ses arches et ses créneaux, cette tour est un charmant méli-mélo d'architecture gothique et mauresque.

Les pierres en calcaire liasique sont cependant d'origine locale. Les sculptures sont chrétiennes et européennes, et plus précisément portugaises. Les parapets arborent plusieurs représentations de la croix de l'Ordre du Christ. Le roi Manuel Iᵉʳ et Vasco de Gama étaient tous deux membres de cet ordre religieux qui contribua au fanatisme des croisades, organisa diverses expéditions navales et participa à la colonisation impériale.

Les images religieuses se mêlent aux images de conquêtes : des lions et un rhinocéros côtoient une statue de la Vierge de Belém, une grappe de raisin dans une main et un enfant dans l'autre. Ailleurs, des cordes et des nœuds sculptés rappellent les prouesses navales du Portugal.

Tour de
Belém •

CHRONOLOGIE

1515-1521
La tour est bâtie sur une île du Tage.

1580
La construction ne parvient pas à défendre Lisbonne d'une invasion espagnole.

1755
Le tremblement de terre de Lisbonne ensable le Tage et crée un isthme.

1907
Après avoir servi de phare, de bureau des douanes, de station télégraphique et de prison, la tour de Belém est classée monument national.

1983
Elle est inscrite au patrimoine mondial de l'UNESCO.

Page ci-contre : la tour relève surtout de l'architecture gothique, mais les détails doivent beaucoup au style mauresque.

Ci-contre : les dômes hémisphériques sont de style marocain ; les boucliers de l'Ordre du Christ sont chrétiens ; les cordes sculptées relèvent de la tradition maritime portugaise.

Ci-dessous : la tour représente les animaux d'un empire en plein essor. En 1513, un bateau transportant un rhinocéros coula dans les environs. La dépouille de l'animal servit de modèle et inspira une gravure de Dürer.

Rôle défensif Sous ses fausses allures de château de conte de fées, la tour remplissait d'importantes fonctions militaires. Erigée sur une île de basalte (aujourd'hui reliée au continent suite à un ensablement), elle constituait le troisième moyen de défense de l'estuaire, de concert avec la forteresse de Cascais sur la rive droite et le Saint Sebastião de Caparica sur la rive gauche. Le débarcadère comportait 16 postes de tir de canon, sur deux niveaux. À l'intérieur de la tour carrée, un escalier en colimaçon de quatre étages permettait à l'armée de surveiller les bateaux et d'allumer des balises d'alarme. L'ensemble est surmonté de six tours de guet et cache un arsenal, plus tard utilisé comme prison.

Le quartier général du gouverneur s'ouvrait sur la terrasse du bastion, ainsi que sur ses canons. Les autres pièces avaient une fonction moins militaire. La chambre royale du deuxième étage était agrémentée d'un balcon de style Renaissance à sept arches donnant sur le fleuve. Une salle d'audience située au troisième étage offre une vue panoramique, et le quatrième étage abrite une chapelle.

Oct 2015 – H + U
ē Stewart

Rocher de Gibraltar

CE PROMONTOIRE EN CALCAIRE, DE FORME TRIANGULAIRE, OCCUPE UNE PLACE
DE CHOIX SUR LA PLANÈTE, SANS RAPPORT AVEC SA TAILLE VÉRITABLE. CELA TIENT
À SA POSITION STRATÉGIQUE DE CITADELLE À L'ENTRÉE DE LA MER MÉDITERRANÉE.
IL S'AGIT AUSSI DU POINT OÙ L'EUROPE EST LA PLUS PROCHE DE L'AFRIQUE.

Sans le détroit de Gibraltar, la mer Méditerranée serait enclavée et finirait par s'évaporer. Mais le vaste rocher qui la surplombe marquait autrefois la fin du monde connu. Au-delà, dans les profondeurs de l'Atlantique, rôdaient les monstrueuses terreurs de l'inconnu et le royaume des morts, plus à l'ouest. Franchir ce portail, comme l'avaient fait les Phéniciens, c'était entrer dans un univers mythique.

Colonnes d'Hercule Selon les écrivains de l'Antiquité, l'un des travaux d'Hercule supposait qu'il grimpe sur le mont Atlas, à l'extrémité occidentale de la mer Méditerranée. Alpiniste peu chevronné, le héros préféra se frayer un chemin en fracassant la montagne, ouvrant ainsi un passage et formant les colonnes d'Hercule. La colonne septentrionale s'appelle le mont Calpe. Il est devenu Jabal al Tãriq (rocher de Tariq) en 711, lorsque Tariq ibn-Ziyad lança l'offensive maure sur l'Espagne. C'est de ce nom que dérive l'appellation « Gibraltar ».

Position stratégique Les Maures établirent leurs troupes à Gibraltar et construisirent une forteresse sur le rocher afin de se protéger. La possession de Gibraltar leur assura la domination de la mer Méditerranée jusqu'en 1462, et l'importance de ce promontoire devint évidente aux yeux de toutes les nations maritimes. En 1713, à la fin de la guerre de succession espagnole, l'Espagne dut céder Gibraltar à la Grande-Bretagne. Elle cherche toujours à le récupérer.

Rocher de
Gibraltar •

CHRONOLOGIE

950 av. J.-C.
Domination phénicienne

711
Domination maure

1462
Domination espagnole

1704
Domination britannique (confirmée en 1713)

1779-1783
Grand Siège de Gibraltar par les Français et les Espagnols – un échec

1969
L'Espagne coupe les communications avec Gibraltar. La Grande-Bretagne refuse de céder Gibraltar à l'Espagne.

2002
Par un référendum, les Gibraltariens rejettent la souveraineté partagée avec l'Espagne.

2006
Le premier vol de la compagnie Iberia atterrit à Gibraltar.

2009
Réouverture des lignes de ferry entre Gibraltar et Algesiras, fermées en 1969

Page ci-contre : Gibraltar est l'une des régions les plus peuplées du monde. Son détroit reste l'une des routes maritimes les plus empruntées de la planète.

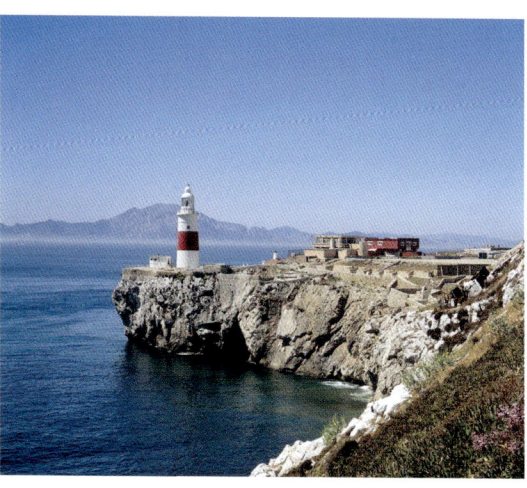

Ci-contre : la pointe de l'Europe est l'extrémité méridionale du rocher. Un phare guide les bateaux dans le détroit. Il a été construit en 1838.

Le rocher de Gibraltar est synonyme d'invincibilité et symbole de l'indépendance de ses habitants. Le territoire est truffé de tunnels creusés pendant le grand siège, et qui ont permis à la garnison de résister à l'ennemi pendant quatre ans.

Résidents et voyageurs Les 30 000 habitants de ce territoire sont d'origines diverses. En effet, 27 % d'entre eux viennent de Grande-Bretagne, 26 % d'Espagne, et le reste est originaire du monde entier. Le rocher lui-même est peuplé par les macaques berbères (seuls singes sauvages d'Europe) et les poules faisanes de Barbarie. Son climat subtropical favorise le développement d'une flore abondante qui comprend certaines espèces uniques. Des oiseaux migrateurs viennent y faire halte et bénéficient des mêmes avantages qui ont attiré les humains. Gibraltar a toujours été un point à la fois central et périphérique pour la géographie humaine. La circulation, dans ce petit coin reculé d'Europe, est toujours aussi intense.

Ci-contre : le détroit de Gibraltar, long de 14,3 km, est un point stratégique entre l'Europe et l'Afrique.

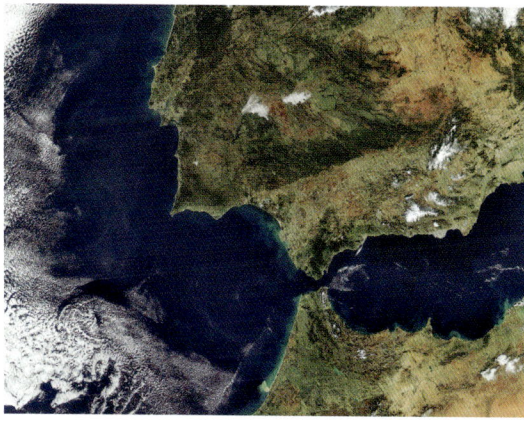

Ci-dessous : le territoire de Gibraltar couvre une superficie de 6,5 km². Le rocher s'élève à 426 m.

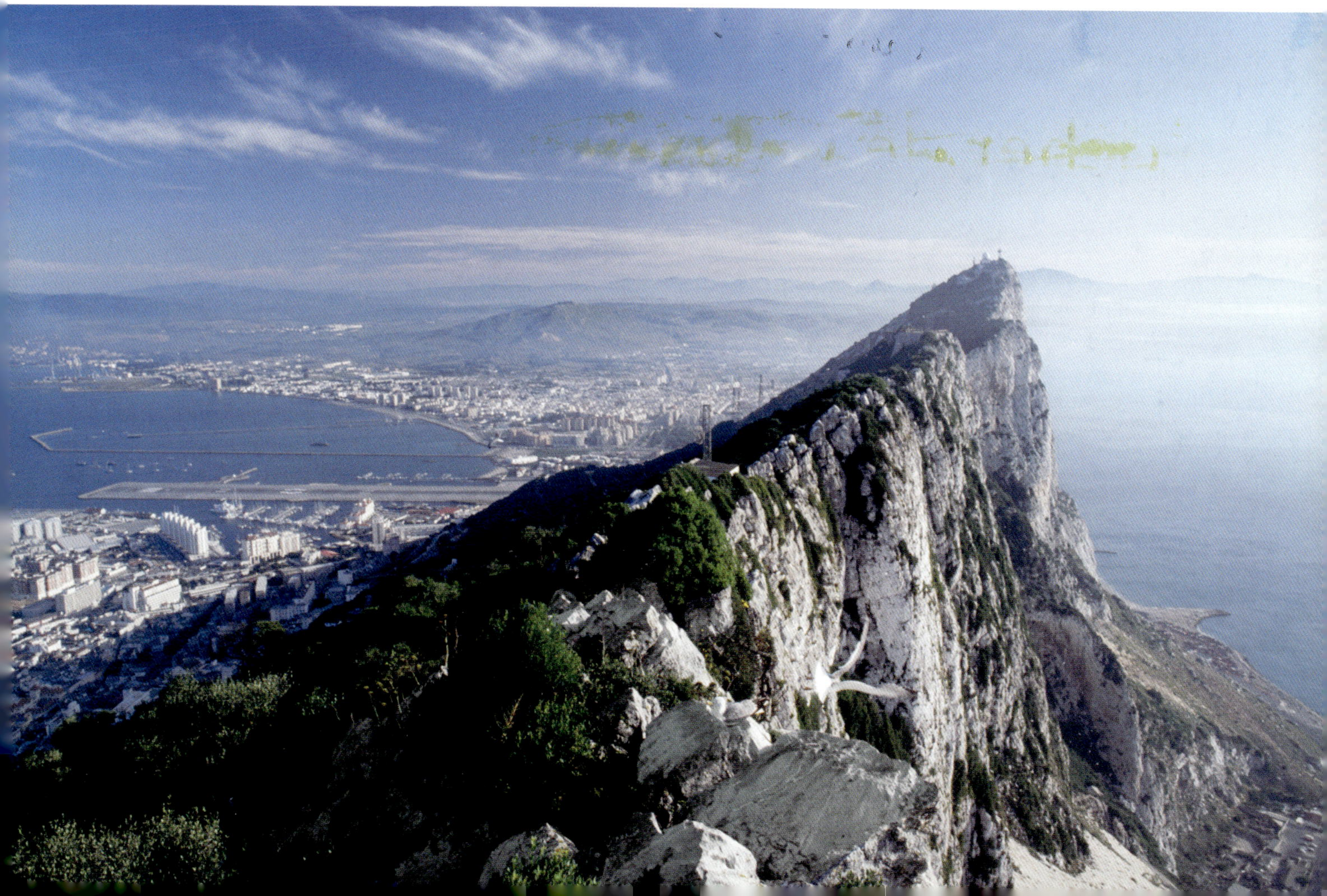

ITALIE, VENISE

H.M — Feb 2015

Place Saint-Marc

NAPOLÉON L'AURAIT APPELÉE « LE SALON DE L'EUROPE ». C'EST LE PLUS GRAND ESPACE OUVERT DE LA VILLE DE VENISE, MAIS LA MONTÉE DES EAUX MENACE D'ENGLOUTIR CE FRAGILE JOYAU URBAIN. IL SERAIT PLUS APPROPRIÉ DE L'APPELER « LA PATAUGEOIRE DE L'EUROPE ».

Depuis 1 000 ans, c'est sur la place Saint-Marc que bat le cœur de Venise. Encadrée par la basilique et le palais des Doges, elle occupe le centre de la vie politique, religieuse, commerciale et sociale de cette grande cité. On l'appelle simplement la Piazza, parce tous les autres espaces ouverts de la ville portent le nom de « campo ». À la différence des autres espaces citadins d'Italie, elle est épargnée par les voitures, mais remplie de promeneurs, de pigeons et de musique diverse provenant des terrasses des cafés.

Basilique Saint-Marc L'église qui domine l'extrémité est de la place a été fondée pour accueillir les reliques de saint Marc, volées à Alexandrie par des marchands vénitiens, et pour faire office de chapelle privée à l'usage du doge. Cette construction de style byzantin date du xie siècle, mais a été modifiée au cours des siècles suivants. Comme chaque navire marchand vénitien rapportait des objets précieux pour la décorer, la façade en brique disparut sous les statues, le marbre et les mosaïques.

Espace cérémoniel La place a été créée au xiie siècle dans le cadre d'une lutte de pouvoir entre l'empereur Frédéric Barberousse et le pape Alexandre III, qui excommunia Frédéric. Le pape sortit vainqueur de cette dispute, avec la paix de Venise, en 1177. La soumission de Frédéric fut mise en scène à Saint-Marc. Pour l'occasion, le parvis fut élargi. Il fallut combler un canal et on plaça un campanile à proximité du palais.

Place
Saint-Marc •

CHRONOLOGIE

832
Fondations de la basilique Saint-Marc

1177
Paix de Venise

12th century
Construction des Procuratie Vecchie, détruits et reconstruits au XVIe siècle

1513
Le campanile prend sa forme définitive.

1586
Construction des Procuratie Nuove.

1720
Ouverture du Caffè Florian

1807
La basilique est consacrée comme cathédrale.

1810
Construction de l'aile napoléonienne à l'extrémité occidentale.

1902
Le campanile s'écroule. Il sera rebâti en 1912.

Page ci-contre : depuis 1723, la place est pavée de blocs de trachyte noir, dont les motifs contrastent avec le travertin.

Ci-contre : les richesses de l'empire byzantin furent exposées en Europe sur la façade de Saint-Marc, transformée au XIIIe siècle par le marbre et les mosaïques.

À droite : perché sur l'arche centrale, Saint-Marc veille sur la place, flanqué de son lion ailé, que la république a pris pour emblème.

Ci-contre : des remplages gothiques décorent le palais des Doges, et trouvent un écho sur le toit de la basilique.

En bas, à droite : des participants au carnaval annuel de Venise devant les miroirs du Caffé Florian.

Espace social Les bâtiments du XVIe siècle qui entourent la place étaient les bureaux des procurateurs, principaux dignitaires de la République après le doge. Aujourd'hui, ils abritent des musées, des boutiques et le Caffè Florian, ainsi que d'autres établissements : Lavena et Quadri ont accueilli de nombreuses célébrités, de Casanova à Woody Allen. Si vous vous asseyez à l'une de ces terrasses, votre café atteindra un prix exorbitant, mais il sera délectable d'observer les promeneurs. Pour le cas où vous préféreriez une vue d'ensemble, vous pourrez grimper au sommet du campanile, qui est ouvert au public et vous offrira le point d'observation le plus élevé de la ville.

Pieds mouillés La Piazza occupe le point le plus bas de la ville et est donc la première inondée lorsque les marées de printemps ou d'automne coïncident avec un temps pluvieux et venteux. Les habitants du cru sont prévenus par des sirènes de l'arrivée de l'*acqua alta* (montée des eaux). Les vendeurs de rue proposent alors des bottes en plastique aux chalands, et les touristes se mettent sagement en ligne pour accéder à Saint-Marc par des passerelles mobiles.

Feb 2015 - HM

nous avons marches sur le Pont en allant à la place St Marc et en revenant

Pont des Soupirs

LES SOUPIRS EN QUESTION ÉTAIENT, DIT-ON, CEUX DES CONDAMNÉS QUI JETAIENT UN DERNIER REGARD SUR VENISE AVANT DE SE RENDRE À LA POTENCE. CETTE ANECDOTE EST ERRONÉE, MAIS ELLE ASSURE LA POSTÉRITÉ DE CE JOLI PONT, ET L'A DÉSIGNÉ COMME UNE INCONTOURNABLE ÉTAPE SUR LE CIRCUIT TOURISTIQUE DE VENISE.

Sous la république vénitienne, le palais des Doges était à la fois une cour de justice et une résidence ducale. De nombreux prisonniers attendaient dans des cachots souterrains ou, pour les plus chanceux d'entre eux, dans les « plombs », cellules nichées sous les combles. Une nouvelle prison fut érigée de l'autre côté du palais des Doges, et il fallut relier la salle des interrogatoires au palais par un pont.

Style baroque Seul pont couvert de la ville, cet ouvrage en calcaire blanc fut réalisé par Antonio Contino (qui venait de prêter main-forte à son oncle dans la construction du pont du Rialto). D'une travée de 11 mètres, il est paré à

l'extérieur de volutes et de pilastres sophistiqués, mais aussi de têtes grimaçantes. L'intérieur, simple et austère, est scindé par un mur qui empêchait les prisonniers de communiquer entre eux s'ils se croisaient.

Grand tour d'Europe Quand la construction du pont fut achevée, en 1602, l'effrayante période des exécutions sommaires liées à l'Inquisition était terminée à Venise, et les nouvelles prisons étaient occupées par des criminels de droit commun, et non plus par des « apostats ». À l'époque où les jeunes gens de bonne famille souhaitaient entamer un « grand tour » d'Europe, la triste fonction du pont contrastait tant avec la beauté de l'ouvrage que cela enflamma l'imaginaire romantique, et il reçut son nom actuel, Ponte dei Sosperi, ou pont

Pont des
Soupirs •

CHRONOLOGIE

1589-1616
Construction de nouvelles prisons

1602
Achèvement du pont des soupirs

1757
Giacomo Casanova prétend s'être échappé de la prison.

1797
Fin de la République Vénitienne

1818
Publication du *Canto IV* du *Pèlerinage de Childe Harolde*, par Byron

2010
Le Pont des soupirs est recouvert d'une toile parée d'une publicité controversée.

Page ci-contre : le pont a été construit dans le style baroque, même si les récents travaux du palais ont préservé son apparence gothique.

Ci-contre : un gondolier promène ses clients sous le pont, à l'heure magique qui est censée leur garantir l'amour éternel.

Ci-dessous : les prisonniers ne pouvaient pas voir grand-chose quand ils se penchaient vers les ouvertures basses, aménagées dans les pierres.

des soupirs. Lord Byron fut le premier à en faire mention dans son œuvre, *Pèlerinage* de Childe Harold :

> « Je fus à Venise sur le pont des Soupirs
> Un palais d'un côté, et de l'autre une prison. »

Ce poème, écrit en 1812, apporta la célébrité à son auteur et permit de camper une figure de héros ensuite associé à Byron : J'étais un renégat désabusé mais séduisant, hostile à l'ordre établi et donc promis à la funeste traversée du pont.

Pont des amoureux C'est le ponte de la Paille, situé en contrebas, qui offre la meilleure perspective sur le pont des Soupirs mondialement célèbre. Sans doute Byron choisit-il cet emplacement pour le regarder, car il est impossible de l'admirer quand on le traverse puisqu'il est fermé, les amoureux devraient passer dessous, en gondole : les Vénitiens prétendent que le couple qui s'embrasse dessous jouira de l'amour jusqu'à la fin de ses jours, ce qui assure aussi la pérennité du métier de gondolier, bien sûr.

ITALIE, FLORENCE

Baptistère de Florence

MICHEL-ANGE AURAIT INDIQUÉ QUE LES PORTES ORIENTALES DU BAPTISTÈRE
ÉTAIENT « L'ENTRÉE DU PARADIS ». L'EXTRAORDINAIRE DÉCORATION DE CE
BÂTIMENT ANCIEN, ACHEVÉ ENTRE LE XIᵉ ET LE XVᵉ SIÈCLE, REFLÈTE LE RÔLE
CENTRAL DU BAPTÊME, PARMI LES SACREMENTS CHRÉTIENS.

Seule la légende prétend que ce monument fut jadis un temple romain. Toutefois, un baptistère octogonal aurait été érigé sur le site au Vᵉ siècle, ce qui le désigne comme le tout premier ouvrage chrétien de la ville. La construction actuelle, beaucoup plus vaste, est de style roman et date du XIᵉ siècle. À cette époque, Florence vivait dans l'opulence.

Style roman La ville ne recula devant aucune dépense pour restaurer et embellir le battistero de style byzantin, paré de mosaïques, qui est décrit par Dante Alighieri. L'auteur de *L'Apocalypse de Jude* fut baptisé en ce lieu vers 1265 et y aurait trouvé le modèle de son Enfer, notam-

ment dans les scènes si frappantes des damnés livrés en pâture à de monstrueux serpents, ou embrochés pour être brûlés vifs. Dès le XIIIᵉ siècle, des colonnes de marbre bicolores furent ajoutées pour parer les angles de la façade. En face, la vieille cathédrale qui menaçait de tomber en ruines déparait la vue et semblait indigne de la cité en plein essor. En 1296, on posa la première pierre d'une nouvelle cathédrale qui devait égaler la splendeur du baptistère.

Portes La décoration extérieure du baptistère fut confiée à l'Arte di Calimala, l'une des plus puissantes confréries de Florence. Ces confréries jouèrent un rôle essentiel dans la vie publique de Florence, jusqu'à l'avènement des Médicis. En 1330, Andrea Pisano fut invité à créer deux portes de bronze

Baptistère de
Florence •

Hervé & Ursula - visita Florence entre 28 fev 2015 → 5 Mar 2015 avant l'Afrique du Sud

CHRONOLOGIE

Fin du VIe siècle
Theodolinda ordonne la construction d'un bâtiment octogonal consacré.

1059-1128
Reconstruction du baptistère dans le style roman.

XIIe-XIIIe siècle
Création de sols en marbre et pose de mosaïques sur les plafonds du baptistère

1330-36
Les portes sud sont créées par Andrea Pisano.

1403-1424
Les portes nord sont créées par Lorenzo Ghiberti.

1425-1452
Les portes orientales sont créées par Ghiberti.

En bas, à gauche : plusieurs baptistères italiens ont une forme octogonale, inspirée par le Latran.

En bas, à droite : les portes orientales sont des répliques, les originales sont exposées dans le musée de la cathédrale.

Page ci-contre : la piazza del Duomo, à Florence, est un ensemble ecclésiastique qui réunit sur un petit espace des bâtiments conçus et décorés par des maîtres du début de la Renaissance.

À droite : les panneaux de bronze de Ghiberti décrivent de nombreux épisodes de l'Ancien Testament, notamment celui d'Adam et Eve au paradis (ci-contre) et celui de Joseph avec ses frères (au centre).

dorées parées de 28 panneaux qui dépeignent des scènes de la vie de saint Jean-Baptiste.

En 1401, la confrérie Arte di Calimala lança un concours pour l'élaboration d'un deuxième ensemble de portes. Les finalistes furent Filippo Brunelleschi et Lorenzo Ghiberti. Ce dernier fut choisi. Brunelleschi, dépité, abandonna la ferronnerie et se consacra à son grand-œuvre, le dôme de la cathédrale. Ghiberti consacra une grande partie de sa vie à ces portes. Après avoir travaillé pendant 21 ans aux 28 panneaux représentant le Nouveau Testament, il devint célèbre et croula sous les commandes. La confrérie lui proposa également de travailler à la décoration du baptistère.

Portes du paradis Pour les portes orientales, sur lesquelles il travailla pendant 27 ans, Ghiberti adopta un style naturaliste différent et innovateur. Les dix grands panneaux consacrés à l'Ancien Testament se distinguent par leur profondeur dramatique et leur animation extrême, enrichies par l'application des nouveaux principes de la perspective, découverts peu de temps auparavant. Aux yeux de nombreux observateurs, ils signent la naissance de la Renaissance.

Hervé – 1970 –
Ursula + Hervé avec Gil + Janet Gasperini May 2022 en bicyclette de Lucca

ITALIE, PISE

Tour de Pise

C'EST UN DÉFAUT ARCHITECTURAL QUI INCARNE LE SYMBOLE DE PISE AUX YEUX DU MONDE : LA VILLE A POURTANT PLUS À OFFRIR QUE SON CAMPANILE. LA PIAZZA DEL DUOMO, CONNUE SOUS LE NOM DE « PLACE DES MIRACLES » DÉPLOIE DES TRÉSORS D'ART ROMAN. ET SI LA TOUR EST ENCORE DEBOUT, C'EST ÉGALEMENT UN MIRACLE.

Au Moyen Âge, la ville de Pise était une république maritime puissante et riche, qui possédait des comptoirs sur tout le pourtour de la Méditerranée. Mais tout changea au XIIIᵉ siècle, quand le fleuve Arno s'envasa : Pise perdit son accès à la mer, déclina et fut conquise par Florence. Toutefois, les magnifiques ouvrages religieux qui occupaient la place des Miracles témoignent de sa gloire passée.

Fondations chancelantes Au confluent de deux fleuves, les terrains étaient marécageux et instables. Pourtant, une première cathédrale fut construite sur le site qui avait abrité des temples étrusques et romains. Le duomo fut fondé en 1064 et les travaux de construction se poursuivirent jusqu'au XIIIᵉ siècle. La cathédrale elle-même n'est pas tout à fait droite : la grande lanterne en bronze plantée au-dessus de la nef principale n'est pas tout à fait à l'aplomb.

Huit siècles d'histoire Ces siècles contribuèrent à faire pencher la tour, construction plus élancée et plus fragile, qui souffrit davantage que le bâtiment compact de la cathédrale. Son style est en harmonie avec elle. Six étages en loggia, posés sur des fondations garnies d'arches aveugles sont surmontés par un clocher plus petit. Les fondations creusées en 1173 étaient étroites, et la structure n'avait que trois étages lorsqu'elle commença à pencher. À cette époque, Pise était constamment en guerre, et les travaux furent suspendus pendant près d'un

Tour
de Pise •

INFORMATIONS

Hauteur
55,86 m du côté le plus bas, 56,7 m du côté le plus haut

Inclinaison
3,99° depuis la stabilisation de la tour : son sommet s'est déplacé de 3,9 m.

Stabilisation
Le système de drainage installé en 2003 a stabilisé la nappe phréatique et la tour.

Architectes
Les plans originaux sont attribués à Diotisalvi, qui a conçu le baptistère. Divers travaux d'embellissement ont été effectués par Nicola et Giovanni Pisano.

Page ci-contre : le campanile indépendant est placé derrière la cathédrale, dont les murs se placent clairement en harmonie avec la cathédrale.

Ci-contre : en écho à la façade de la cathédrale, le revêtement en marbre blanc de la tour est ornementé de parements en pierre gris sombre qui souligne les détails architecturaux.

Ci-dessous : la tour a été conçue pour servir de clocher et de belvédère, afin que les habitants puissent y suivre divers événements du haut des loggias.

siècle. Les travaux reprirent en 1272, et les étages supérieurs furent ajoutés pour essayer de corriger l'inclinaison de la tour. Le clocher fut construit en 1370. L'intervalle de deux siècles qui fut ainsi observé permit à la terre spongieuse de se solidifier sous la tour, qui n'aurait pas manqué de s'écrouler si les travaux avaient été accomplis en une fois.

Au XIXe siècle, la tour pencha davantage. Les habitants prétendirent que Dieu assurait la pérennité de la tour. Mussolini tenta de la redresser en faisant injecter du béton dans ses fondations, mais cela ne fit qu'accentuer le problème. En 1990, la maçonnerie commença à se fissurer. La tour fut fermée et la fréquentation des touristes chuta de 45 %.

Sauvetage de la tour Des câbles d'acier furent tendus et l'on installa des contrepoids en plomb, ce qui permit d'éviter l'effondrement. Un allégement du terrain fut entamé sur l'un de ses côtés, jusqu'à ce que le côté le plus élevé se stabilise au niveau où il se trouvait au XIXe siècle. Aujourd'hui, la tour n'aurait jamais été aussi stable, et depuis 2001, les visiteurs sont de nouveau autorisés à gravir ses 294 marches étroites.

ITALIE, ROME

Le Colisée

(handwritten notes) ① Ursula et moi (Hervé) in visité Rome du 28 février 2015 → Mer 5/15 — vu Colisée quelques fois ~ ② UKS + Hervé — May 2022 le 11

SYMBOLE DE ROME, LE COLISÉE EST UN MONUMENT CÉLÈBRE DANS LE MONDE ENTIER. IL S'AGIT AUSSI DU SYMBOLE DE TOUTE L'ITALIE. IL EST EXTRÊMEMENT VISITÉ. JADIS, PLUS DE 50 000 PERSONNES ENCOURAGEAIENT LEURS GLADIATEURS FAVORIS ET ASSISTAIENT À LA FIN VIOLENTE DE DIVERS CRIMINELS.

Principal centre d'attraction romain en 80 après J.-C., l'amphithéâtre flavien a été rebaptisé du nom d'une statue toute proche. Ce grand stade a été bâti sur les ruines du palais de l'empereur Néron, détesté de la population, par ses successeurs, Vespasien et son fils Titus. La maison dorée de Néron fut rayée de la carte, mais le symbole solaire resta présent, sous la forme d'une statue haute de 30 m. Plusieurs siècles plus tard, le surnom de cette statue, « colosse », fut appliquée au stade tout entier.

Le stade La conception de l'ouvrage était celle d'une ellipse massive dotée de trois niveaux regroupant chacun 80 arcades, et d'un étage supé-

rieur percé de petites ouvertures. Toutes les arches situées dans le bas du stade permettaient aux spectateurs de se frayer un chemin dans les galeries couvertes. L'empereur était assis dans sa loge située au nord du bâtiment, et une autre loge septentrionale était réservée aux vestales. Entre ces deux autorités, les membres du sénat occupaient les meilleures places, surélevées de manière à les protéger de toute projection de sang. Même si la vue était excellente partout dans le stade, les spectateurs de moindre rang (ouvriers, pauvres et femmes) se trouvaient au sommet, à 100 m au moins au-dessus de l'arène.

Spectacle Pour les premiers jeux, qui durèrent 100 jours, un système de plomberie et d'évacuation fut aménagé pour que l'arène puisse être inondée, de manière à figurer la mer.

Le Colisée •

INFORMATIONS

Construction
Les travaux sont entamés en 72 ap. J.-C. par l'empereur Vespasien, et achevés en 80 ap. J.-C. par son fils Titus.

Dimensions
189 m de longueur
156 m de largeur
Hauteur de l'enceinte extérieure 48 m
Longueur de l'arène 87 m
largeur 180 m

Capacité d'accueil
50 000 places assises (soit 5 % de la population de Rome au Ier siècle ap. J.-C.).

À droite, au centre : les gladiateurs, criminels et animaux en cage étaient confinés dans les passages situés sous l'arène.

Ci-dessous : les ruines constituées de brique et de ciment donnent une idée de l'immensité du bâtiment. Il reste une référence pour la construction des stades modernes.

Page ci-contre : la moitié de l'enceinte extérieure a été détruite par un tremblement de terre. Ce qui reste du stade a été renforcé par des soutènements en briques, au XIXe siècle.

Ci-contre : l'éclairage du Colisée passe du blanc au jaune dès qu'une peine de mort est commuée en détention, quelque part dans le monde.

Toutefois, la vraie nouveauté résidait dans l'introduction d'animaux sauvages. Des milliers d'entre eux étaient parfois tués en une seule journée. L'empereur Domitien fit aménager un sous-sol sous l'arène, où les animaux et les gladiateurs attendaient leur sort. Plusieurs équipes hissaient les animaux dans des cages jusqu'aux trappes qui leur permettaient de surgir de manière spectaculaire au cœur de l'action.

Déclin et démantèlement Vers le VIe siècle, les jeux périclitèrent et l'on construisit une église au milieu de l'amphithéâtre. L'arène devint un cimetière et les gens vivaient et travaillaient sous les arcades. Un tremblement de terre, en 1349, détruisit le mur extérieur situé au sud, ce qui fournit à la population une bonne réserve de pierres. Le reste fut graduellement dépouillé de son travertin décoratif et de ses bronzes jusqu'en 1749. À cette date, le pape Benoît XIV déclara que l'arène était le lieu sacré des premiers martyrs chrétiens. Bien que peu de preuves historiques aient été réunies pour étayer cette affirmation, elle sauva le Colisée de la destruction. Aujourd'hui, le monument est révéré d'une manière différente, comme le symbole essentiel de l'Empire romain.

[handwritten:] Visite - Rome - Ursule + Hervé
① entre le 28 février 2015 → Mar 5/15
- visite du Vatican le 2 Mar 2015
- audience avec le Pape
François le 4 Mars 2015

Basilique Saint-Pierre

[handwritten:] ② Urs + Hervé
1° May 2022

LA PLUS GRANDE ÉGLISE DE LA CHRÉTIENTÉ SE DEVAIT D'ÊTRE COURONNÉE D'UN DÔME MAGNIFIQUE. LE DÔME DE LA BASILIQUE SAINT-PIERRE FUT CONÇU POUR ÊTRE VISIBLE DE PARTOUT. QUATRE SIÈCLES APRÈS SA CONSTRUCTION, IL DOMINE TOUJOURS LA VILLE ET RESTE LE POINT DE MIRE DE TOUTES LES VILLES ALENTOUR.

L'intérieur de la basilique est le plus vaste du monde chrétien. Des inscriptions sur le sol de la nef centrale indiquent que les autres églises du monde pourraient entrer entre ses murs. Quand le pape Jules II décida de reconstruire l'église qui occupait ce site depuis le IVe siècle, il voulut en faire la plus grande de toutes. Pour réaliser cet exploit, il fallut 120 ans, et l'intervention des plus grands artistes du temps.

Ancienne basilique Saint-Pierre L'édifice précédent était une splendide construction qui alliait le marbre et la mosaïque, achevée sur les ordres de Constantin, premier empereur chrétien, sur le site du cirque de Néron. Il était admis que saint Pierre avait été martyrisé et mis à mort en ce lieu, où il était aussi enterré. Charlemagne y reçut les insignes du Saint-Empire romain en l'an 800. Vingt-deux de ses successeurs le suivirent, et l'église fut emplie des tombeaux de divers saints et papes. Depuis 1 000 ans, elle était un lieu de pèlerinage, et les fidèles pensaient que la corneille dorée perchée sur son clocher croasserait pour annoncer la fin du monde. Mais elle tombait en ruines, et les maîtres de la Renaissance se présentèrent pour concevoir le bâtiment qui allait lui succéder.

Dôme de Michel-Ange Donato Bramante fut le premier à répondre à l'appel, et il conçut une croix grecque avec un dôme inspiré par le Panthéon de Rome. Raphaël et Antonio da Sangallo ont également participé à la conception, mais c'est

Basilique
Saint-Pierre •

[handwritten:] Constantin - construction terminée
avec mosaïques
St Pierre martyrisé là

CHRONOLOGIE

64
Martyre de saint Pierre

330
Construction de la première basilique sous Constantin.

1505-1506
Les fondations de la première basilique sont en partie démolies. De nouvelles les remplacent.

1547
Michel-Ange devient l'architecte de la basilique et il remanie le dôme.

1590
Achèvement du dôme

1624-1633
Le Bernin crée le baldaquin.

1626
Consécration de la nouvelle basilique.

1656-1667
Le Bernin conçoit la place qui s'étend devant la basilique.

Page ci-contre : les premiers pèlerins empruntaient le pont Saint-Ange, construit sous le règne d'Hadrien, afin de traverser le Tibre et de se rendre à Saint-Pierre. Le dôme de la basilique domine la ligne d'horizon de Rome.

Ci-contre : le dôme s'élève au-dessus de l'emplacement réservé au tombeau de saint Pierre. Le Bernin a surmonté ce tombeau d'un grand baldaquin en bronze qui met en valeur l'autel papal. Les lettres en mosaïque de l'inscription qui figure sur la base du dôme sont hautes de 2 m.

Ci-contre : quelque 300 000 personnes peuvent se réunir sur la piazza dessinée par le Bernin.

En bas, à droite : un trou dans le feuillage, au sein du parc des chevaliers de Malte, permet d'apercevoir le dôme de la basilique Saint-Pierre.

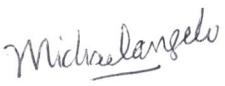

Michel-Ange, peu enthousiasmé par le projet, qui a donné une unité à l'ensemble, en conjuguant les idées des uns et des autres. C'est aussi lui qui dessina le grand dôme parabolique, construit en quelques années par une équipe de 800 ouvriers. À ce jour, c'est encore le plus vaste dôme en briques du monde. Comme la révolutionnaire structure mise au point par Brunelleschi à Florence, et à laquelle Michel-Ange s'est référé, ce dôme possède une double coque. Des escaliers creusés entre le dôme intérieur et le dôme externe grimpent jusqu'à la coupole située au sommet, à 120 m au-dessus de l'autel.

Changements de plans La conception inspirée de la Renaissance, telle que l'avaient voulue Bramante et Michel-Ange, fut contredite par le pape Paul V, qui décida d'allonger la nef centrale vers l'est, afin de se calquer sur les plans de l'ancienne basilique. En 1607, une croix grecque évoquait une dimension païenne, et le plan en croix latine fut jugé plus proche de la pureté chrétienne. De ce fait, la nef de Carlo Maderno et la massive façade baroque empêchent le visiteur de voir le dôme de Michel-Ange depuis la place Saint-Pierre.

ITALIE, ROME

① Vue - le 2, 3 et 4 mars 2015 par Ursula + Hervé -
- pas loin du Panthéon
② Urs + Hervé - le 10 mai 2022

Fontaine de Trevi

TANT DE PIÈCES ATTERRISSENT DANS L'EAU DE CETTE FONTAINE QUE LA VILLE COLLECTE PRÈS DE 3 000 EUROS CHAQUE JOUR. LES TOURISTES VEULENT ÊTRE SÛRS DE REVENIR. ILS DÉCOUVRENT OU REDÉCOUVRENT LA PLUS VASTE FONTAINE BAROQUE DE ROME. LA SUPERSTITION EN FAIT ÉGALEMENT LA PLUS POPULAIRE.

Les Romains construisirent des viaducs sophistiqués qui approvisionnaient leurs villes en eau fraîche. Rome disposait ainsi de 11 aqueducs, érigés en l'espace d'environ 500 ans, qui se ramifiaient jusque dans les quartiers les plus éloignés. L'un des plus importants était l'Aqua Virgo, qui acheminait l'eau d'une source découverte en l'an 19 avant J.-C.

Tous les aqueducs de Rome furent détruits par les Goths lorsque ces derniers assiégèrent la ville au vi[e] siècle. Toutefois, pendant la Renaissance, huit de ces ouvrages furent reconstruits. Ils convergèrent vers une élégante fontaine (mostra). En 1453, le premier aqueduc restauré fut l'Aqua Virgo (que l'on appelle désormais l'Aqua Vergine). Le pape Nicolas V chargea Leon Battista Alberti de concevoir le projet. La première *mostra* était un bassin dépourvu de toute fioriture.

Par la suite, le pape réclama un ouvrage un peu plus théâtral. La fontaine fut déplacée et postée en face du palais du Quirinal, qui était alors la résidence papale. Le nouveau projet, conçu par Niccolò Salvi, fut achevé en 1762.

Mise en scène baroque Devant un arc de triomphe qui agrémente la façade classique du Palazzo Poli, la nature et l'architecture sont en intime communion. La sculpture représente le dieu Oceanus et deux tritons qui maîtrisent des chevaux ailés surgis des profondeurs marines, dans un décor

Fontaine de Trevi •

CHRONOLOGIE

Ier siècle ap. J.-C.
Acqua Virgo est construit pour approvisionner les bains d'Agrippa

1453
Reconstruction de l'aqueduc ordonnée par Nicolas V

1629
Urbain VIII commande la construction d'un grand bassin conçu par Le Bernin.

1730-1762
Construction de la fontaine sur ordre de Clément XII. Conçue par Niccolò Salvi, elle est achevée par Giuseppe Pannini.

1996
Les illuminations s'éteignent et la fontaine est drapée de noir à la mort de Marcello Mastroianni, star de *La Dolce Vita*.

À droite, au centre : l'argent collecté tous les jours est distribué aux pauvres.

Ci-dessous : le côté spectaculaire de la fontaine est souligné par l'éclairage nocturne.

Page ci-contre : l'ensemble, complété par des colonnes classiques, comporte des niches garnies de figures allégoriques. Son bassin, de forme elliptique, occupe presque tout l'espace de la petite place.

Ci-contre : les mythiques hippocampes de la scène symbolisent la force de l'eau, ici détournée par la puissance de dieux bénéfiques.

escarpé. La vierge de l'aqueduc est représentée sur un relief qui les surmonte. À droite, un large vase posé sur la balustrade permit à Salvi de cacher une enseigne d'un barbier.

Vaste fontaine, petite place À la différence d'autres fontaines romaines, Trevi ne marque pas l'entrée d'une place commerçante animée. Elle est nichée dans une place de dimensions modestes qui marque le croisement de trois ruelles. Son nom vient de *tre vie* (« trois rues »), de sorte que l'on devine son cadre et qu'on l'entend avant de la découvrir. Par-dessus le bruit de l'eau, on distingue la rumeur de la foule qui s'amasse devant elle. Chacun lutte pour s'approcher du bord et jeter une pièce dans le bassin. Celle-ci doit toujours être lancée par-dessus l'épaule gauche, le dos tourné à la fontaine.

Lorsqu'Anita Ekberg joua les sirènes dans la scène la plus célèbre de la *Dolce Vita* de Fellini, la petite place était déserte. Aujourd'hui, le public n'est pas autorisé à patauger dans l'eau, mais la nuit, quand les lumières créent des reflets dansants dans l'eau, ou à l'aube, avant l'arrivée des hordes de touristes et des marchands de souvenirs ont quitté les lieux, il est possible de retrouver l'ambiance de la plus célèbre fontaine romaine.

GRÈCE, ATHÈNES

Le Parthénon

*Hervé + Wenda
2002*

*Avril - Mai (nous somme
allés après 1 mois en Turkie*

LE PARTHÉNON ET SES SCULPTURES CONSTITUENT L'UN DES SOCLES
DE L'ART EUROPÉEN. IL RÉSUME LES NOTIONS D'ÉQUILIBRE ET D'HARMONIE
CLASSIQUES QUI ONT ÉTÉ TRANSMISES PAR LES GRECS ANCIENS À LA CULTURE
OCCIDENTALE.

Sans le Parthénon, l'Occident serait privé de l'un des ouvrages les plus admirés au monde pour ses proportions exceptionnelles. S'il paraît évident que tous les joyaux de l'architecture ne sont pas inspirés par ce modèle, les styles gothique et moderniste proviennent d'une réaction au classicisme grec. Le Parthénon a été le premier joyau, et la beauté ainsi que la vitalité de ses formes ont édicté les principes de l'architecture.

Classicisme De manière générale, ce qui est « classique » est synonyme de qualité et de durabilité. Ce mot renvoie à l'Antiquité grecque et romaine. Le Parthénon remplit tous les critères esthétiques. Sur une colline de calcaire de 150 m

de hauteur, le temple a été construit au ve siècle avant J.-C., en l'honneur de la déesse Athéna. Ce promontoire rocheux a été nivelé en son sommet pour former l'Acropole, dont le nom signifie « la plus haute cité » ou « la citadelle ». Aujourd'hui, les ruines de cet ensemble sont constituées par le Parthénon avec les Propylées, ou porte monumentale. Il est flanqué des temples d'Erechthéion et d'Athéna Nikè. Tous ces monuments devaient être des modèles du genre et montrer que l'art permettrait de créer un équilibre en parfaite adéquation avec son cadre naturel.

Influences grecques Pourquoi le Parthénon et sa statuaire dégradée sont-ils si importants, alors qu'ils n'ont plus de toit ? Cela tient au fait qu'ils restent la principale référence

Le Parthénon •

Page ci-contre : symbole permanent de la Grèce antique et de son riche héritage artistique et culturel, le Parthénon, vieux de 2 500 ans, est l'emblème de la civilisation occidentale.

Ci-contre : la symétrie des 46 colonnes extérieures trouve un écho dans les panneaux des bas-reliefs qui ornent son frontispice. Ils décrivent des batailles épiques entre les dieux, les hommes, les géants et les créatures mythiques de toutes sortes.

Ci-dessous : les reliefs en marbre qui ornent les frises du Parthénon décoraient initialement l'intérieur du temple. On s'accorde généralement à penser qu'ils représentent une procession religieuse, entamée après divers préparatifs impliquant hommes et chevaux.

de l'art occidental. La philosophie et les mathématiques grecques ont nourri les idées de la Renaissance, qui a inspiré à son tour la philosophie des Lumières, puis la technologie moderne. Platon et Aristote sont toujours pertinents pour décrire la condition moderne. Même les plus réticents des critiques s'accordent à penser que le Parthénon a inspiré le néoclassicisme du XVIIIᵉ siècle, bien davantage que d'autres ouvrages classiques.

Lignes droites Le Parthénon constitue l'exemple suprême en matière d'architecture dorique. Cette architecture a permis d'inventer des formes inédites à l'époque des Lumières. En effet, les colonnes doriques sont placées sur un pavement de pierre. Initialement, le Parthénon réunissait 46 colonnes de ce type, coiffées de chapiteaux qui soutenaient l'entablement. Celui-ci était à son tour surmonté par la frise et les soutènements du toit, qui s'élevaient à quelque 13 m au-dessus du sol.

En dépit de l'apparence ordonnée du monument, on trouve peu de lignes droites et d'angles droits. Les courbes du sol s'élèvent un peu vers le centre du bâtiment (pour faciliter

Ci-contre : la procession panathénaïque est l'un des temps forts du musée de l'Acropole. On y a recréé la frise du Parthénon à partir de blocs originaux et de moulages des pierres qui proviennent, entre autres, du British Museum.

À gauche, au centre : l'accès à l'Acropole se fait par un porche monumental, les Propylées. À sa droite, sur un bastion surélevé, on aperçoit les lignes du temple d'Athéna Nikè, dont la restauration est récente.

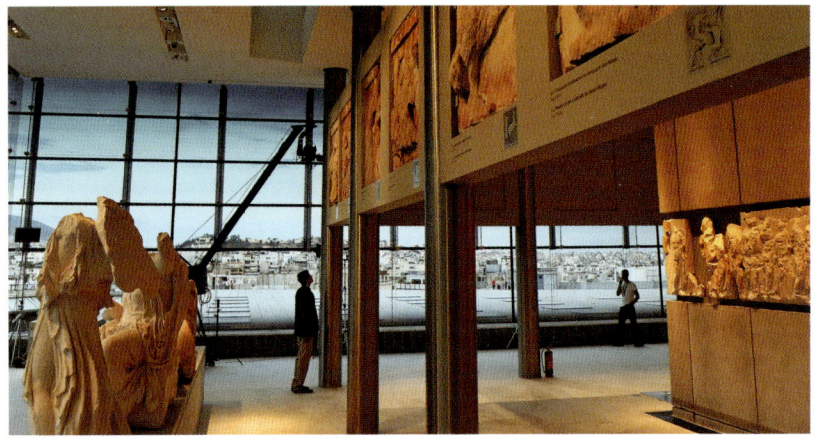

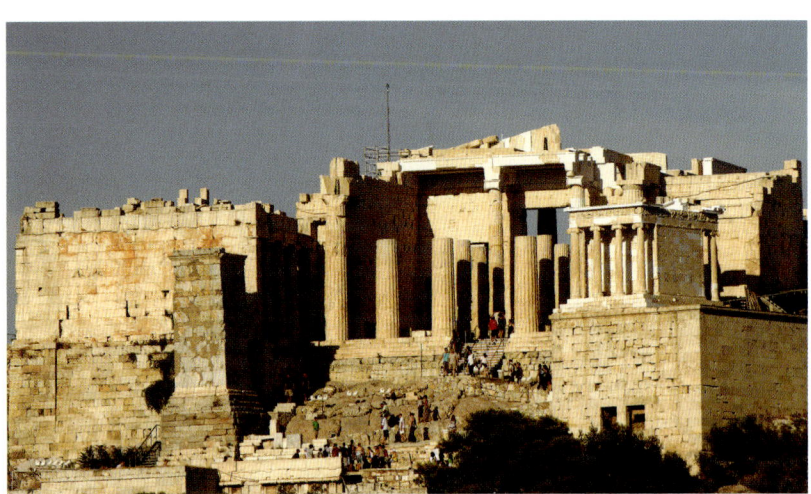

le drainage), et les colonnes s'incurvent imperceptiblement vers l'intérieur. Elles s'avancent donc très légèrement à leur base. L'ensemble défie les lois de la perspective et crée une illusion optique de lignes droites.

Réseau de courbes Au sommet de l'entablement et sur les frontons situés de chaque côté, divers reliefs et statues assurent à eux seuls la renommée du Parthénon. Ils offrent une nouvelle définition de la perfection. Loin de toute rigidité, les courbes de ces personnages aux traits précis s'intègrent à une scénographie caractérisée par la violence. Toute la fluidité des corps est révélée, même dans les positions les plus statiques, notamment dans les toges athéniennes, mais aussi dans les combats mythiques et les souvenirs de batailles historiques. L'harmonie se révèle dans la géométrie architecturale et dans la statuaire, qui rend compte de la beauté du corps humain.

Fonction politique Cette créativité a marqué le sommet de la puissance athénienne et de la fonction politique du Parthénon. Toutes deux ont bientôt décliné. L'histoire du Parthénon a été tumultueuse, marquée par les sièges et les pillages. Une haute statue d'or et d'ivoire représentant Athéna fut emportée à Constantinople au IVe siècle et fut détruite au cours

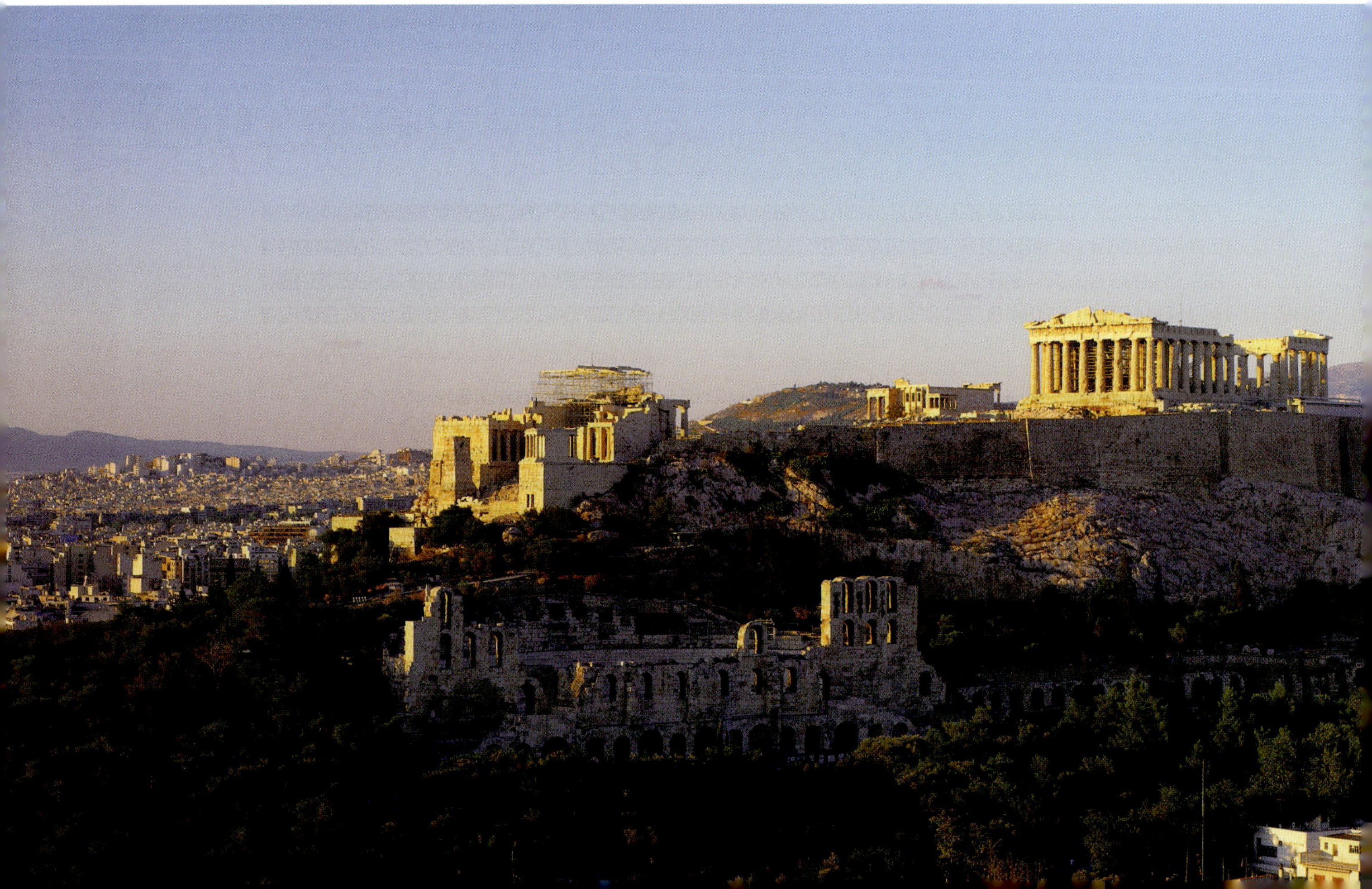

CHRONOLOGIE

447-432 av. J.-C.
Construction du Parthénon

Années 1460
Les Turcs ottomans l'utilisent comme mosquée et ajoutent un minaret.

1687
Bombardement vénitien

1806
Le comte d'Elgin dérobe des sculptures et les vend au British Museum.

1822
L'Acropole est remise aux Grecs et le minaret est démoli.

1983
L'État grec entame des négociations pour que les marbres du Parthénon soient restitués au nouveau musée de l'Acropole.

1987
Le Parthénon est inscrit au patrimoine mondial de l'UNESCO.

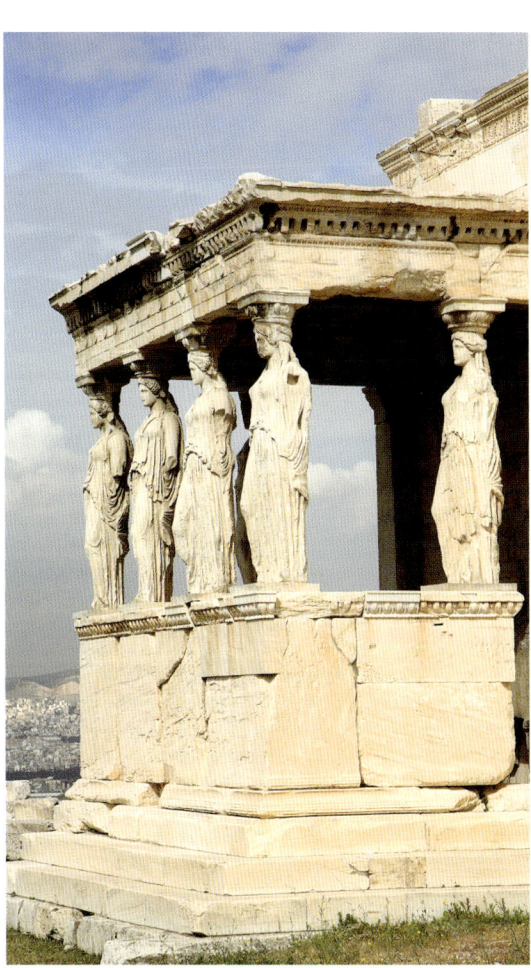

de la quatrième croisade, en 1204. Le Parthénon fut une église entre le VIe et le XVe siècle, puis une mosquée sous le règne des Turcs ottomans qui y stockèrent des munitions pendant l'attaque des troupes vénitiennes en 1687. Les Vénitiens bombardèrent le monument. Le toit, les colonnes de l'aile sud et de nombreuses statues furent détruits.

En 1806, l'ambassadeur anglais auprès des Ottomans emporta 40 % des statues restantes ainsi que divers fragments de frises, et les vendit au British Museum. L'opinion est divisée quant au droit de possession des marbres du Parthénon. L'État grec réclame leur restitution, tandis que les muséographes anglais sont persuadés qu'ils ont leur place à Londres, en tant que partie d'une collection qui décrit l'histoire de la civilisation mondiale.

La statue d'Athéna a disparu depuis longtemps. Elle était la déesse de la Guerre, de la Civilisation, de la Sagesse, de la Force, de la Stratégie, des Arts et de la Justice. Nous vivons encore dans un monde où ces aspects doivent trouver une sorte d'équilibre. L'humanité se définit par sa capacité à concevoir une harmonie qui pourrait exister dans un meilleur avenir et qui s'exprime très clairement dans les ruines du passé.

Ci-contre : le porche des Cariatides, figures féminines qui remplacent les colonnes de soutènement, orne l'Erechthéion, autre temple consacré à Athéna, qui se trouve au nord du Parthénon.

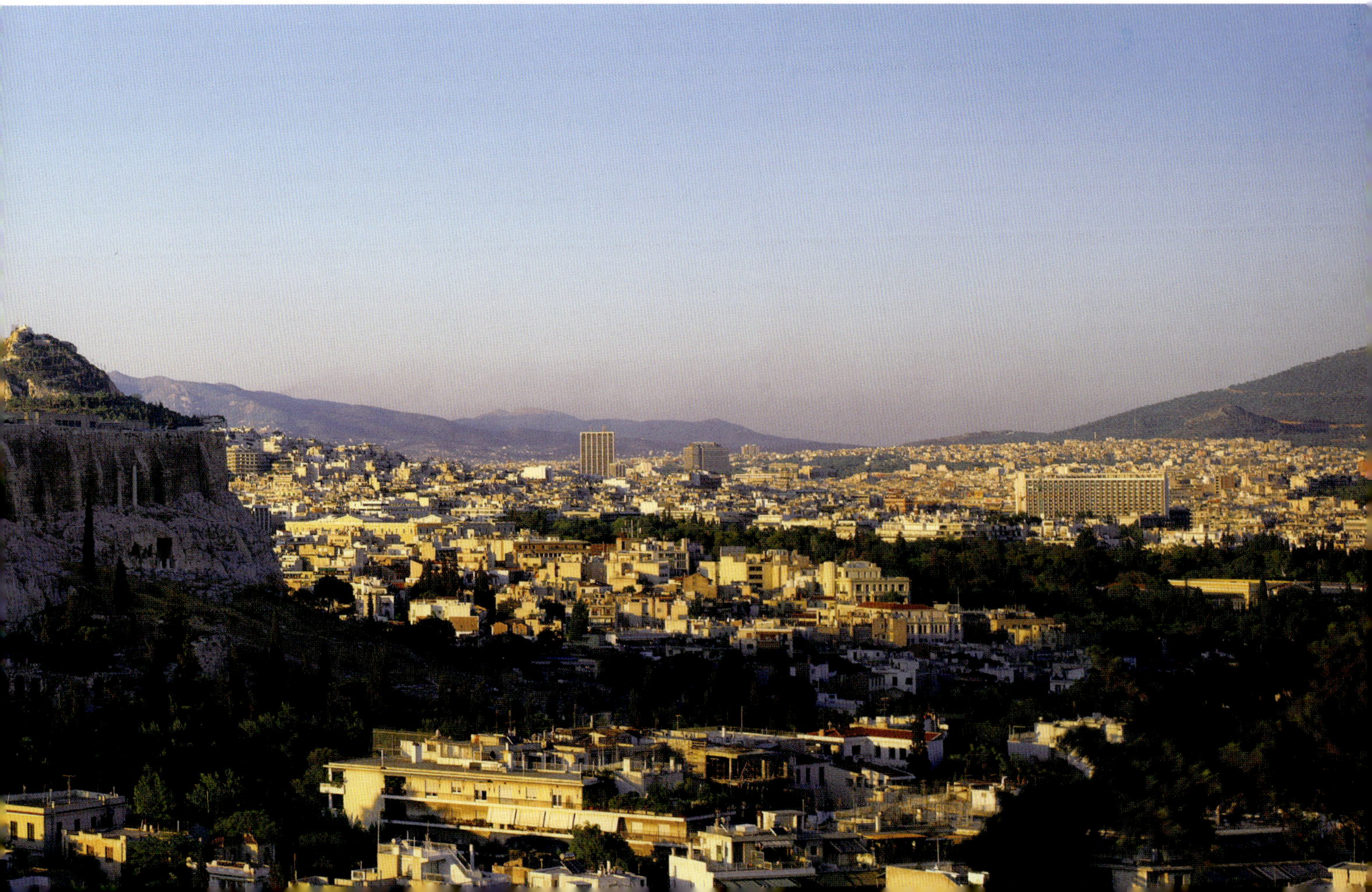

Ci-dessous : l'Acropole domine Athènes. Les Propylées sont visibles sur la ligne d'horizon du monument, au-dessous du fronton occidental.

Théâtre d'Épidaure

SI VOUS ALLEZ VOUS ASSEOIR EN HAUT DES MARCHES DU THÉÂTRE D'ÉPIDAURE, EN TENDANT L'OREILLE, VOUS POURREZ DISTINGUER LE BRUIT D'UNE PIÈCE DE MONNAIE QUE L'ON FERA TOMBER SUR LA SCÈNE CENTRALE. L'ACOUSTIQUE DE CE MONUMENT PERMET AU SON DE VOYAGER SANS ENCOMBRE JUSQU'EN HAUT DES GRADINS.

Les critiques s'accordent aujourd'hui à dire que les Grecs savaient ce qu'ils voulaient quand ils ont construit cet auditorium de forme elliptique et ont creusé 34 rangées de sièges dans des blocs de calcaire. Polyclète le Jeune conçut en effet un théâtre où la surface irrégulière de la pierre diffuse les basses fréquences de la voix à la perfection. Elle amplifie aussi les sons à haute fréquence des acteurs. La *skênê* (« scène »), l'arrière-plan et l'avant-scène constituent les bases de la tradition théâtrale que l'on honore encore de nos jours.

Jugement sans faille Les Grecs traitaient le théâtre et la musique avec le plus grand respect,

Théâtre d'Épidaure •

et Aristote jugeait que les arts de la performance possédaient une fonction thérapeutique. De fait, un hôpital antique fut construit non loin du théâtre. Considéré comme le berceau d'Esculape, dieu de la guérison et fils d'Apollon, Épidaure fut le premier centre grec de santé. Le traitement comportait une représentation théâtrale et il était logique que les profits tirés des traitements soient investis dans la construction d'un amphithéâtre. Les collines fournissaient un cadre idéal. Ce théâtre est l'une des structures les plus belles de la planète.

Chance insigne Ce site est resté intact depuis sa construction. C'est le monument grec le mieux préservé de tous, et ce miracle tient davantage à la chance qu'à la raison humaine. Les soldats pillèrent pourtant le sanctuaire en 87 av. J.-C., mais

CHRONOLOGIE

VIᵉ siècle av. J.-C.
Un site de soins est créé à proximité du temple d'Esculape, à Épidaure.

Vᵉ siècle av. J.-C.
Le théâtre est conçu par Polyclète le Jeune.

87-67 av J.-C.
Épidaure est attaqué par les Romains puis par des pirates siciliens. Le théâtre tombe en désuétude.

50 ap. J.-C.
Les Romains ajoutent 21 rangées de gradins.

150 ap. J.-C.
Le théâtre est loué par Pausanias.

1881
Début des fouilles archéologiques

1954
Une pièce d'Euripide, *Hippolyte*, est jouée en guise de prélude au festival annuel de théâtre qui débute en 1955, et qui se tient désormais en juillet et août.

1988
Le théâtre d'Épidaure est inscrit au patrimoine de l'Humanité par l'Unesco.

Page ci-contre et en bas : vue d'en haut, la scène du plus vieux théâtre du monde. Si la pièce devient ennuyeuse ou trop tragique, le public peut se plonger dans la contemplation des monts du Péloponnèse.

Ci-contre et à droite, au centre : l'acoustique de ce théâtre ovale est remarquable, au point qu'il est possible de distinguer clairement la respiration d'une personne qui se tient sur la scène.

ils n'abîmèrent pas le théâtre. Lorsque la Grèce fut intégrée à l'Empire romain, le théâtre entra de nouveau en fonction et les Romains s'abstinrent de le remanier. Ils dotèrent l'ouvrage de Polyclète de 21 rangées de sièges supplémentaires, ce qui porta sa capacité d'accueil à 15 000 personnes, sans menacer sa perfection acoustique. Après le départ des Romains, le théâtre fut enterré et il ne ressurgit qu'à la fin du XIXᵉ siècle.

Traditions séculaires Depuis les années 1950, Épidaure attire de nouveau les foules qui viennent l'admirer et assistent à des spectacles vivants, notamment à la reprise de pièces anciennes de Sophocle, Euripide et Eschyle, sans que le moindre micro soit jamais utilisé. Le théâtre d'Épidaure figure sur l'itinéraire de tous les touristes qui se passionnent pour la culture. Lorsque la fameuse pièce de monnaie a rejoint le sol, il est toujours possible d'aller visiter le musée tout proche, et d'admirer les instruments médicaux de l'Antiquité, ainsi que les formules de potions et de médicaments gravées sur les pierres. Même si la médecine n'a plus rien à voir avec la nôtre, le théâtre d'Épidaure prouve que notre héritage théâtral est intimement lié à la Grèce antique.

GRÈCE, DÉLOS

Terrasse des Lions

SUR L'ÎLE GRECQUE DE DÉLOS, DES LIONS RÉUNIS SUR UNE TERRASSE MONTENT
UNE GARDE FANTOMATIQUE SUR UN PAYSAGE ROCHEUX EMPREINT D'UNE GRANDE
FORCE MYSTIQUE. CINQ FÉLINS RUGISSANTS À LA TÊTE AVEUGLE VEILLENT SUR LA
ROUTE QUI MONTE VERS LE SANCTUAIRE D'APOLLON.

S'il est difficile d'évaluer les craintes liées aux lions de Délos, il y a une certaine constante pour expliquer pourquoi ces statues en marbre blanc sont si impressionnantes. Les lions ont longtemps symbolisé la puissance et la royauté et depuis toujours, ils sont symboles de courage et de force. Les lions de Délos ont été taillés il y a 2 600 ans, à une époque où l'île de 3,4 km² était un lieu sacré, truffé de temples consacrés à Apollon, Artémis et Dionysos. La terrasse des Lions défendait Apollon. Ce dieu a perdu toute emprise, mais on lui attribue encore certaines vertus, défendues par les lions.

Temps des lions Délos reste un lieu étrange. Il est désormais inhabité, tout juste fréquenté par les archéologues et les guides touristiques. Il en allait de même au IIe après avant J.-C., selon Pausanius. Cet auteur écrivit en effet que les gardiens du temple étaient les seuls résidents de Délos. À l'époque où les lions furent érigés, la vie sur l'île était très stricte. L'oracle de Delphes, qui officiait sous les auspices d'Apollon, ordonna que l'île ne soit souillée par aucun cadavre : il était donc interdit à quiconque d'y mourir ou d'y accoucher.

Les personnes susceptibles d'enfreindre ce règlement étaient transférées sur l'île voisine de Rinia, et l'on peut imaginer le sort de ceux qui transgressaient le tabou. Les

Terrasse
des Lions •

CHRONOLOGIE

600 av. J.-C.
Construction de la terrasse de Lions, gardiens du sanctuaire d'Apollon

88 av. J.-C.
Le roi Mithridate décime la population de Délos, et l'île devient la proie de pirates.

IIe siècle ap. J.-C.
Pausanius note que l'île est abandonnée.

XVIIe siècle
Un des lions est emmené à l'Arsenal de Venise.

1886-1906
Les lions restants sont exhumés par l'École française d'Athènes.

1990
Le site est inscrit au patrimoine mondial de l'UNESCO.

1999
Les lions sont déplacés et exposés dans le musée local. Des fac-similés les remplacent sur le site.

Ci-dessous : le site sacré de Délos était protégé par les trois îles des Cyclades qui l'entouraient.

Page ci-contre : les lions qui ont survécu sont postés sur une terrasse surplombant le site du lac sacré. Mais il est vraisemblable qu'ils aient perdu certains de leurs compagnons qui étaient postés de chaque côté d'une allée processionnaire.

Ci-contre : sculptés dans une pose agressive qui les voit prêts à bondir, les lions devaient inspirer la terreur aux personnes qui passaient juste en dessous d'eux.

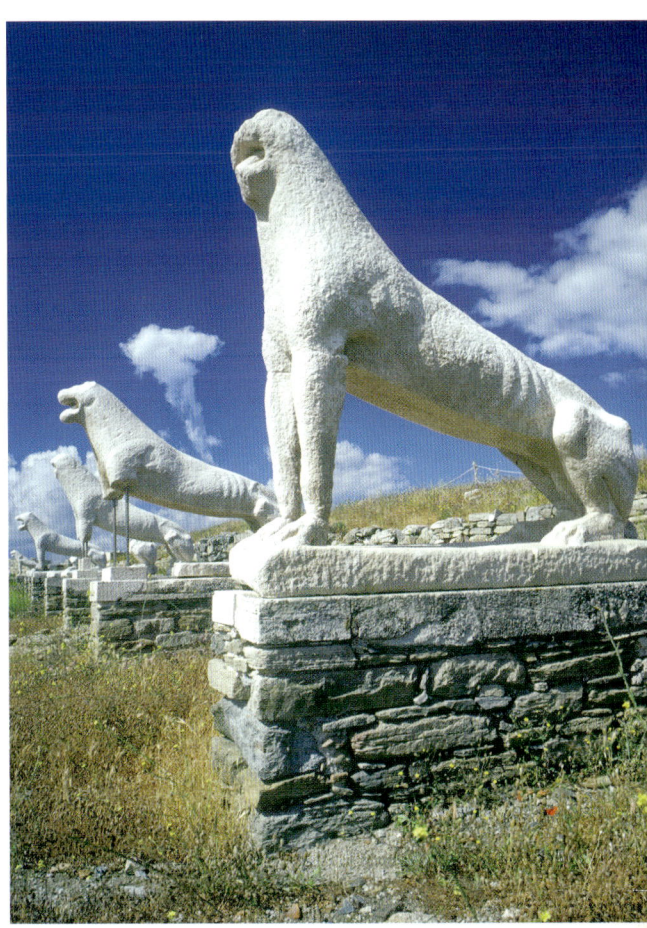

lions omnipotents qui surveillaient le berceau d'Apollon et d'Artémis n'étaient certainement pas faciles à amadouer.

Redécouverte Initialement, il y avait 16 lions sur place. Ils étaient disposés dans un ordre similaire à celui qui prévalait sur les avenues menant aux sphinx égyptiens. Pendant le déclin de la Grèce antique, ces statues s'érodèrent, furent vandalisées ou volées. Il ne reste que cinq gardiens. Après que le roi Mithridate eut assassiné ou asservi la population de l'île, en 88 avant J.-C., Délos tomba en ruines. Les lions furent enterrés et oubliés, jusqu'à ce que l'un d'entre eux, décapité, fût découvert et emmené à Venise au XVIIe siècle.

Ombres du passé En 1872, les lions restants furent exhumés dans le cadre de fouilles organisées par l'École française d'Athènes. Les archéologues poursuivirent leurs travaux, et en 1999, les lions furent transférés au musée archéologique de Délos. Des répliques les remplacèrent sur le site. Les élégantes copies entretiennent les ombres du passé au cœur d'une statuaire qui semble étrangement moderne, avec ses formes semi-abstraites qui évoquent à la fois des souvenirs anciens et des archétypes indémodables.

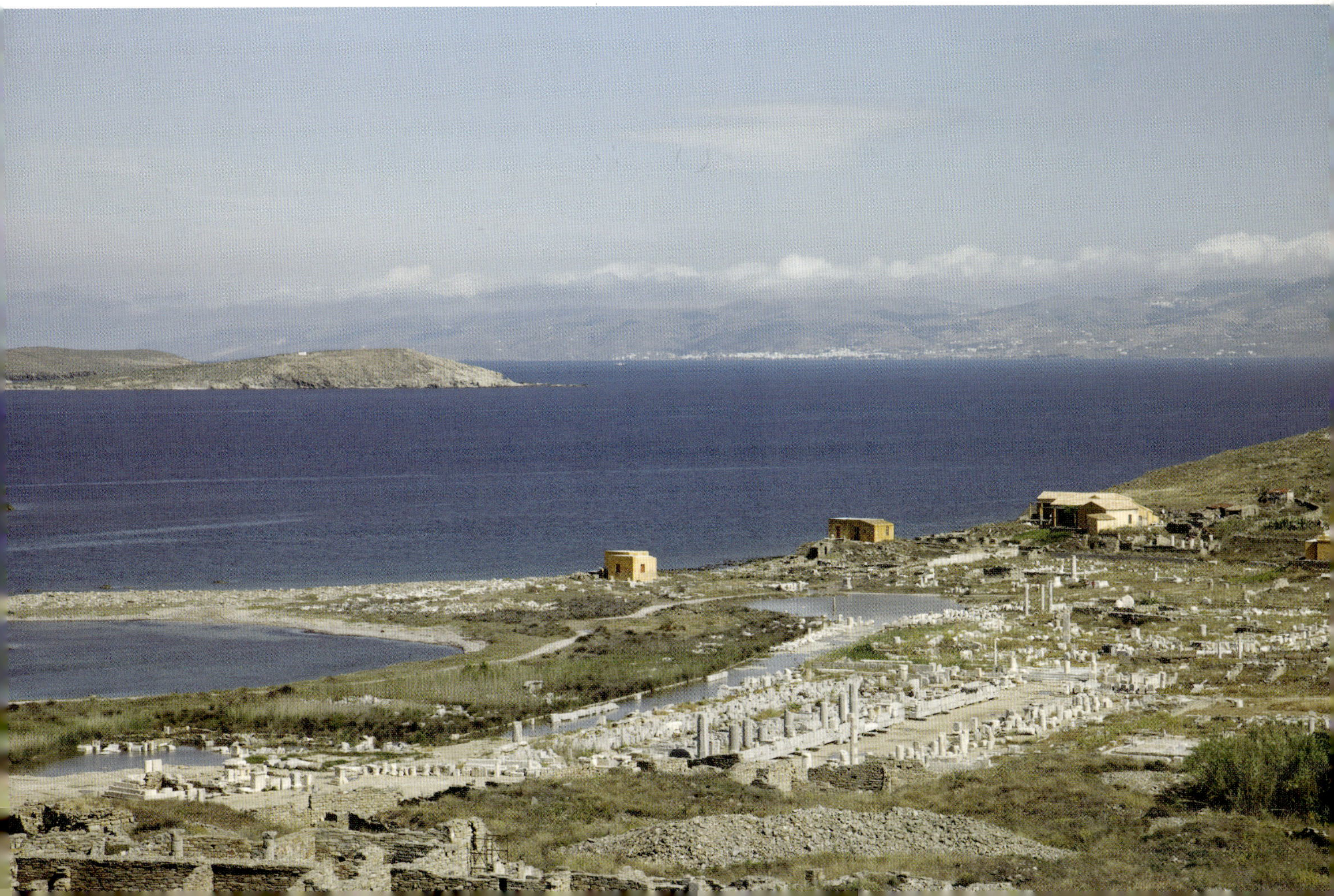

Sainte-Sophie

[Handwritten notes:] Visite - par Hervé + Ursula Avril 2002 -

② le 13,14,15, 16 mars 2020 l'hôtel Nomade avait vu de Hagia Sophia

Hagia Sophia construction par Justinien -200 m10 yrs after he built The Dome in Ravena, Ital du Dome

L'ORIENT CROISE L'OCCIDENT À BYZANCE, VILLE QUI FUT APPELÉE CONSTANTINOPLE JUSQU'EN 1930. LE POINT DE RENCONTRE DE TOUTES CES IDENTITÉS SE TROUVE CERTAINEMENT À SAINTE-SOPHIE, QUI A ÉTÉ CATHÉDRALE ORTHODOXE, CATHOLIQUE ROMAINE, MOSQUÉE IMPÉRIALE ET (DEPUIS 1935) MUSÉE SÉCULIER.

Les noms se bousculent autour de ce bâtiment également appelé Hagia Sophia, Sancta Sapienti, Aya Sofya et Magna Ecclesia. Il en résulte une sorte de chaos culturel et architectural, parfois encouragé par ses anciens pensionnaires aussi bien que par les nouveaux. Celui qui fut à l'origine de sa construction, l'empereur Justinien, alla piller dans tout l'empire byzantin les matériaux qui servirent à sa construction. Ses colonnes hellénistiques furent dérobées au temple d'Artémis, tout proche. Des colonnes corinthiennes furent expédiées du Liban avec le marbre vert de la Macédoine, la pierre noire de Bulgarie, la pierre jaune de Syrie et le porphyre d'Égypte.

Sainte-Sophie •

Désir d'éclipser Salomon Les murs et les plafonds furent tapissés de mosaïques en or. On y découvre le Saint-Esprit entouré de nobles, de jeunes amants, de musiciens, de saints solennels et d'anges. Justinien déclara : « Salomon, je vous ai surpassé. » Sainte-Sophie resta le plus grand édifice religieux du monde jusqu'à l'achèvement de la cathédrale de Séville en 1520. À cette date, la cathédrale de Byzance était devenue une mosquée, et une partie de ses mosaïques avait été recouverte de plâtre, en conformité avec l'interdiction islamique de représenter Dieu par des images.

En entrant, le visiteur est surtout confronté à une réalité islamique au ras du sol. Mais s'il lève les yeux, il découvre l'iconographie chrétienne. Toutefois, les intérêts religieux et

Page ci-contre : le dôme et les minarets de Sainte-Sophie s'élèvent au-dessus du Bosphore. L'édifice est l'emblème de la ville depuis près de 1 500 ans.

CHRONOLOGIE

562
Fin de la construction

1204-1261
Les Croisés transforment l'édifice en cathédrale catholique.

1261-1453
Sainte-Sophie redevient une église orthodoxe.

1453-1923
L'édifice devient une mosquée sous l'Empire ottoman.

1935
Sainte-Sophie devient un musée séculier.

1985
Sainte-Sophie est inscrite au patrimoine mondial de l'UNESCO.

Ci-dessus : la mosaïque de la Vierge et de l'Enfant date du IXe siècle. C'est la plus ancienne du monde.

Ci-contre : quand le soleil inonde Sainte-Sophie, le dôme paraît encore plus élevé. Il a une hauteur de 55,6 m.

les soucis des conservateurs ne se rejoignent que difficilement dans le dôme, où une calligraphie islamique recouvre une représentation orthodoxe du Christ régnant sur le monde.

Art de la lévitation Le dôme, d'un diamètre de 30 m, arbore une grande pureté de lignes, une architecture unique à sa construction au VIe siècle, qui reste extraordinaire. Il s'agit du fruit d'un intellect inaltérable, car il fut conçu par un physicien (Isidore de Miletus) et un mathématicien (Anthemius de Tralles) qui, à eux deux, réalisèrent le premier dôme à pendentifs. L'élégance du résultat est soulignée par une arcade de 40 fenêtres située à la base du dôme, créant une impression d'élévation spirituelle, quelle que soit la foi défendue. La lumière inonde l'ensemble de l'édifice et donne l'illusion que le dôme est plus haut encore, au-dessus de la nef.

Sainte-Sophie a aujourd'hui transcendé les divisions religieuses. Transformé en musée administré par l'État, ce monument de sagesse a surmonté les vicissitudes des époques, les éruptions volcaniques et les violents changements de régime politique.

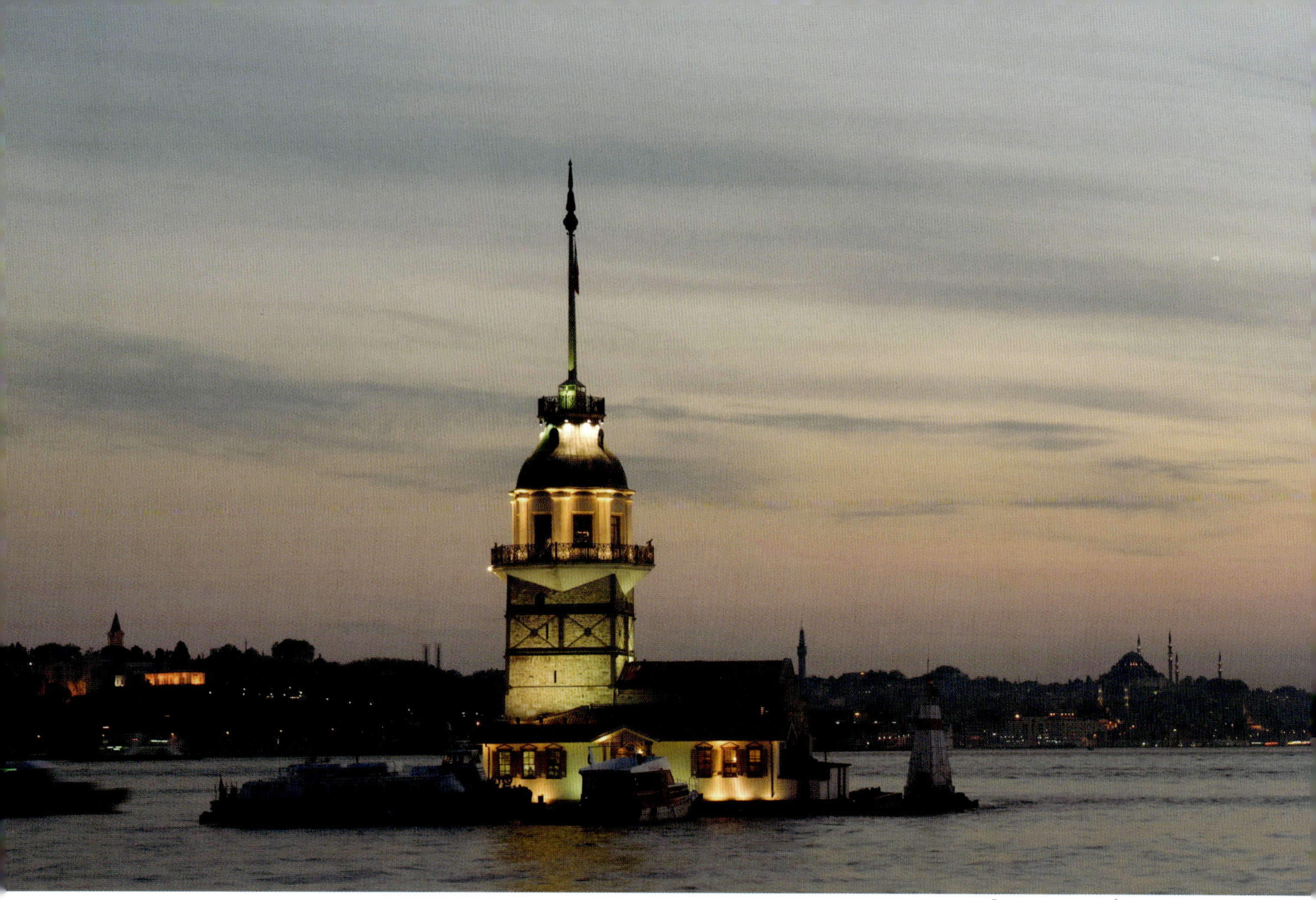

Tour de Léandre

L'EUROPE ET L'ASIE OCCUPENT CHACUNE UNE RIVE DU BOSPHORE. LA TOUR DE LÉANDRE SE TIENT AU MILIEU DU DÉTROIT. CET HYBRIDE ARCHITECTURAL EST DEVENU LE SYMBOLE DE LA TURQUIE. SA FORME RONDE, ÉVOCATRICE D'UNE ÉGLISE, EMPLIT L'ESPACE D'UN ÎLOT QUI SERT DE TRAIT D'UNION ENTRE DEUX CONTINENTS.

Visible de la terre comme de la mer, elle éclaire la nuit de tous ses feux et se tient, seule, à 200 m de la côte d'Üsküdar, le quartier asiatique d'Istanbul. C'est une tour en pierre carrée, surmontée d'une coupole et d'un mât puissant qui porte le drapeau de la république turque. À la pointe triangulaire de l'îlot, un phare complète la construction qui fait office d'emblème national.

Garde du détroit La première tour fut construite en 408 avant J.-C., à mi-chemin entre les villes anciennes de Byzance et de Chrysopolis. En 341 avant J.C., Alcibiade, qui était général athénien, l'utilisa, mais c'est

l'empereur byzantin Comnène qui la transforma en fort, en 1110.

La première trace du phare de la tour de Léandre, dite de la Jeune Fille, date de 1509. Cette année-là, une structure en bois fut construite juste après un tremblement de terre. La tour actuelle résulte de reconstructions entamées à la fin du règne ottoman, sous Ahmet III en 1719, Mustafa III en 1763 et Mahmoud II en 1832

Qui était cette jeune fille ? Si la tour est bien reconnaissable, l'identité de celle qui a inspiré son nom reste floue. La mythologie locale lie son identité à l'emprisonnement d'une femme sur le continent européen ou asiatique, qui n'est pas sans rappeler l'histoire de *La Dame de*

Tour de Léandre •

Ci-dessus : la tour de Léandre occupe une position stratégique devant le port d'Istanbul. Elle préside aux destinées de deux continents.

Ci-contre : symbole de la nation turque, cette tour a servi de forteresse et de prison. Aujourd'hui, ses fonctions sont civiles, puisqu'elle abrite un restaurant et un musée.

CHRONOLOGIE

Temps mythologique
Une jeune fille, fille d'un sultan ou d'un héros de la mythologie grecque, trouve la mort sur l'îlot.

408 av. J.-C.
Un fort est construit par Alcibiade pour contrôler le trafic dans le détroit.

341 av. J.-C.
Le fort devient un mausolée pour la femme de Charis.

1110
Un fort byzantin est érigé sur les ruines grecques.

1719
Construction de la tour actuelle

2000
Restauration du bâtiment

Shalott. La version orientale est celle de la fille d'un sultan détenue dans une tour pour sa sécurité, après une prophétie annonçant sa mort le jour de ses 19 ans. Le jour dit, elle reçoit une corbeille de fruits où se cache un serpent venimeux. L'histoire européenne évoque également la mort d'une jeune femme emprisonnée. Dans le mythe grec de Héro et Léandre, la jeune Héro vit sur l'île, tandis que Léandre vit sur la rive asiatique. Toutes les nuits, Léandre traverse le détroit à la nage guidé par une lampe qu'Héro allume en haut de la tour où elle vit. Mais lors d'un orage, la lampe s'éteint et Léandre s'égare dans les ténèbres. Lorsque la mer rejette son corps le lendemain, Héro se suicide en se jetant du haut de sa tour.

Nouvelle identité En 1995, les autorités turques louent la tour à une société privée qui restaure l'édifice et l'ouvre aux visiteurs. Les travaux de restauration se sont achevés en 2000 et la tour de Léandre est devenue un musée, un restaurant et un lieu panoramique, où le public vient admirer les minarets et les dômes d'Istanbul.

Berceau de l'humanité, l'Afrique a conservé les traces du passage de tous ceux venus piller ses ressources naturelles et assujettir ses populations. Mais des monuments ont survécu et témoignent de la grandeur passée de certaines de ses civilisations, comme la culture islamique du Sahara occidental, le royaume d'Aksoum à l'est, et la plus ancienne de toutes, l'Égypte antique, dont les réalisations architecturales comptent encore parmi les créations de l'Homme les plus spectaculaires au monde.

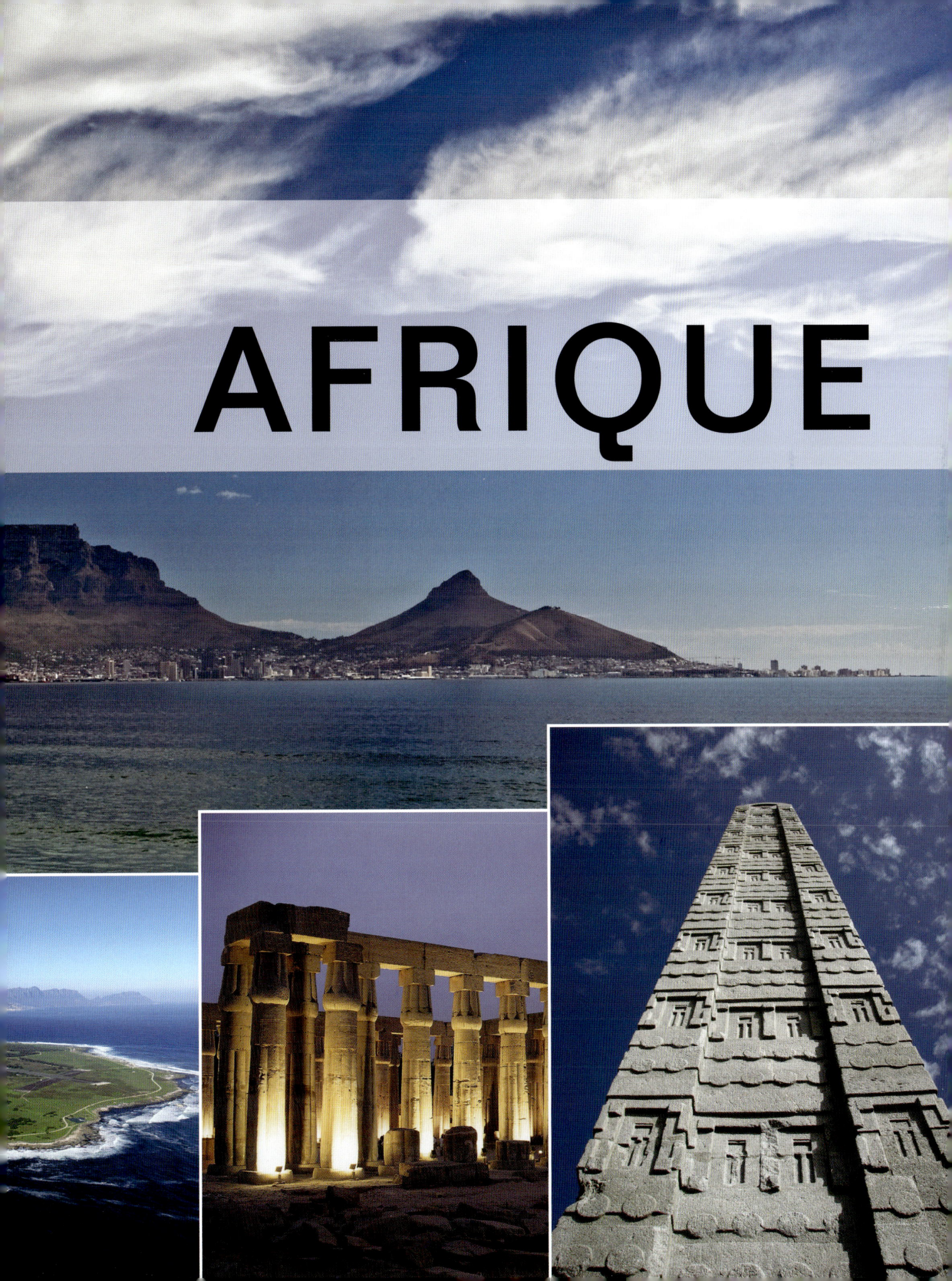

AFRIQUE

ÉGYPTE

Hervé + Ursula
Avril 2002   *— 5 semaines en Égypte*

Grand Sphinx de Gizeh

CETTE CRÉATURE RÉGALIENNE VEILLE SUR LA NÉCROPOLE DE GIZEH DEPUIS DES MILLÉNAIRES. LA PLUS ANCIENNE DES SCULPTURES MONUMENTALES AU MONDE REMONTERAIT À UNE ÉPOQUE ANTÉRIEURE À CELLE DES PYRAMIDES ET DES TEMPLES FUNÉRAIRES. MAIS SON ÂGE, SON AUTEUR ET SA SIGNIFICATION RESTENT FLOUS.

La civilisation de l'Égypte ancienne, puissante et stable, réussit à survivre durant près de trois millénaires, mais ses symboles les plus pérennes – les pyramides – furent érigés au cours d'une période relativement courte. Leur construction, débutée vers 2650 avant J.-C., culmina à l'érection des grandes pyramides des pharaons de la quatrième dynastie, Khéops, Khephren et Mykerinus, dominant la nécropole de Gizeh, sur la rive occidentale du Nil. Chacune appartenait à un vaste complexe funéraire, abritant un temple funéraire auquel on accédait depuis une chaussée débutant en bordure de fleuve.

Le Grand Sphinx, qui semble présider l'assemblée de tombeaux de Gizeh, siège à l'est du plateau, regard tourné vers le fleuve. Dans l'iconographie égyptienne, de nombreuses divinités présentent un corps d'homme et une tête animale. Le Sphinx possède le corps d'un lion et la tête d'un souverain, identifiable à sa coiffe royale, ou némès. Les traits de son visage seraient ceux de Khephren, et le Grand Sphinx se situe dans un alignement presque parfait avec le temple funéraire de Khephren. Mais l'ouvrage ne porte aucune inscription. Son âge et son origine restent sujets à controverses.

Le Sphinx est un monolithe de 73 m de longueur et 20 m de hauteur, sculpté *in situ* dans un affleurement rocheux. Il se dresse au niveau d'une dépression du plateau, formée suite à

Grand Sphinx
de Gizeh •

Page ci-contre : le sphinx est une créature mythique au corps de lion et à tête d'homme, mais à la différence de son terrible équivalent grec féminin, le sphinx égyptien était considéré comme un gardien bienveillant.

Ci-contre : le Grand Sphinx de Gizeh se tient tel un chien de garde face à la pyramide de Khephren, ce pharaon auquel il est généralement associé. Fils de Khéops, Khephren régna de 2558 à 1532 av. J.-C.

Ci-dessous : entre les pattes démesurées de la créature, la stèle du Songe, érigée par Thoutmosis IV vers 1401 av. J.-C., porte mention du rêve fait par le roi quant à la restauration du Sphinx, et le montre faisant des offrandes à ce dernier. Face à la stèle, un autel en granite fut érigé sous la période romaine.

la taille du soubassement rocheux pour sculpter son corps. Les blocs ainsi dégagés furent utilisés à la construction des temples environnants. Au niveau du corps, le calcaire jaune se montre assez friable, d'où le recours à un parement en dalles de granite, comparables à celles utilisées pour la pyramide de Khephren. Au niveau supérieur, la strate rocheuse dans laquelle la tête fut sculptée révèle une roche grise plus dure. Des vestiges de pigment en surface de la pierre indiquent que le Sphinx était autrefois peint.

L'énigme du Sphinx On l'associe à Khephren, mais l'interprétation de témoignages archéologiques et géologiques suggère que le Sphinx serait plus ancien et aurait fait l'objet d'une restauration sous l'Ancien Empire. La stèle d'Inventaire mise au jour au XIXᵉ siècle fait mention de l'ordre donné par Khéops d'ériger un temple aux côtés du Sphinx (donc déjà existant), alors que des légendes locales font remonter son existence bien avant le début de la construction des pyramides. Pour le géologue américain Robert M. Schoch, l'érosion du corps serait liée à la pluie, sous-entendant ainsi que le Sphinx

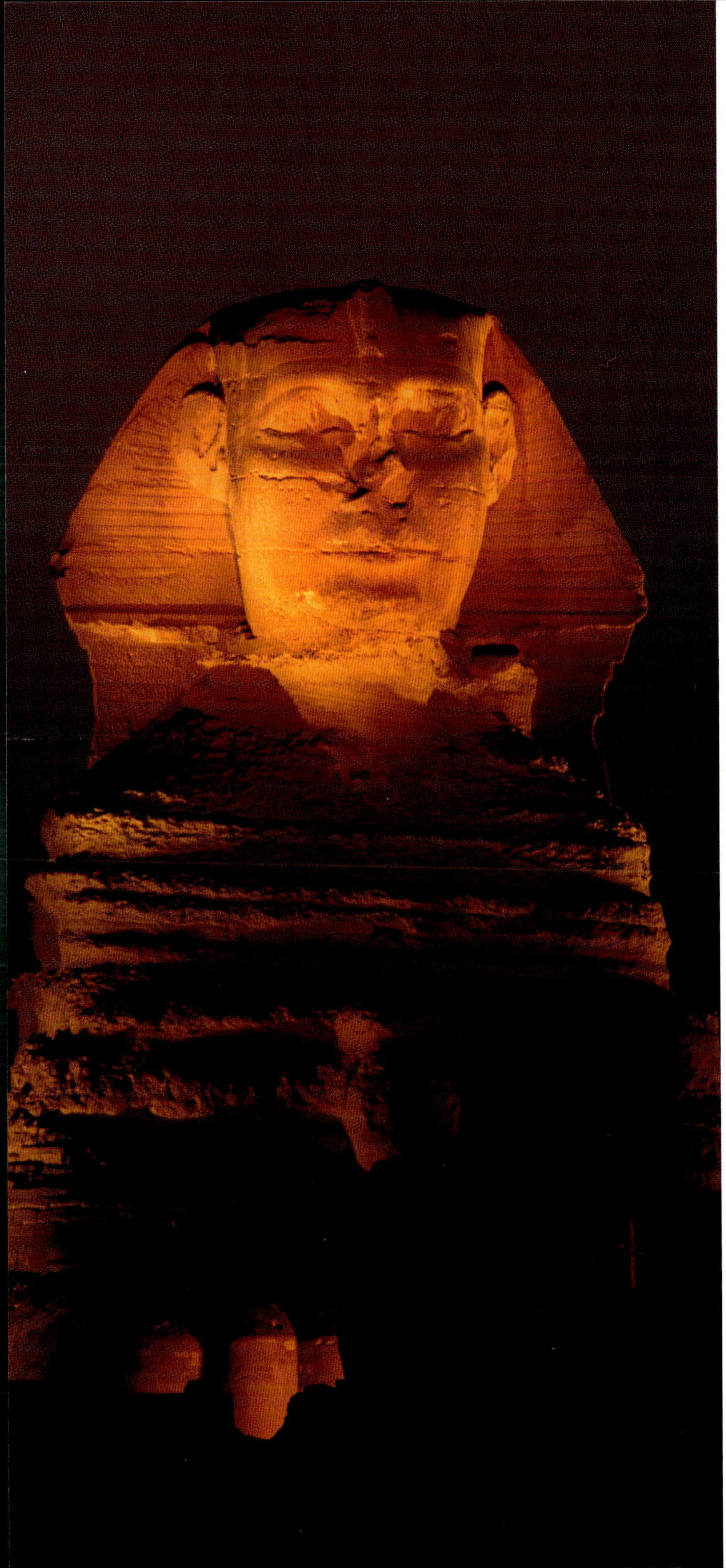

Ci-contre : les spectacles nocturnes son et lumière organisés sur le site proposent une approche intéressante sur l'histoire des pyramides. La « voix du Sphinx » s'y fait entendre en cinq ou six langues…

aurait existé à l'époque où l'Égypte connut une période de précipitations importantes, avant 5000 av. J.-C. Par ailleurs, la tête dynastique – de taille réduite par rapport au corps – aurait été remodelée. Cette théorie controversée présuppose l'existence d'une ancienne civilisation « perdue », mais les égyptologues ne disposent à ce jour d'aucun autre témoignage confirmant cette hypothèse.

Restauration Après l'abandon de la nécropole, le corps du Sphinx fut englouti par le sable – on prétendait que les hommes marchaient sur sa tête et collaient l'oreille contre sa bouche, dans l'espoir d'accéder à la sagesse. Une stèle de granite érigée entre les pattes antérieures de la créature fait référence au songe de Thoutmosis IV (règne de 1400 à 1390 av. J.-C.) qui, lors d'une halte au cours d'une partie de chasse, se serait endormi à l'ombre de la tête du Sphinx émergeant du sable. Il rêva que le Sphinx lui aurait promis le trône s'il le dégageait. Thoutmosis devint pharaon, désensabla le Sphinx et restaura son visage.

À la fin du XVIIIe siècle, à l'époque de la campagne d'Égypte de Napoléon, le Sphinx se retrouva enseveli jusqu'au cou. On prétendit souvent que les troupes napoléoniennes avaient pris

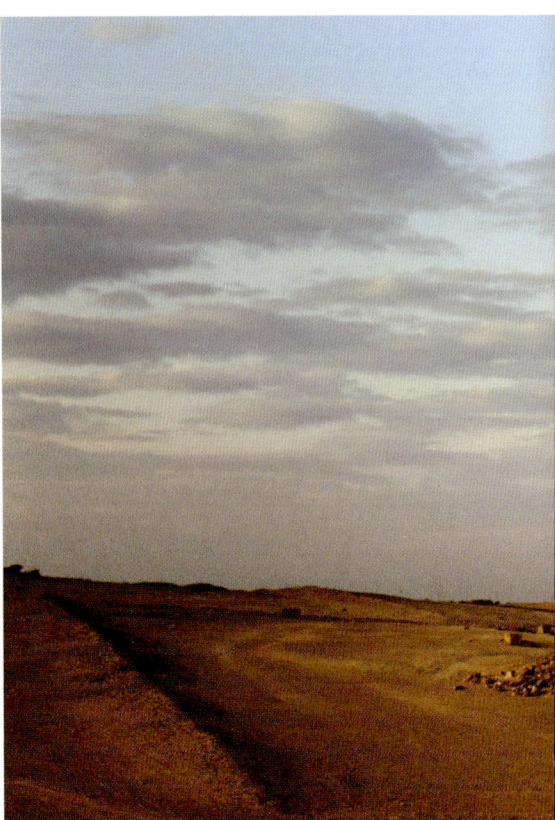

2650-2575 av. J.-C.
3e dynastie (Ancien Empire)
Début de la construction de pyramides. Édification de la pyramide de Djoser

2575-2467 av. J.-C.
4e dynastie (Ancien Empire)
Construction des grandes pyramides et des temples funéraires de Gizeh.

Vers 2150 av. J.-C.
Effondrement de monarchie Pillage des tombes

1419-1386 av. J.-C.
Règne de Thoutmosis IV dont le songe est gravé sur la stèle de granite nichée entre les pattes du Sphinx.

500 av. J.-C.
Hérodote visite Gizeh, mais ne fait pas mention du Sphinx, vraisemblablement enfoui sous le sable.

1798
Début de l'occupation de l'Égypte par la France et de l'exploration des sites antiques par les Européens.

1979
Classement de la nécropole de Gizeh au patrimoine mondial de l'Unesco.

Ci-contre : l'essentiel du parement en pierre polie qui tapissait à l'origine les parois des pyramides a disparu, révélant la taille imposante des blocs utilisés à la construction de ces structures.

sa tête pour cible lors d'exercices d'entraînement et détruit son nez. Une erreur, si l'on s'en réfère aux premiers croquis réalisés par Frédéric Louis Norden, en 1737, montrant que le nez était déjà cassé.

Les tentatives de désensablement entreprises au XIXe siècle échouèrent, mais Giovanni Battista Caviglia mit au jour un fragment de la barbe du Sphinx, tombé de son menton (fragment aujourd'hui séparé en deux, avec un morceau au British Museum, l'autre au musée du Caire). Émile Baraize dégagea la tête entière lors de fouilles menées entre 1925 et 1936.

Aujourd'hui, la pierre souffre des effets de la pollution du Caire. Dans les années 1980, une campagne de restauration de six ans s'attacha à remplacer plusieurs blocs, qui finirent par s'effriter, alors que l'épaule gauche du Sphinx s'effondrait en 1988. L'objectif est désormais de freiner l'érosion.

Ci-dessous : vue d'ensemble des pyramides du plateau de Gizeh, emblèmes prééminents de l'Égypte ancienne depuis la période classique, à l'époque où les grandes pyramides devinrent l'une des Sept Merveilles du monde.

Hervé + Ursula
Avril 2002

Karnak

LE COMPLEXE DE TEMPLES BORDANT LE NIL FUT PROBABLEMENT LE CHANTIER DE CONSTRUCTION LE PLUS LONG DE L'HISTOIRE – 30 PHARAONS SUCCESSIFS TENTÈRENT ICI DE SURPASSER LA GLOIRE DE LEURS PRÉDÉCESSEURS ET CRÉÈRENT CE QUE L'ON POURRAIT QUALIFIER DE PLUS GRAND PARC À THÈME RELIGIEUX DU MONDE.

Durant plus de 1 300 ans, cette bande de terre de Haute-Égypte se couvrit de 30 temples, reliés par un réseau d'avenues bordées de statues d'énigmatiques divinités, de chats, oiseaux, sphinx et autres créatures fabuleuses. Il y a même des temples pour les bateaux utilisés au transport des matériaux destinés à cette fantasmagorie de grès. Hiéroglyphes et bas-reliefs composent une signalétique complexe.

Karnak •

Enceinte d'Amon-Rê L'accès au site de Karnak est, pour l'essentiel, réservé aux archéologues qui travaillent au déblaiement de l'enceinte de Mout, de l'enceinte de Montou et du temple d'Amenhotep IV. Seule la plus vaste des enceintes, celle d'Amon-Rê, est accessible au public. Divinité primordiale du panthéon égyptien, figure aux étranges mutations, Amon-Rê apparaît tantôt dépeint sous la forme d'une oie caquetante, d'un bélier, d'un homme à tête de grenouille, d'un crocodile, d'un singe ou d'un homme barbu doté d'un corps de scarabée et d'ailes de faucon.

Si le nom d'Amon signifie « dieu caché », la discrétion ne fut pas de mise dans cet hommage grandiose rendu à la divinité. L'enceinte qui lui est dédiée abrite plusieurs statues colossales, comme celle de 10 m de hauteur de son grand prêtre Pinedjem Ier, ainsi qu'une belle collection d'obélisques, dont celui de Thoutmosis Ier, culminant à

INFORMATIONS

Situation
Près de Louxor, à 800 km
au sud du Caire.

Superficie
100 hectares

Histoire
Construction de 1600
à 300 av. J.-C. La première
mention faite par un
Européen de l'existence
de monuments en
Haute-Égypte et en Nubie,
remonte à 1589. Les
premiers croquis du site
de Karnak réalisés par
un Européen furent publiés
en 1704.

Culture
L'intrigue du roman d'Agatha
Christie *Mort sur le Nil*
se déroulait à bord
du vapeur *S.S. Karnak*.
Lara Croft explore Karnak
dans *Tomb Raider :
La Révélation finale*.

Page ci-contre : un savant
éclairage moderne ajoute
au spectaculaire de l'antique
grande salle hypostyle, le
plus impressionnant ouvrage
du complexe de temples
de Karnak.

Ci-contre : la grande salle
hypostyle et ses
134 colonnes, aux fûts
ornés de bas-reliefs et de
hiéroglyphes, à l'image de
toutes les parois du
complexe de Karnak.

Ci-contre : presque chaque
surface est rehaussée
de délicats bas-reliefs,
comme ici où se mêlent
flore et faune.

À droite : Ramsès II fit
décorer certaines parties de
la grande salle hypostyle,
au XIIIe siècle av. J.-C.

22 m de hauteur. Son isolement géographique, son passé lointain, l'étendue de son registre iconographique et la multiplicité de ses identités furent autant d'éléments qui rendirent difficile l'appréhension du site de Karnak comme un tout cohérent dans l'esprit de bien des hommes.

Grande salle hypostyle Un monument laisse une empreinte indélébile, la grande salle hypostyle et sa forêt de 134 colonnes papyriformes ouvragées et régulièrement espacées. Parmi elles, 122 colonnes de 12 m de hauteur, alors que les 12 colonnes de la rangée centrale culminent à 21 m de hauteur, pour un diamètre de plus de 3 m. Les architraves pèsent près de 70 t, et la méthode utilisée pour les hisser en place reste un mystère d'ingénierie, ainsi que ces hommes qui œuvrèrent sur le site de Karnak et entretinrent durant près de 13 siècles cette effusion de l'architecture religieuse.

Ci-contre : l'avenue des Sphinx, ou voie sacrée, s'étirait autrefois sur près de 3 km, traversant le complexe de Karnak jusqu'au temple de Louxor.

ÉTHIOPIE

Obélisque d'Aksoum

STÈLE DE 1 700 ANS D'ÂGE, L'OBÉLISQUE D'AKSOUM EST UN DES PLUS PUISSANTS
SYMBOLES DE L'IDENTITÉ DU PAYS. VANDALISÉ EN 1937 PAR LES ITALIENS, PUIS
TRANSPORTÉ À ROME, OÙ IL DEMEURA PRÈS DE 70 ANS, L'OBÉLISQUE RETROUVA SON
SITE D'ORIGINE EN 2008. UN ÉVÉNEMENT UNANIMEMENT SALUÉ PAR LA POPULATION.

Un élégant bloc de pierre taillé en demi-cercle coiffe l'obélisque d'Aksoum. On ne sait pas si les ouvriers éthiopiens du IVᵉ siècle voulaient symboliser les cieux ou le lever du Soleil. On imagine qu'ils levaient les yeux au ciel et s'interrogeaient sur l'existence en général.

Cet obélisque de 24 m de hauteur – ou plus exactement cette stèle – est orienté vers le Soleil et fait face au sud, comme les 120 autres monuments du champ de stèles de la ville d'Aksoum, au nord du pays. Des monolithes plus anciens, effondrés depuis longtemps, ont mis au jour un dédale de chambres souterraines témoignant de la présence d'une nécropole sur le site. Certains

Obélisque d'Aksoum •

affirment qu'elle abriterait la dépouille de la reine de Saba, mentionnée dans la Genèse. En réalité, l'identité des occupants de ces tombes reste aussi mystérieuse que les hypothèses entourant l'érection de ces colossales stèles funéraires.

Inaccessible Aux époques pré et post-chrétiennes, le nord de l'actuelle Éthiopie abritait un royaume prospère, où riches et puissants firent ériger ces monuments censés les rapprocher des cieux. De loin, l'obélisque étagé d'Aksoum laisse voir des fenêtres, de fins linteaux, des poutres et une porte à loquet, derrière lesquels se cacheraient d'anciennes et mystérieuses croyances. Mais porte et fenêtres sont des trompe-l'œil, gravés sur les faces d'un bloc de granite massif. La dureté de la roche réussit à préserver l'illusion durant 1 700 ans.

CHRONOLOGIE

3000 av. J.-C.
Érection de la première stèle du royaume d'Aksoum

300 apr. J.-C.
Érection de l'obélisque

1529-1543
Des stèles sont renversées lors de la guerre Adal-Éthiopie.

1937
L'obélisque arrive à Rome.

1947
Accord entre Rome et les Nations unies pour sa restitution.

28 mai 2002
L'obélisque frappé par la foudre est démonté et stocké dans un hangar.

2008
L'obélisque rentre en Éthiopie.

Page ci-contre: le champ de stèles de la région septentrionale du Tigré abrite 120 obélisques dressés, dont la stèle de l'empereur Ezana (au centre) et l'obélisque d'Aksoum, restitué par l'Italie (extrême droite).

Ci-contre : l'obélisque d'Aksoum, érigé il y a 1 700 ans. Une stèle funéraire dressée face au sud, qui faisait par ailleurs certainement office de cadran solaire ou d'instrument astronomique.

Ci-dessous : la « grande stèle » de 33 m, taillée dans un seul bloc, se serait effondrée et brisée lors de son érection.

Pierres vagabondes De telles structures témoignent d'une soif d'élévation. Dépositaire de la mémoire et de l'identité d'un peuple, l'obélisque d'Aksoum porte aussi le poids d'une histoire post-coloniale récente. En 1937, après l'invasion de l'Éthiopie par l'Italie, l'armée d'occupation embarqua le monolithe en morceaux sur un navire en partance pour Naples, d'où il fut rapatrié vers Rome pour y être réassemblé, en l'honneur de la naissance de ce nouvel Empire romain fondé par Mussolini. Un empire qui bientôt s'effondra, en 1947, alors que l'Italie ayant retrouvé la voie de la démocratie acceptait de rendre la stèle. Il fallut néanmoins attendre 56 ans et un coup de foudre, pour que l'obélisque quitte enfin la place de la Porte Capène de Rome. Politique et logistique participèrent à retarder son rapatriement. Le conflit opposant l'Éthiopie à l'Érythrée interdisait toute entrée par la mer, la piste d'atterrissage d'Aksoum n'était pas assez longue, et les avions de transport américains se trouvaient bloqués en Iraq. Ce fut finalement à bord d'un Antonov russe AN-124 que l'obélisque de 160 t retrouva sa terre d'origine, en trois morceaux.

Retour aux sources Dans la liesse générale, la stèle de retour sur son site d'origine fut dévoilée à la foule le 4 septembre 2008. « Ce geste hautement symbolique, issu d'un commun accord entre l'Italie et l'Éthiopie, ne peut que réjouir toute la communauté internationale. C'est un moment historique », déclara le directeur général de l'Unesco, qui collabora au projet de réinstallation de l'obélisque.

MALI

Grande mosquée de Djenné

OUVRAGE MONUMENTAL EN BANCO ET PALMIER RÔNIER, LA GRANDE MOSQUÉE DE DJENNÉ SEMBLE SURGIR DE TERRE. CET ÉDIFICE AU STYLE ARCHITECTURAL TÉMOIGNE D'UNE TRADITION VIEILLE DE PLUSIEURS SIÈCLES, EST ADAPTÉ AUX ALÉAS DU CLIMAT ET REFLÈTE LA CULTURE DE CE PAYS D'AFRIQUE DE L'OUEST.

Chaque printemps, les travaux de recrépissage du monument donnent lieu à une agitation générale impliquant tous les habitants de Djenné. Au cours des premiers mois de l'année, chacun prépare un mortier, ou banco, à base de terre crue et de paille de mil. Les enfants pataugent dans les fosses boueuses, où le banco est brassé jusqu'à former un enduit pâteux. Le grand jour arrive enfin, et après une nuit de festivités, s'engage une course où chacun cherche à être le premier à acheminer son chargement de banco de la fosse au chantier.

Tout au long de la journée, femmes et fillettes apportent de l'eau et préparent le repas, alors que les maçons grimpent sur des échelles, avant d'escalader les faisceaux de palme plantés dans les murs constituant un échafaudage permanent. Les anciens, réunis sur la place de Djenné, observent et commentent l'événement.

L'extérieur Le recrépissage annuel de la mosquée restaure la finition lissée d'épais murs en briques de banco, qui isolent l'intérieur de la chaleur et du froid, tout en supportant le poids de hautes tours. Les flèches au sommet des minarets sont coiffées d'œufs d'autruche, symboles de pureté et de fertilité. Des gouttières en tuyaux de terre, faisant saillie en bordure de toit, évacuent les eaux de pluie loin des murs, alors que les faisceaux de palme piqués sur les parois, et sur lesquels grimpent les maçons, ajoutent à l'ornementation minimaliste de l'édifice.

Grande mosquée de Djenné •

CHRONOLOGIE

1240
Le sultan Koi Kunboro transforme son palais en mosquée.

Année 1830
Cheikhou Amadou fait édifier une mosquée de terre crue plus modeste.

1907
Construction à l'ancienne de la mosquée actuelle.

1988
L'ancienne ville de Djenné est inscrite au patrimoine mondial par l'Unesco.

2009
Une section de la grande tour sud s'effondre, après des précipitations de 75 mm en un jour. Le Trust Aga Khan pour la culture (AKTC) financera les travaux de reconstruction.

En haut, à droite : plus de 3 000 fidèles peuvent prendre place dans la salle de prière rythmée par des arcs.

À droite, au centre : malgré un climat chaud et aride, les précipitations annuelles érodent l'enduit de banco des murs de la mosquée.

Annual restoration of damage

Ci-dessus : la disposition symétrique des tours principales est typique de l'architecture d'Afrique de l'Ouest. Mais le « mur de prière », orienté en direction de la Mecque, se conforme à l'orthodoxie musulmane.

Ci-contre : tout le monde participe au recrépissage annuel de la grande mosquée, afin de restaurer les dommages subis par l'édifice sous l'effet de la pluie et des températures extrêmes.

La façade orientale principale est un chef-d'œuvre d'équilibre et de proportion, avec sa répartition régulière de flèches et tours délicatement moulées, accentuant l'impression d'élévation et de légèreté de cette façade muette, privée de fenêtres.

L'intérieur Fenêtres et portes se répartissent le long des façades nord et sud. L'emprise au sol est légèrement trapézoïdale, mais la structure repose sur un socle carré de 75 m de côté, se dressant au-dessus l'esplanade du marché, accessible par six escaliers. À l'intérieur de la salle de prière, neuf murs percés de hautes arches supportent le toit.

Site sensible Seuls les fidèles sont autorisés à pénétrer dans la salle de prière au sol de terre battue. Les autorités locales responsables de cet édifice religieux ont banni tout visiteur non musulman depuis 1996, année où un magazine de mode aurait utilisé la mosquée comme cadre à une série de photos – une attitude jugée irrespectueuse. Plus que tout autre édifice, la grande mosquée de Djenné fait partie intégrante de l'histoire d'une communauté intimement impliquée dans la préservation de son patrimoine culturel.

Mars 2015 - Hervé et Ursula

Montagne de la Table

RELIEF NATUREL AU SOMMET PLAT, LA MONTAGNE DE LA TABLE EST UN REPÈRE INDIQUANT AUX MARINS QU'ILS SONT SUR LE POINT DE PASSER LE CAP DE BONNE-ESPÉRANCE, LÀ OÙ CONVERGENT OCÉANS ATLANTIQUE ET INDIEN. UNE BUTTE EMBLÉMATIQUE, VISIBLE DANS TOUTE LA RÉGION DU CAP.

L e nom de cette montagne se décline à l'échelon local et se retrouve dans la nomenclature des sentiers de randonnée qui sillonnent ce relief. Autre trait caractéristique de la baie, la « nappe », ce nuage qui tapisse le plateau, formé à la rencontre des brises océaniques et de l'air plus frais de la montagne. Une légende locale veut que le bourgeonnement des nuages fasse référence à un concours de fumée engagé entre le diable et un pirate hollandais, John Van Hunks.

Panoramas africains Par temps clair, ceux qui réussissent à atteindre le sommet de la montagne découvrent un fantastique panorama sur la pointe de l'Afrique et au-delà, sur les mers australes. L'ancienne colonie pénitentiaire de l'île de Robben se découvre sans mal. À mi-distance, la région du Cap et ses vignobles s'étirent à perte de vue, en lisière de la baie de la Table. À proximité immédiate se trouvent les flancs rocheux méridionaux exposés, avec leurs parois escarpées de grès dur, barrant toute route vers le sommet.

Ascension de la montagne Le moyen le plus facile d'atteindre le plat sommet reste l'ascension de 5 minutes à bord d'un téléphérique, dont les cabines à rotation permettent aux visiteurs une vue panoramique à 360°. À partir de la ville du Cap, le seul vrai sentier de randonnée mène à Platteklip Gorge, après une escalade abrupte. De là, les randonneurs empruntent une volée d'escalier de grès blanc, traversant une

Montagne
de la Table •

we walked up

Ci-dessus : vue depuis la plage de Blouberg, avec en arrière-plan le profil rectiligne de la montagne de la Table, encadrée par le Devil's Peak (à gauche), Lion's Head et Signal Hill (à droite).

En haut, à droite : niché sur le versant oriental de la montagne de la Table, le jardin de Kirstenbosch, créé en 1913, a pour but de préserver la flore unique de la région du Cap.

Ci-contre : promérops du Cap, un amateur de nectar spécialisé, perché sur des protées du jardin de Kirstenbosch, une famille d'arbustes désignés sous le nom de « sugarbushes ».

INFORMATIONS

Altitude
1 086 m

1re ascension européenne
António de Saldanha, 1503

Ascension aérienne
Le téléphérique fut inauguré en 1929 et modernisé en 1997. Une ligne de 704 m de longueur.

Flore
Près de 2 300 espèces de plantes s'épanouissent sur les versants la montagne de la Table et de la péninsule du Cap.

Faune
Damans du Cap, porcs-épics, mangoustes, serpents, tortues, oréotragues, caracals et babouins.

gorge buissonneuse, avant l'arrivée au centre de l'immense plateau, au sommet de la mcsa.

La flore Des sentiers de randonnées plus longs, arpentant des reliefs plus doux et moins ventés, permettent d'admirer une flore variée. La montagne abrite 1 500 espèces de plantes, dont différents protées. Le fynbos du Cap, cette formation végétale riche en bruyères, domine la région florale du Cap.

La faune La montagne de Table est aujourd'hui intégrée à la zone urbaine du Cap et les grands félins qui autrefois rodaient dans la région ne sont plus qu'un lointain souvenir. Le dernier lion fut abattu au début du XIXe siècle et le dernier léopard fut repéré dans les années 1920. Le daman du Cap reste le seul animal facile à approcher. Tortues et mangoustes se montrent moins dociles.

Ci-contre : on rejoint le sommet de la montagne de la Table en 2 ou 3 heures de marche, depuis la ville du Cap, à moins de préférer le téléphérique aux cabines rotatives, avec ses vues spectaculaires sur l'île de Robben.

AFRIQUE DU SUD

Île de Robben

Hervé + Vérila Mars 2015 — mais bateaux rempli nous étions avec Clarence + Dominique

AU LARGE DE LA VILLE DU CAP, DANS LA BAIE DE LA TABLE, L'ÎLE DE ROBBEN EST UN MINUSCULE AFFLEUREMENT ROCHEUX, BATTU PAR LES VAGUES, PLAT ET DÉSOLÉ, SORTI DE L'ANONYMAT SUITE À L'EMPRISONNEMENT D'UN HOMME QUI, MALGRÉ LUI, PARTICIPA À INSCRIRE LE NOM DE CETTE ÎLE DANS TOUTES LES MÉMOIRES.

Nelson Mandela fut incarcéré au pénitencier de l'île de Robben, aux côtés d'autres leaders noirs des mouvements de lutte anti-apartheid, dont l'actuel président de l'Afrique du Sud, Jacob Zuma. Arrêté en 1962, Mandela refusa de renoncer à l'usage des armes contre le gouvernement raciste. Libéré en 1990, il fut élu président de l'Afrique du Sud en 1994, et resta en poste jusqu'en 1999.

Détention inhumaine Mandela passa 17 ans de ses 27 ans de captivité sur l'île. Il occupait une cellule carrée, d'une superficie à peine suffisante pour accueillir une paillasse et le seau qui lui servait de toilettes. Les touristes qui visitent aujourd'hui la prison, après un trajet houleux de 45 minutes en ferry, depuis le Cap, gardent le silence en jetant un œil sur ce minuscule domaine, à travers les barreaux d'une porte, d'une largeur à peine moins grande que celle de la cellule.

Fuite impossible Les prisonniers politiques ne pouvaient recevoir qu'une lettre et une visite tous les six mois. Lorsqu'ils n'étaient pas condamnés à l'isolement, ils œuvraient dans la carrière de calcaire de l'île. De leur prison, ils pouvaient apercevoir la montagne de la Table dominant le Cap, sans pouvoir envisager la fuite. D'anciens et illustres prisonniers, comme le chef rebelle xhosa Makanda Nxele, condamné à perpétuité par le gouvernement colonial britannique en 1819, avaient certes

Île de Robben •

CHRONOLOGIE

1498
Un navire de la flotte de Vasco de Gama accoste l'île. Elle devient un pénitencier et une léproserie.

1939
L'île sert de camp militaire.

1961
L'île devient une prison de haute sécurité.

1962
Nelson Mandela est emprisonné sur l'île.

1990-1996
Les derniers prisonniers politiques partent en 1991. Départ des derniers prisonniers de droit commun en 1996.

1997
La prison devient un musée et l'île est inscrite au patrimoine mondial en 1999.

À droite, au centre : Mandela à sa sortie de prison, le 11 février 1990.

Ci-dessous : la prison de haute sécurité fut construite en 1961.

Page ci-contre : une étendue d'eau houleuse sépare l'ancienne île prison de Robben de la ville du Cap, siège du Parlement de l'Afrique du Sud.

Ci-contre : la minuscule cellule de Nelson Mandela témoigne des conditions de vie endurées par le futur leader lors de ses années d'emprisonnement.

réussi à s'enfuir, mais s'étaient noyés dans les eaux de la baie de la Table.

Indomptable Cette île est un vestige de l'apartheid, devenu un symbole d'espoir et de triomphe de la justice. Aujourd'hui destination touristique, l'île se visite, non pas pour sa nature, mais pour célébrer une idée qui germa en ce lieu et jamais ne capitula. Le 11 février 1990, jour de sa libération, Mandela fit un discours au Cap qu'il conclut par ces mots : « Pour conclure, je reprendrai les mots qui furent les miens lors de mon procès en 1964. Ils restent aussi vrais aujourd'hui qu'hier. Je me suis battu contre la domination des Blancs et je me suis battu contre la domination des Noirs. J'ai chéri l'idéal d'une société démocratique et libre au sein de laquelle tous les gens vivraient en harmonie et se verraient offrir les mêmes opportunités. Un idéal que j'espère voir se réaliser. Mais si nécessaire, un idéal pour lequel je suis prêt à mourir ».

Le pouvoir des mots a élevé l'île au rang de symbole, aussi puissant que la montagne de la Table, cette « balise de l'espoir » qui, selon Mandela, « représentait cette terre sur laquelle nous savions que nous retournerions un jour ».

Nombre des monuments emblématiques d'Asie possèdent une histoire vieille de plusieurs millénaires. Leur résonance spirituelle témoigne de l'évolution et de la juxtaposition de différentes croyances et cultures ayant réussi à coexister pacifiquement, ou toujours engagées dans des luttes de pouvoir. Les monuments plus récents sont symboles de puissance politique ou affirmation audacieuse de nations sereines et prospères, soucieuses d'imposer leur présence sur la scène internationale.

ASIE

Mont Fuji

Hervé + Ursula
– vue du train 2008
fev. – Mars 2002

Roni et Anita 2008 Mars

JAPON

LA PLUS HAUTE MONTAGNE DU JAPON, AU SOMMET ENNEIGÉ ENVELOPPÉ DE NUAGES, EST BIEN PLUS QU'UNE ŒUVRE DE LA NATURE. ELLE S'IMPOSE COMME UNE IMAGE APPARTENANT À LA CULTURE CLASSIQUE. LE MONT FUJI FAIT PARTIE INTÉGRANTE DE LA MYTHOLOGIE, DE L'HISTOIRE ET DE L'IDENTITÉ JAPONAISE.

L a silhouette caractéristique du mont Fuji s'est imprimée dans la conscience collective vers le milieu du XIXᵉ siècle, à la parution des *Trente-six vues du mont Fuji,* une série d'estampes de Katsushika Hokusai. Mais le volcanique Fujisan occupait depuis longtemps déjà une place centrale dans la culture japonaise, comme en témoignent les portes sacrées bouddhistes et shintoïstes jalonnant le réseau de sentiers grimpant à l'assaut de ses versants.

Mythologie et montagne Pour la secte Fujiko, le mont Fuji est saint et possède une âme. Les Aïnous, population aborigène du Japon, le considéraient comme sacré, et une de leurs divi-

nités, la déesse du foyer Kamui Fuchi, aurait donné son nom à la montagne nationale. Les bouddhistes vénèrent cette montagne, considérée comme la porte d'accès à un autre monde. Selon leur tradition, elle aurait émergé en 286 av. J.-C., suite à un tremblement de terre. (Les géologues font remonter sa naissance au Pléistocène, il y a 600 000 ans.)

La déesse shinto de la montagne, Sengen-Sama, princesse fleur, symbole de la délicate vie terrestre, possède un sanctuaire au sommet. Ses fidèles pensent qu'elle préviendrait les éruptions du volcan, dont la dernière intervint en 1707.

Accès au sommet La montagne sacrée est aussi appréciée des amateurs de randonnées, et sur les pentes abruptes du mont Fuji se côtoient touristes et pèlerins. Ce qui apparaît

3,776 m   Sommet

INFORMATIONS

Altitude
Plus haut sommet du Japon, culminant à 3 776 m

Diamètre
50 km à la base

Activité volcanique
Trois plaques tectoniques s'affrontent. La dernière éruption date de novembre 1907. L'activité sismique s'intensifie depuis 2000.

Température
La température moyenne au sommet est négative toute l'année, exceptée en été. Température la plus basse enregistrée, -38 °C et la plus élevée, 17,8 °C.

Page ci-contre: nature et culture se rencontrent dans cette vue du Japon ancestral, une plantation de thé ordonnée, dominée par l'élégante silhouette du mont Fuji.

Ci-contre : forêts denses et lacs profonds servent d'écrin au mont Fuji, ici photographié depuis la préfecture de Yamanashi.

Ci-dessous : *La Grande vague de Kanagawa.* Cette estampe célèbre du peintre Hokusai participa à diffuser l'image du mont Fuji à travers le monde.

comme un cadre serein, vulgarisé par d'innombrables peintures, gravures et photographies, révèle en réalité un paysage escarpé, ponctué de lave, sensible aux éboulis et très emprunté. Ici se croisent l'ancien et le moderne lors de la saison d'ascension, du 1er juillet au 26 août, lorsque la fonte des neiges autorise une montée en toute sécurité. Des navettes débarquent des randonneurs à la cinquième station (presque à mi-chemin), des tracteurs approvisionnent les cafés jalonnant le chemin, et quelques vététistes se ruent depuis le sommet dans une descente vertigineuse, au grand dam des autorités.

Chaque année, quelque 300 000 personnes, dont un tiers d'étrangers, se lancent dans cette ascension de 8 heures. De nombreux Japonais marchent de nuit, afin d'assister au lever du soleil depuis le sommet, et quelques-uns marchent encore revêtus de la traditionnelle robe blanche. Tous ceux qui ont accompli ce trek entendront ce dicton japonais contemporain, prétendant que tous ceux qui ne sont jamais montés au mont Fuji sont des fous, et que ceux qui ont fait l'ascension plus d'une fois sont deux fois plus fous.

Hervé + Ursula — Mars 2008

Mémorial de la Paix d'Hiroshima

LE DÔME DE GENBAKU REVÊT UNE IMPORTANCE PARTICULIÈRE. EN EFFET, IL S'AGIT D'UN BÂTIMENT À MOITIÉ DÉTRUIT, QUE L'ON S'ATTACHE À CONSERVER EN L'ÉTAT. CET ÉDIFICE A UNE VALEUR SYMBOLIQUE, CAR IL FUT LE SEUL À RÉSISTER À LA PREMIÈRE ATTAQUE NUCLÉAIRE DE L'HISTOIRE.

Le 6 août 1945 au matin, l'explosion d'une bombe atomique au-dessus de la ville anéantit en un instant 70 000 habitants, alors que 70 000 autres succombèrent aux effets des radiations mortelles. Le dôme de Genbaku du Mémorial de la Paix d'Hiroshima rend hommage aux victimes de cette tragédie.

Baptisée « Little Boy », la bombe explosa à 600 m d'altitude au-dessus du Palais de la promotion industrielle de la préfecture d'Hiroshima. En dépit de la puissance phénoménale du souffle, le cœur du bâtiment resta intact. Le squelette d'acier de l'armature du dôme émergea, à l'horizon d'une cité réduite à néant. Cet édifice encore debout, vestige de briques et d'acier d'une beauté à la fois inattendue et étrange, est le souvenir d'un impensable drame.

Du commerce au temple Le dôme à l'origine revêtu de cuivre couronnait une tour de cinq étages, aux parois en pierre et ciment. L'édifice était la pièce maîtresse d'un complexe d'exposition commerciale, dont la réalisation avait été confiée en 1910 à un architecte tchèque, Jan Letzel. Le Japon commençait alors à s'ouvrir au monde.

Moins d'un demi-siècle plus tard, Hiroshima allait être reconstruite autour du dôme, et en 1966, le conseil municipal fit part de son intention de conserver en l'état cet édifice en ruines. Un banal bâtiment se retrouva ainsi transformé en un mémorial, à la portée symbolique universelle.

Mémorial de la Paix d'Hiroshima •

CHRONOLOGIE

1915
Ouverture du Hall de l'exposition commerciale

1933
Le site est rebaptisé Palais de la promotion industrielle d'Hiroshima.

6 août 1945, 8 h 15
Le site devient le dôme de Genbaku (bombe atomique).

1950-1964
Établissement du parc du Mémorial de la Paix.

1966
Le conseil municipal d'Hiroshima décide de préserver le dôme ainsi.

1996
Inscription du site au patrimoine mondial par l'UNESCO

Page ci-contre : témoignage de la force destructrice de l'attaque nucléaire, les ruines du dôme de Genbaku symbolisent en même temps l'espoir de la paix dans le monde.

Ci-contre : chaque année, le 6 août, en mémoire des victimes, des lanternes en papier sont lâchées sur les eaux de la rivière Motoyasu, à proximité du parc du Mémorial de la Paix d'Hiroshima.

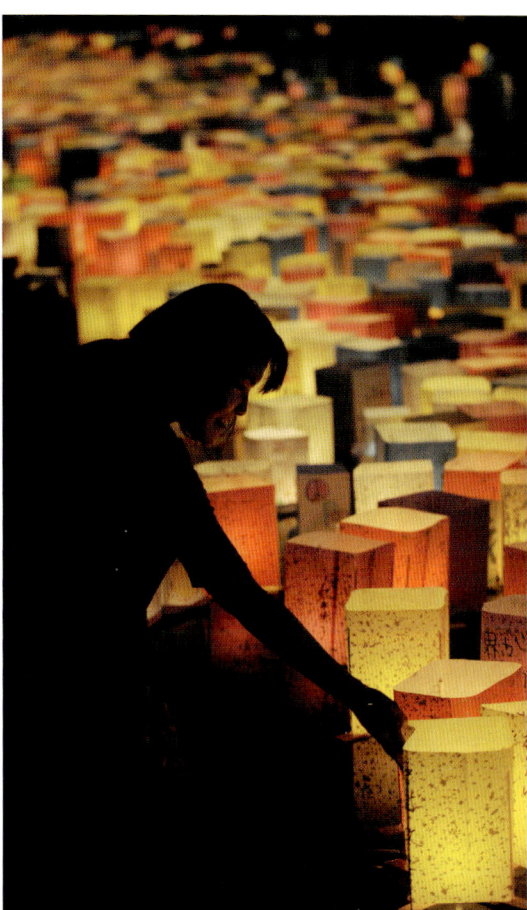

Préservation des ruines La préservation du dôme relevait d'une opération délicate. Le sol est jonché de briques et la structure originelle est telle qu'elle était dans l'instant qui suivit la détonation de la bombe. Des poutrelles d'acier supportent la fragile structure, dont les murs sont désormais maintenus au sommet. Un site vulnérable, sachant que les matériaux de construction vieux de plus d'un siècle restent exposés aux éléments et que le ciment qui servit à jointoyer les briques se dégrada sous l'effet de la fournaise nucléaire.

En 1996, le dôme fut classé par l'Unesco au patrimoine mondial. Les États-Unis se dissocièrent de cette décision, sous prétexte que le classement d'un Mémorial sur un « site de conflit » ne tenait pas compte du recul nécessaire par rapport au contexte historique. Néanmoins, en août 2010, un représentant du gouvernement américain assista pour la première fois à l'anniversaire du parc du Mémorial de la Paix. L'ambassadeur John Roos prononça ces mots : « Dans l'intérêt des générations futures, nous devons continuer à œuvrer ensemble en faveur d'un monde sans armes nucléaires ».

Ci-dessous : le cénotaphe du parc du Mémorial de la Paix d'Hiroshima, avec en arrière-plan le dôme de Genbaku, rend hommage à toutes les victimes de l'attaque nucléaire.

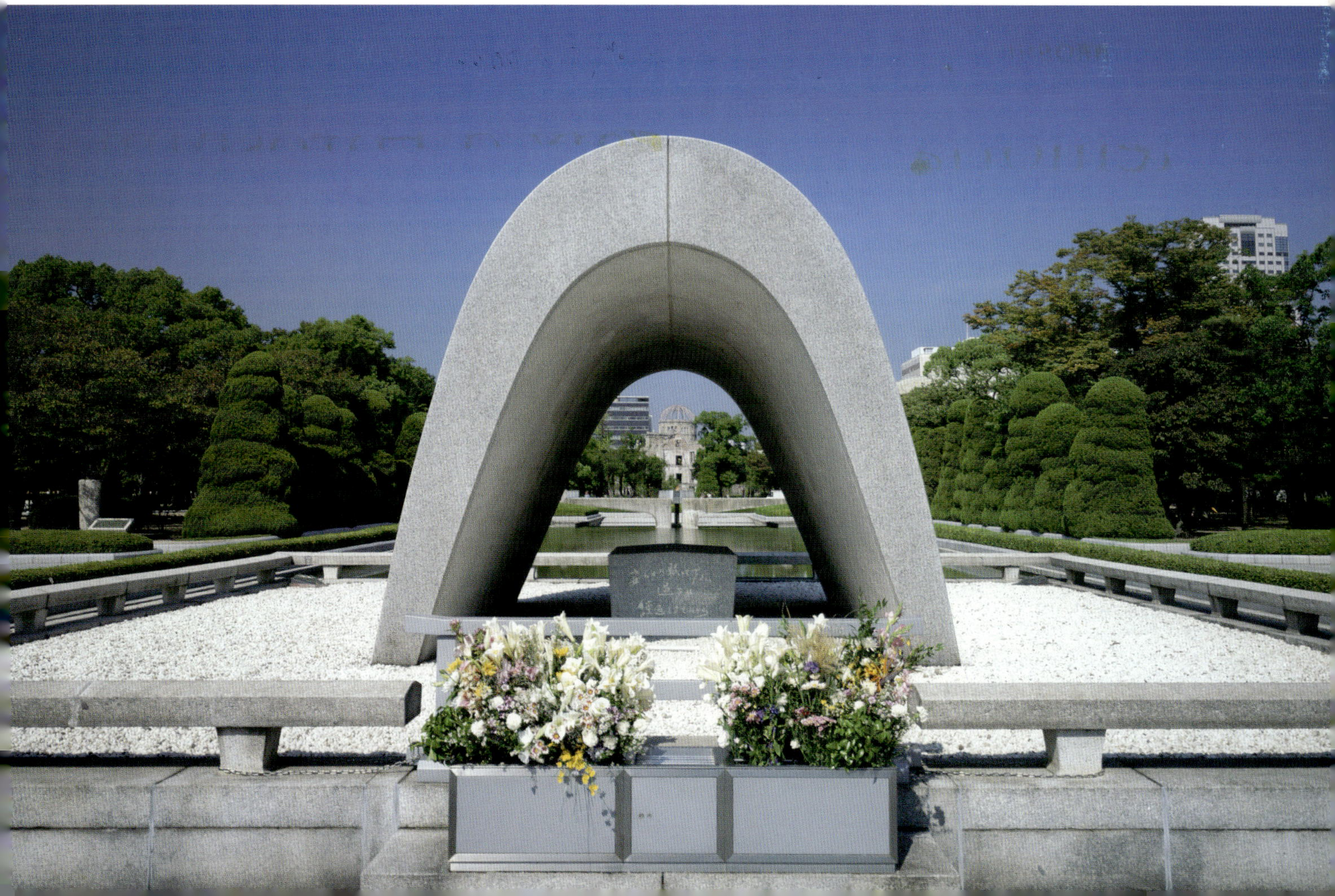

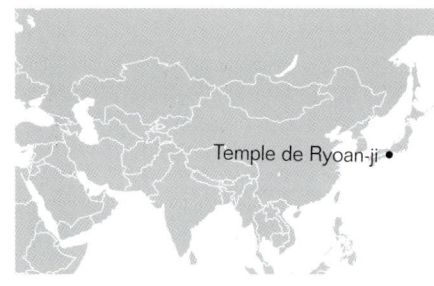

Hervé + Ursula Mars 2008

Jardin zen du temple de Ryoan-ji

LE CADRE DU TEMPLE DE RYOAN-JI SERT D'ÉCRIN À UN PAYSAGE MINIATURE CRÉÉ
DE TOUTES PIÈCES. LE TEMPLE DU REPOS DU DRAGON ABRITE UN JARDIN DE PIERRES
CONSIDÉRÉ COMME LE CHEF-D'ŒUVRE ARTISTIQUE DU JAPON, TÉMOIGNAGE D'UNE
DES EXPRESSIONS LES PLUS ABOUTIES DE LA CULTURE ZEN.

Le jardin est un artefact dépouillé, formant un rectangle de 10 x 30 m de fins graviers blancs ratissés abritant 15 rochers bruts et moussus répartis en trois groupes, ceinturé par un petit mur. Les rochers sont disposés de telle sorte, que l'un d'entre eux se dérobe toujours au regard. Les moines jardiniers ratissent le gravier autour des rochers, en dessinant des motifs ondulants codifiés, variant légèrement d'un jour à l'autre. Le gravier est ratissé en lignes droites parallèles aux côtés les plus longs du rectangle, et en cercles concentriques autour des rochers. La rencontre de droites et de cercles se fait qu'un seul gravier sorte des lignes.

Paysage minimaliste Le jardin zen exige un certain contexte pour être apprécié à sa juste valeur, bien au-delà d'une prétentieuse décoration extérieure. Le temple de Ryoan-ji, situé à Kyoto, appartient à la branche Rinzaï du bouddhisme zen, accordant une large place aux apories et aux paradoxes. En japonais, *zen* signifie « état méditatif », et le jardin au sud du temple invite à méditer sur la vie et ses contradictions.

Ce paysage minimaliste est rempli de vide. Ici, même le plus féroce des dragons trouverait la paix. Le jardin fait écho au mystère tapi au sein de l'ordre, à l'irrégularité qui sous-tend la symétrie, à la complexité au cœur de la simplicité et à l'immuabilité du passage des saisons. Les cerisiers au-delà

Temple de Ryoan-ji •

XIᵉ siècle
Le clan Fujiwara possédait le temple bouddhiste original de Ryoan-ji.

Fin du XVᵉ siècle
Hosokawa Katsumoto y résida, jusqu'à sa destruction lors de la guerre d'Onin. Selon ses volontés, le site sera transformé en un monastère zen.

1488-1499
Le fils d'Hosokawa fait bâtir un temple, dessine le jardin et ordonne la plantation des arbres.

Milieu du XVIIᵉ siècle
Premier témoignage écrit faisant mention du jardin de pierres, avec neuf rochers.

Fin du XVIIIᵉ siècle
Création du jardin sous sa configuration actuelle.

1994
Le temple et le jardin sont inscrits par l'Unesco au patrimoine mondial.

Page ci-contre : l'étendue calme du jardin de pierres porte en elle une idée d'infini et d'intemporalité. Le cerisier en arrière-plan renvoie à la mutabilité.

Ci-contre : au-delà d'un étang tapissé de nénuphars sur le terrain du temple de Ryoan-ji, un maître zen et des moines occupent le modeste temple de Daishu-in, lieu de vie simple, d'études et de méditation.

du mur du jardin fleurissent au printemps et perdent leurs feuilles à l'automne. La neige se dépose en hiver.

Méditation zen Quel que soit l'angle selon lequel on observe le jardin, les 15 rochers ne sont jamais alignés. Selon la numérologie bouddhiste, le nombre 15 renvoie à la complétude. Seule une profonde méditation permet d'atteindre l'illumination suffisante à l'appréhension de chaque pierre en un seul regard. Les abstractions du jardin renvoient à d'autres interprétations précises : le gravier symbolise la mer et les rochers des îles, ou une tigresse guidant ses petits au passage d'une rivière, ou encore un arbre et ses ramifications. Une approche moins littérale veut que le *karesansui* – paysage sec, dont ce jardin représente l'archétype – fasse référence à ce que les maîtres zen appellent « l'expérience directe de la réalité » au cœur du calme, encourageant l'observateur à plonger en lui-même.

À l'arrière d'un temple dominant le jardin, un tsukubai, ou bassin de pierre, invite les visiteurs à se purifier, par un lavage rituel des mains et un bain de bouche. Une inscription gravée au sommet du bassin réaffirme la sobriété de l'enseignement du bouddhisme : « Je n'apprends qu'à être satisfait ».

« Mais qu'est-ce que le jardin de Ryoan-ji a de si spécial ? » demanda un jour un voyageur à un moine bouddhiste.

« L'espace entre les rochers », répondit le moine.

Ci-dessous : le ratissage du gravier fait partie des tâches monastiques quotidiennes – le moine achève son travail par une série de sillons ondulants autour des 15 rochers.

Hervé – Oct 1992 –

Grande Muraille de Chine

DANS L'IMAGINAIRE COLLECTIF DU PAYS, LA GRANDE MURAILLE EST PERÇUE COMME UNE ENTITÉ VIVANTE. SEMBLABLE À LA QUEUE D'UN DRAGON LORS D'UNE FÊTE, ELLE ONDULE, DEPUIS LA MER, À L'EST, LE LONG DE PLAINES ET DE MONTAGNES DÉLIMITANT UN ARC DE CERCLE DE LA FRONTIÈRE MÉRIDIONALE À LA MONGOLIE INTÉRIEURE.

En termes de durée de construction et de longueur, la Grande Muraille de Chine septentrionale bat tous les records du monde. Sa construction débuta il y a plus de 2 500 ans, avec l'édification d'une série de murailles indépendantes, faites de bois et de boue compactée. Au début de la réunification des États chinois, ces murailles séparées furent consolidées et fortifiées, bénéficiant de l'ajout de tours de guets, communiquant entre elles par signaux de fumée le jour, et feux la nuit.

Consolidation sous les Ming Extensions et restaurations constantes aboutirent à une période concertée de construction sous la dynastie Ming (1368-1644), alors que la muraille atteignait près de 6 400 km de longueur. L'ouvrage fut qualifié de Grande Muraille de Chine. Une fois les fortifications défensives des diverses dynasties inclues, sa longueur dépasse les 48 000 km.

Les sections à proximité de la capitale Ming de Pékin sont particulièrement solides, mais elles ne réussirent pas à repousser les invasions mandchoues qui s'intensifièrent à la formation de la dynastie Qing. Près de la capitale chinoise, la muraille présente une hauteur de 8 m et une épaisseur de 5 m. Ses murs de pierres et de briques, avec ses remparts soulignant les sections les plus hautes, dominent un paysage sauvage. Imposante structure hérissée de tours, cette muraille a suscité bien des mythes, à l'image de tous les projets audacieux.

Grande Muraille de Chine •

Longueur
Environ 6 500 km

Proportions moyennes
8 m de hauteur,
5 m de largeur

Construction
2 000 ans, de l'époque
des Royaumes combattants
(476-221 av. J.-C.) à la
dynastie Ming (1368-1644)

Inscription par l'Unesco
Inscription au patrimoine
mondial en 1987

**La Grande Muraille
n'est pas...**
...visible depuis l'espace
et ne forme pas une
structure continue.

Page ci-contre : au niveau
de la section de Jinshanling,
la Grande Muraille épouse
le profil de la ligne de crête
d'une chaîne de montagnes,
couronnant chaque sommet
par une tour de guet.

Ci-contre : vue depuis
l'ouverture d'une tour de
guet, la section de Badaling,
près de Pékin, est la partie
la plus visitée de la Grande
Muraille de Chine.

Ci-dessous : la forteresse
de Jiayuguan fut érigée au
XIVᵉ siècle, afin de protéger
le premier col à l'extrémité
occidentale de la muraille.

Mythe de la Lune La Grande Muraille ne forme pas une structure unique, mais se compose d'une série de fortifications disparates, courant parfois en parallèle, et dont certaines sections les plus occidentales sont aujourd'hui érodées par les tempêtes de sable. Enfin, la Grande Muraille n'est pas visible depuis l'espace. La première référence à ce mythe est à mettre au compte de William Stukeley, qui écrivit en 1754 : « La Muraille de Chine est une configuration immense sur le globe terrestre et doit être observable depuis la Lune ». Il n'en est rien, sachant que l'épaisseur de la muraille, si on parvenait à l'observer depuis la Lune, serait équivalente à celle d'un cheveu humain vu d'une distance de 3 km. Alan Bean, qui marcha sur la Lune en 1969, apporta un témoignage décisif : « La seule chose que vous percevez depuis la Lune est une sphère magnifique, essentiellement blanche (nuages), avec un peu de bleu (océans), des taches jaunes (déserts), et de temps en temps un peu de végétation verte. En réalité, dès que vous quittez l'orbite terrestre et à seulement quelques centaines de kilomètres d'altitude, plus aucun ouvrage humain n'est visible ».

Mais la Grande Muraille sera toujours le symbole de l'expression d'une force brute et de cette propension des hommes de l'époque à ne pas regarder à la dépense dès qu'il s'agissait de défendre les frontières de leurs territoires. L'ouvrage est devenu une destination touristique internationale. Les visiteurs arrivent le plus souvent de Pékin – sachant que l'automne est la saison idéale.

Herri – Oct 1992

Place Tian'anmen

PERSPECTIVE URBAINE AUX DIMENSIONS HORS NORME, PLUS VASTE ESPLANADE AU MONDE, TÉMOIGNAGE DE LA DÉMESURE GÉOGRAPHIQUE, DÉMOGRAPHIQUE ET POLITIQUE DE LA CHINE, CETTE PLACE À NULLE AUTRE PAREILLE PEUT ACCUEILLIR PLUS D'UN DEMI-MILLION DES 1,3 MILLIARD D'HABITANTS DE CETTE NATION.

La place Tian'anmen visait le gigantisme. Construite en 1417, Tian'anmen, la « porte de la Paix céleste », se voulait l'affirmation de la puissance dynastique, dont l'impact se renforça au cours des siècles suivants, à la construction d'une imposante place impériale. Mais tout changea dans les années 1950. Dans une volonté de représentation de la grandeur du socialisme triomphant, on multiplia par quatre les dimensions de la place. La porte de Chine, vieille de 400 ans, fut démolie pour céder place aux monuments qui aujourd'hui encore dominent la place.

Monuments pour l'histoire Le rectangle de 800 x 500 m de la place est bordé d'édifices monumentaux, témoins d'un passé récent ou plus lointain. Au nord de Tian'anmen se trouve l'entrée de la Cité interdite, dont l'accès était exclusivement réservé à une élite féodale. Le marbre délicatement sculpté de la porte, comme la toiture aux tuiles jaunes, couleur de l'empereur, témoignent du savoir-faire des artisans de la Chine médiévale. Au sud, deux structures du XXᵉ siècle renvoient à un autre visage de la Chine. Le monument aux Héros du peuple, obélisque de 10 étages, fut érigé en 1959, à l'occasion de la célébration d'une décennie de communisme. À l'arrière se dresse un mausolée, construit en 1976, à la façade de style néoclassique, avec ses piliers de marbre blanc, abritant le cercueil en cristal où repose le corps embaumé du dirigeant Mao Zedong.

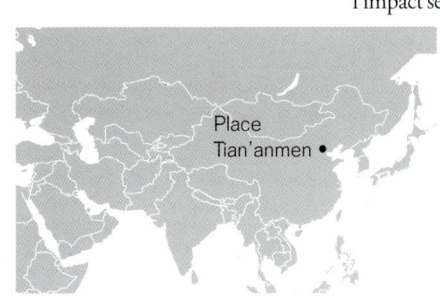

Place Tian'anmen

CHRONOLOGIE

1417
Construction de Tian'anmen, la porte de la Paix céleste donnant accès à la Cité interdite

1651
Conception et construction de la place Tian'anmen

1860
Britanniques et Français dressent un camp sur la place.

1er octobre 1949
Proclamation de la République populaire de Chine par Mao Zedong

1954
Démolition de la porte de Chine, dans le cadre des travaux d'agrandissement de la place

1976
Inauguration du mausolée de Mao

1989
Manifestations de la place Tian'anmen. L'armée ouvre le feu sur les manifestants, tuant 400 à 800 civils.

Années 1990
Construction du Grand Théâtre national

Page ci-contre : au-delà des toitures de la Cité interdite, la porte de la Paix céleste, du XVe siècle, fait face aux édifices du XXe siècle, érigés à l'autre bout de la place, symboles du triomphe de la révolution communiste.

Ci-contre : drapeaux rouges flottant au soleil couchant, avec en arrière-plan le palais de l'Assemblée du peuple. La place Tian'anmen est un lieu chargé d'histoire et d'émotion, au cœur de Pékin.

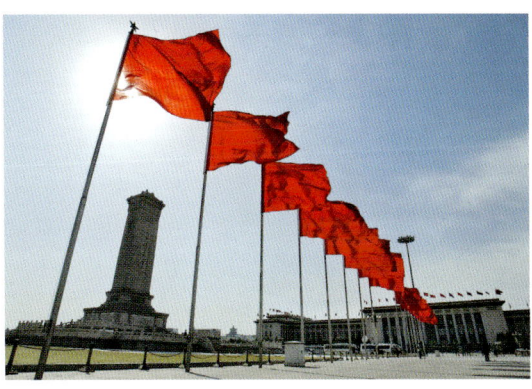

Le pouvoir politique est représenté à l'ouest de la place, avec le palais de l'Assemblée du peuple, un bâtiment des années 1950, abritant des bureaux gouvernementaux et un auditorium de 5 000 places, où se déroulent les sessions de la conférence consultative politique du peuple chinois. Face à cet édifice se trouve le musée national de Chine, inauguré en 2003, retraçant 10 000 ans d'histoire du pays.

Manifestations de 1989 Un événement sans précédent allait à jamais modifier son statut. Suite à l'effondrement du bloc soviétique en Europe, des milliers de manifestants se rassemblèrent sur la place, dans l'espoir de voir leur gouvernement s'ouvrir aux réformes. L'image de cet étudiant faisant face à une colonne de chars sur la place Tian'anmen fit le tour du monde et participa à inscrire ce lieu dans toutes les mémoires.

Ci-contre : soldat en faction, sous le portrait de Mao, au niveau de la porte de la Paix céleste, ouvrage du XVe siècle, donnant accès à la Cité interdite.

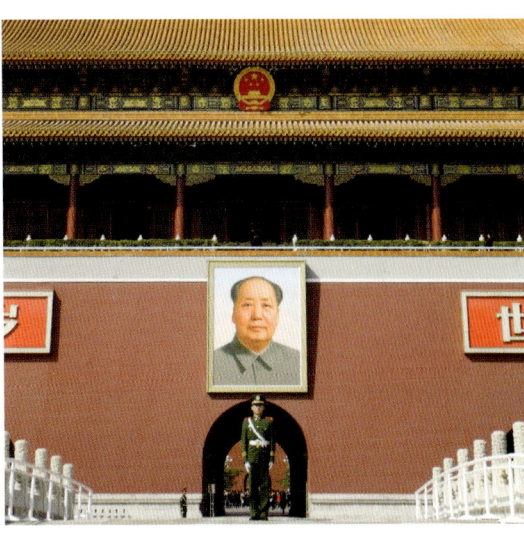

Ci-dessous : artistes s'entraînant à la danse traditionnelle du lion sur la place Tian'anmen, lors des Jeux olympiques de Pékin, en 2008.

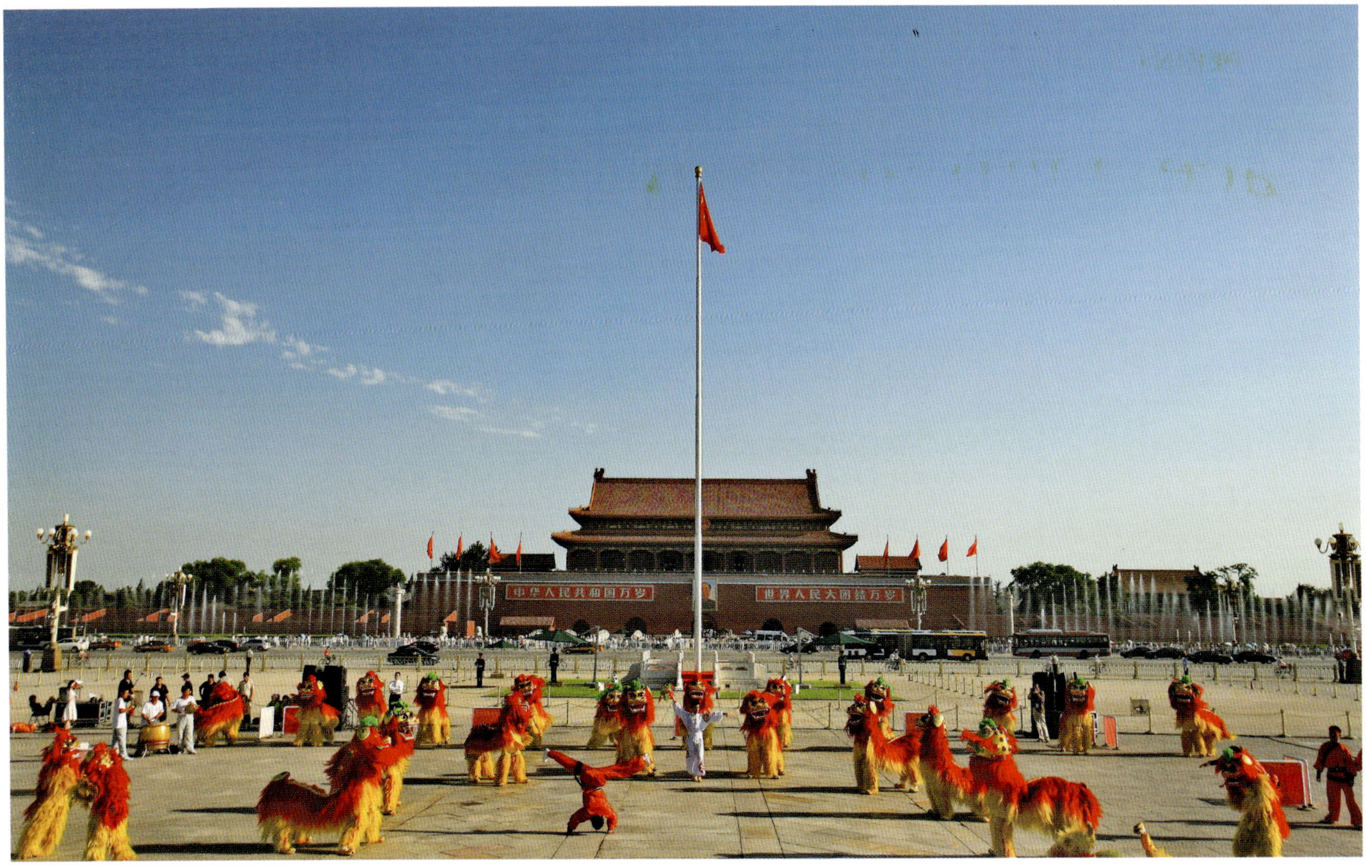

Hervé - Oct 1992

Stade national de Pékin

LE NID D'OISEAU : SCULPTURE OU ARCHITECTURE, STRUCTURE OU FAÇADE, ORGANIQUE OU INORGANIQUE, ORIENTAL OU OCCIDENTAL, COMMUNISTE OU CAPITALISTE, COLLECTIF OU INDIVIDUALISTE, FRAGILE OU SOLIDE, YIN OU YANG ? PRÉCIEUX BOL DE PORCELAINE OU FRAGILE NID D'HIRONDELLE ?

Il y a mille et une façons de percevoir un édifice, confie Li Xinggang, à la tête de l'Institut de recherches et de conception architecturales de Chine, qui collabora avec les architectes du consortium suisse Herzog & De Meuron à la construction du stade. Li dit approuver le surnom de « Nid d'oiseau » donné au stade, « En Chine, un nid d'hirondelle est un mets rare, que vous consommez lors de grandes occasions ».

Le Nid d'oiseau dont le coût s'éleva à près de 325 millions d'euros, fut le point de mire de cet événement exceptionnel que représentaient les Jeux olympiques d'été 2008. La forme et la structure extérieures en poutrelles d'acier de l'édifice

qui se dresse dans le ciel de Pékin invitent à la comparaison avec un nid d'oiseau. Comme dans un nid, les espaces entre les « mailles » de la superstructure sont comblés pour tempérer les effets du vent, de la pluie et du soleil – dans le cas du stade, le matériau utilisé était une membrane monocouche ETFE. Mais la comparaison ne s'arrête pas là. La culture chinoise évoque l'idée du nid dans le bol en porcelaine, et il est vrai que ce stade aux proportions gigantesques fait écho aux lignes et à la symétrie propres à l'une des formes d'art, la céramique, les plus pérennes et les plus délicates de la nation.

Un chaudron dans un nid La structure en acier était à l'origine conçue pour supporter un toit rétractable, mais l'idée fut abandonnée après l'effondrement d'une structure similaire,

INFORMATIONS

Architectes
Consortium Herzog &
De Meuron, Institut de
recherches et de conception
architecturales de Chine

Bureau d'études
Ove Arup & Partners

Coût
325 millions d'euros

Forme et matériaux
Armature d'acier de 42 000 t
ceinturant un chaudron de
béton indépendant.

Construction
Le 8 décembre 2003.
Inauguration le 28 juin 2008.
Le Nid d'oiseau est conçu
pour durer un siècle et
résister à un séisme de
magnitude 8.

Pelouse
7 811 m²

Ci-dessous : cérémonie de clôture des Jeux olympiques de Pékin, le 24 août 2008. À l'architecture audacieuse et au spectacle grandiose s'ajoutait la liesse disciplinée de la foule, offrant au monde une nouvelle image de la Chine.

Page ci-contre : de loin, ce nouveau monument national chinois semble aussi fragile qu'un nid d'oiseau.

Ci-contre : gros plan sur les portiques soudés de l'armature, plus assimilables à des branches qu'à des brindilles.

en mai 2004, à l'aéroport Charles de Gaulle, à Paris. Cet audacieux ouvrage de béton et d'acier fut érigé par 7 000 ouvriers. Ils construisirent deux parties structurellement distinctes : un exosquelette d'acier reposant sur 24 portiques soudés (de 1 000 t chacun) emprisonnant un chaudron de béton pouvant accueillir 91 000 spectateurs. Le stade abrite un hôtel, un restaurant et un centre commercial souterrain. Le chauffage fait appel à la géothermie et un dispositif de récupération des eaux pluviales sert à l'irrigation et aux installations sanitaires.

Puzzle chinois Le Nid d'oiseau est source de messages complexes et parfois contradictoires, traduisant les ambitions et le multiculturalisme du XXIᵉ siècle. Jacques Herzog, l'architecte suisse en charge du projet, rend hommage à ses argentiers : « Ils sont très ouverts d'esprit. Ils possèdent les choses les plus radicales dans leur tradition, la porcelaine la plus étonnante, des disques de jade perforé, des pierres de méditation (gongshi). Tout le monde est encouragé à l'extravagance en matière de design. Il n'existe pas de barrière entre le bon et le mauvais goût, entre le minimalisme et l'expressivité. Le stade de Pékin me dit que rien ne peut les choquer ».

Bouddha géant de Leshan

AU CŒUR DU SICHUAN, LE BOUDDHA DE LESHAN SIÈGE AU CREUX D'UN PROFOND RENFONCEMENT, SCULPTÉ À FLANC D'UNE FALAISE ESCARPÉE DOMINANT LES EAUX TUMULTUEUSES, À LA CONFLUENCE DE TROIS RIVIÈRES. FIGÉ DANS LA PIERRE, BOUDDHA, MAITREYA OU DAFO, DOMINE CE PAYSAGE DEPUIS PRÈS DE 1 200 ANS.

De loin, depuis la rivière, Maitreya apparaît comme une divinité sereine, un site calme autour duquel s'agitent de minuscules silhouettes. D'un point de vue religieux, Maitreya apparaît comme le futur Bouddha, à la venue annoncée et porteur d'un enseignement adapté à un monde plus éclairé que le nôtre. En attendant, l'humanité se presse autour de la divinité, ou d'une nouvelle attraction en bordure de rivière…

Encore plus près Détaillé depuis les côtés du renfoncement de la falaise, à l'endroit où la tête de Maitreya pointe parmi les arbres, le visage révèle un aspect plus humain. Dafo semble un nom assez approprié à ce drôle d'individu contemplant la vaste plaine à l'horizon barré de montagnes. Son visage présente une expression comique, avec ses yeux endormis et cette ébauche de sourire aux coins des lèvres, alors que ses bajoues et sa gorge ridée accentuent son côté temporel.

La légende veut qu'il ait dompté l'esprit de l'eau et calmé les rivières. Espoir et promesse de la statue vont bien au-delà de nos vies futures.

De bas en haut Saisi dans une vue en contre-plongée, depuis la berge de la rivière, Dafo fait figure d'immense gaillard. Ses ongles de pieds manucurés ont la taille de confortables fauteuils, mais sa tête, perchée 71 m plus haut, affiche une proportion réduite alarmante. Les 90 ans de travaux

Bouddha géant
de Leshan •

INFORMATIONS

Construction
713-803

Hauteur
71 m

Épaules
28 m de largeur

Doigts
3,5 m de longueur

Oreilles
7 m de hauteur

Sourcils
5, 5 m de longueur

Cheveux
1 021 petits chignons

Page ci-contre : colonne de touristes gravissant l'escalier à flanc de falaise pour observer Maitreya contemplant l'infini.

Ci-contre : le Bouddha de Leshan est sculpté si profondément dans la roche que ses orteils ne dépassent pas le pied de la falaise.

Ci-dessous : Dafo, ou l'expression d'une divine comédie dans ce visage aux yeux endormis esquissant un sourire.

nécessaires à l'achèvement de la statue prennent ici tout leur sens, et l'on comprend aisément que les quantités colossales de pierres déversées dans les eaux turbulentes finirent par rendre la rivière navigable. Et que dire de cet ingénieux système de drainage, dissimulé au niveau de la tête et des bras, derrière les oreilles et sous les vêtements, conçu pour évacuer discrètement les eaux de ruissellement et protéger la statue de l'érosion.

Menaces L'histoire du Bouddha n'a rien d'un long fleuve tranquille. L'ouvrage fut initié en 713 ap. J.-C., par Hai Tong, un moine qui consacra 20 ans à récolter des fonds. Lorsque l'administration locale tenta de voler l'argent, Hai Tong dit qu'il donnerait plutôt sa vue qu'arrêter son projet. Il s'arracha un œil, ce qui fit fuir les autorités localcs.

Douze siècles plus tard, d'autres menaces pèsent sur le Bouddha, confronté à la pression touristique et aux effets de la pollution. Deux problèmes majeurs à solutionner sans tarder pour que le Bouddha de Leshan résiste à un autre millénaire.

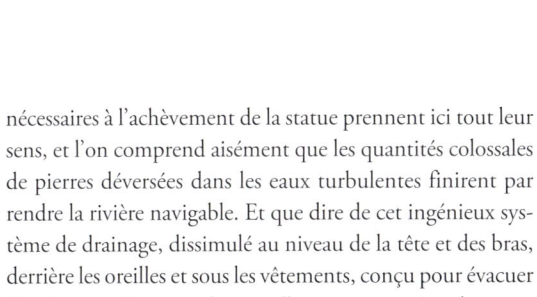

Palais du Potala

LE PALAIS DU POTALA FUT LE SIÈGE SÉCULIER ET SPIRITUEL DU TIBET JUSQU'EN 1959. DEPUIS, LE 14ᴱ DALAÏ-LAMA VIT EN EXIL, ALORS QUE SON PALAIS ET SES TEMPLES FURENT OFFICIELLEMENT TRANSFORMÉS EN MUSÉE. MAIS POUR LES PÈLERINS BOUDDHISTES, LE POTALA RESTE UN LIEU SACRÉ.

Les proportions du palais sont à la hauteur de la montagne qui lui sert d'écrin. Des rangées de fenêtres soulignent la partie supérieure de murs massifs inclinés, de 5 m d'épaisseur à leur base. Bâti à une altitude de 3 700 m, d'une hauteur maximale de 120 m, le palais et ses 13 niveaux abrite 1 000 pièces, 10 000 sanctuaires et 200 000 statues.

L'ensemble regroupe deux palais adjacents et leurs annexes. La liste de leurs multiples subdivisions n'est pas sans évoquer celle des espaces imaginaires d'un jeu vidéo : palais Blanc, palais Rouge, salles principales Ouest et Est, chapelles nord, sud, est et ouest, première, deuxième et troisième galeries, tombeaux, grottes et piliers sacrés… L'ensemble du Potala s'est développé pêle-mêle au fil des siècles.

Palais Blanc En 637, le roi tibétain Songtsen Gampo fit ériger un palais d'été dans la montagne pour son épouse chinoise, la reine Wen Cheng. L'édifice conserva cet usage jusqu'au milieu du XVIIᵉ siècle, lorsque le 5ᵉ dalaï-lama décida d'englober l'édifice dans ce qui devint le palais Blanc. Tout au long des trois siècles à venir, le palais Blanc fit office de siège du gouvernement tibétain, avec ses cérémonies officielles dans la grande salle de l'Est. Une route sinueuse conduit à une vaste esplanade face à l'édifice, où vécurent les dalaï-lamas successifs, leur trône au nord et leurs quartiers d'habitation aux étages supérieurs. Un bâtiment jaune, jouxtant la cour intérieure

Palais du Potala •

CHRONOLOGIE

637
Fondation par le roi
Songtsen Gampo

1645
Construction du palais
Rouge par le 5ᵉ dalaï-lama

1694
Construction du palais Blanc

1922
Le 13ᵉ dalaï-lama fait
rénover les chapelles et les
salles de réunion du palais
Blanc, et fait ajouter deux
niveaux au palais Rouge.

1959
L'armée chinoise pilonne
le palais et pille quelque
100 000 ouvrages et
documents. Exil du
14ᵉ dalaï-lama depuis lors.

1989-1994, 2002
Travaux de restauration
du palais

1994
L'Unesco inscrit le palais
au patrimoine mondial.

Page ci-contre : vue
panoramique du palais
du Potala, dressé dans
les montagnes des
contreforts himalayens.

Ci-contre : moine tibétain
grimpant des escaliers
conduisant à un niveau
supérieur, dans l'enceinte
du palais du Potala.

À droite : dans la ville
proche de Lhassa, capitale
la plus haute du monde, une
Tibétaine assise sur les
marches devant sa maison
fait tourner un moulin à
prières. En dépit des
menaces que fait peser le
gouvernement chinois, le
bouddhisme tibétain
demeure une force vive
dans le pays.

Ci-contre : devenu musée,
le palais du Potala reste un
sanctuaire dans le cœur des
pèlerins tibétains. Cet
homme fait tourner des
moulins à prières.

À droite, en bas : palais aux
proportions écrasantes,
dans un cadre naturel,
calme et harmonieux.

abrite des bannières brodées, drapées sur la façade sud du
bâtiment à l'occasion du nouvel an.

Palais Rouge À l'ouest, le palais Rouge était dédié à
l'étude et à la prière. Construit dans les années 1690 pour
accueillir les stupas abritant les dépouilles des dalaï-lamas, cet
édifice aux multiples niveaux présente un réseau labyrinthique
de passages, menant à des salles, chapelles, bibliothèques et
galeries. La grande salle de l'Ouest abrite quatre chapelles aux
peintures murales délicates, proclamant la gloire et la puissance
du 5ᵉ dalaï-lama, initiateur de cette extravagante architecture.

La chapelle nord de la grande salle de l'Ouest sert d'écrin
au sanctuaire miniature le plus sacré du Potala, un minuscule
vortex plongeant dans le temps et les arcanes de la religiosité.
Cette chapelle datant d'environ 1 400 ans serait la chapelle
royale de Songtsen Gampo. Au-dessus de l'entrée, inscrite en
lettres bleues et or, on peut lire la citation d'un empereur
chinois du XIXᵉ siècle, proclamant que le bouddhisme est « le
champ béni d'un merveilleux fruit ». À l'intérieur se trouve la
statue incrustée de pierres précieuses d'Avalokiteçvara, incarnation de la compassion de tous les bouddhas. Un sombre
couloir descend vers la grotte de méditation du roi Dharma,
où Songtsen Gampo étudia autrefois le bouddhisme et où un
érudit du nom de Sambhota développa l'écriture tibétaine, en
compagnie du roi tibétain, de son épouse chinoise et, sans
aucun doute, de nombreuses divinités.

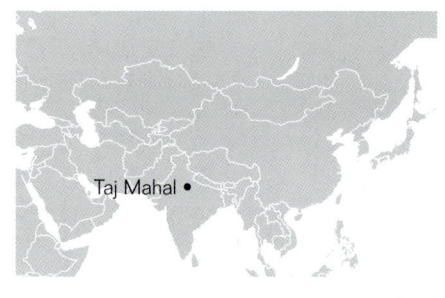

Hervé – 1987
Ursula + Hervé – Fev. 2002

Taj Mahal

ON DIT QUE LE TAJ MAHAL SEMBLE DIFFÉRENT À CHAQUE FOIS QU'ON LE REGARDE.
AU FIL DE LA JOURNÉE ET DES SAISONS, SON MARBRE REFLÈTE LES COULEURS
CHANGEANTES DU CIEL, VIRANT DU BLANC VIRGINAL AU ROSE ET AU JAUNE CIREUX,
AVANT DE PROJETER SES OMBRES PASTEL SOUS L'ÉCLAT DE LA PLEINE LUNE.

Les courbes et la symétrie du Taj Mahal métamorphosent la pierre en chair. Un éblouissant mausolée que le monde s'accorde à reconnaître comme le plus grand des monuments dédiés à l'amour, « Une larme solitaire posée sur la joue du temps », comme le définissait le poète bengali Rabindranath Tagore.

Multiculturalisme L'empereur moghol Chah Jahan fit édifier le Taj Mahal en 1632, pour son épouse. Certains prétendent qu'il était musulman, d'autres affirment qu'il était hindou, mais qu'importe, l'ouvrage transcende les différences culturelles, par son éclectisme autant que par sa beauté. L'architecture mélange art perse, musul-man et indien. Selon certains, l'architecte en chef aurait été un Turc du nom de Ustad Isa, pour d'autres, il s'agissait d'un ingénieur perse, appelé Ahmad. Un calligraphe persan sculpta dans le marbre des inscriptions coraniques et apposa sa signature à la base du dôme, « Écrit par un être insignifiant, Amanat Khan Shirazi ».

Sources multiples Le marbre blanc était transporté depuis Makrana, à 400 km de là. Le jade et le cristal venaient de Chine, le lapis-lazuli d'Afghanistan, le corail et la nacre de l'océan Indien. Les Britanniques peuvent revendiquer leur influence, ne serait-ce que dans les pelouses posées lors des travaux de rénovation au début du XXe siècle. Le fleuron de bronze doré au sommet du dôme est à l'évidence un motif

CHRONOLOGIE

1632-1653
Construction

1857
Lors de la rébellion indienne, pierres précieuses et lapis-lazuli furent arrachés.

1908
Fin des travaux de restauration.

1942
Un échafaudage est érigé pour protéger le Taj Mahal en cas de bombardements.

1965 et 1971
Lors des guerres indo-pakistanaises un échafaudage est érigé.

1983
Inscription du mausolée au patrimoine mondial.

Page ci-contre : édifié à l'époque où l'empire moghol se trouvait à l'apogée de sa puissance et de sa prospérité, le Taj Mahal misa sur la démesure.

Ci-contre : au coucher du soleil, le Taj Mahal se voile de rose chaud, alors que la symétrie parfaite de l'édifice se reflète dans les eaux du canal principal.

Ci-dessous : au sein du mausolée, des décorations basées sur la technique du pietra dura *(parchin kari)* révèlent des incrustations incluant 35 pierres semi-précieuses pour un motif.

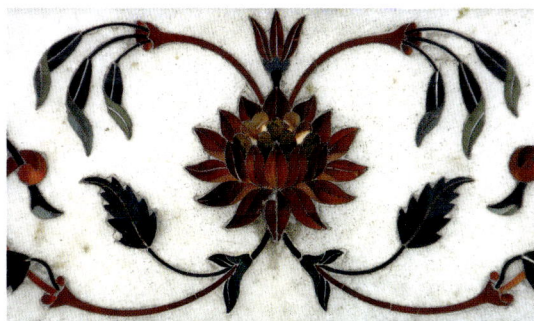

islamique, mais sa disposition révélant la forme d'un trident, fait clairement référence à Shiva, le dieu hindou suprême.

Règle de quatre La courbe féminine du dôme en bulbe s'explique d'un point de vue structurel, sachant que la forme participe au transfert direct de la masse vers le bas. Un dôme central encadré par quatre petits kiosques à dôme en oignon, reposant sur des piliers à arcs polylobés laissant filtrer la lumière. Quatre minarets, à chaque coin, accentuent la symétrie de l'ensemble. Cette règle de quatre se retrouve à différents niveaux de l'édifice, en référence au principe de l'arabesque qui veut que chaque élément soit séparé, mais néanmoins intégré à un tout. La structure principale repose sur une terrasse carrée faisant face à quatre bassins aux eaux miroitantes, eux-mêmes subdivisés en quatre sections.

Ce qui s'inscrit en grand sous une forme architecturale et paysagée se retrouve en miniature au niveau des abstractions géométriques rehaussant les plinthes, les minarets et les façades. Certaines inscriptions renvoient à des messages clairs, d'autres relèvent de ces mille et une façons d'exprimer « l'amour ».

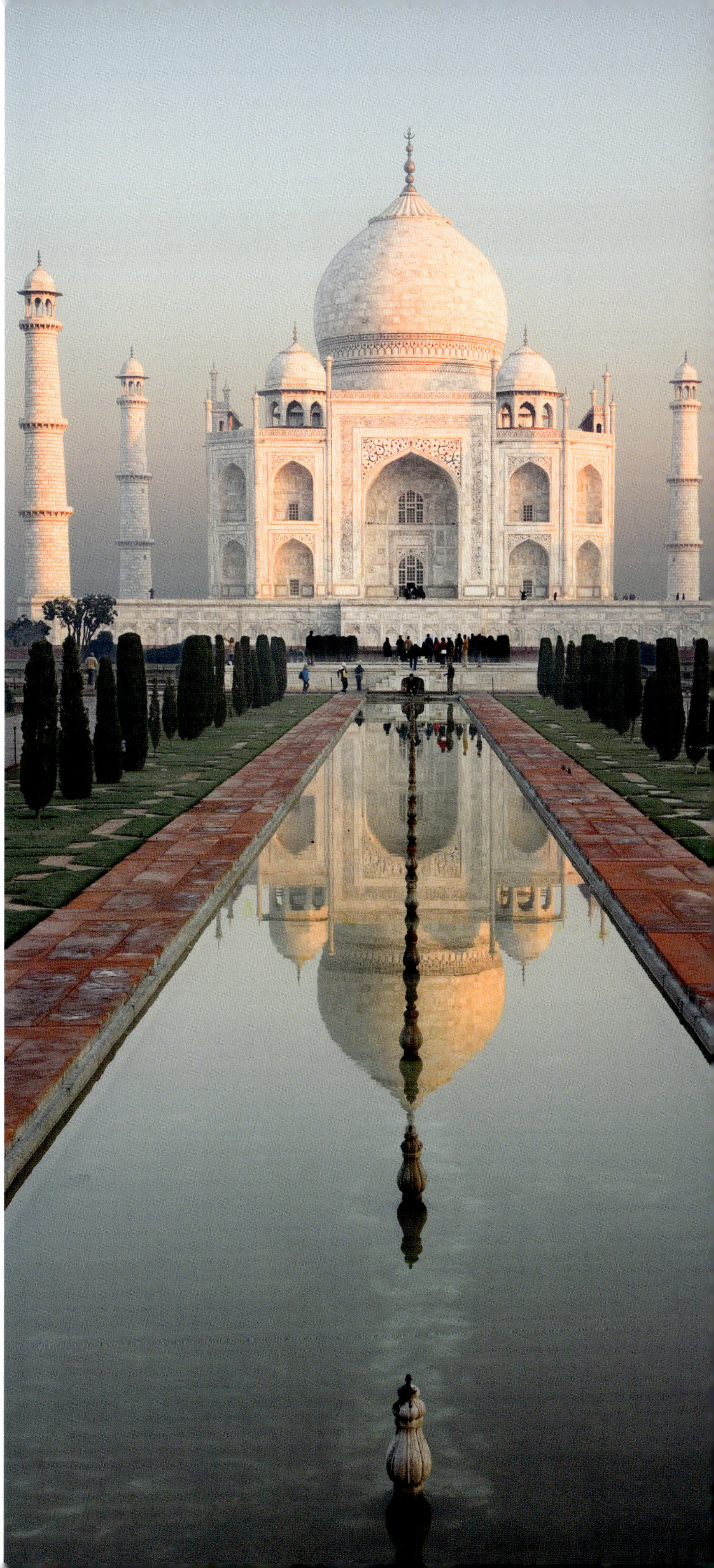

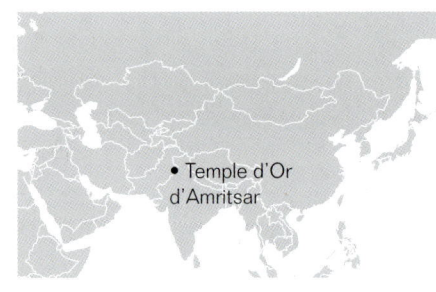

Hervé - 1987 on way to Kashmir the airplane stopped here

Temple d'Or d'Amritsar

le foyer du Sikhisme

CE TEMPLE CONSTITUE LE FOYER DU SIKHISME. SON NOM FAISAIT AUTREFOIS RÉFÉRENCE À UN LAC, AVANT L'ÉDIFICATION D'UN TEMPLE AU CENTRE DU PLAN D'EAU ET LE DÉVELOPPEMENT DE LA VILLE SUR SES BERGES. AMRITSAR SIGNIFIE « BASSIN DE NECTAR D'AMBROISIE » – BREUVAGE DES DIEUX ET BAUME APAISANT.

Des conflits entraînèrent plusieurs changements de nom de ce temple, considéré par les Sikhs comme le plus sacré de tous. Dans les années 1760, après la destruction presque totale d'Amritsar par des musulmans afghans, le temple fut reconstruit et prit le nom de temple d'Or, en référence aux 100 kg de feuilles d'or qui lui donnent son éclat. Un autre changement de nom intervint en 2005, deux décennies après que l'armée indienne eut attaqué un groupe de séparatistes sikhs qui avaient trouvé refuge au sein du temple. L'édifice est aujourd'hui connu sous le nom de Harmandir Sahib, ou illustre temple de Dieu.

Harmandir Sahib ne fut pas conçu comme une forteresse. Au cœur du sikhisme – religion qui se développa au XVe siècle, –, le gurdwara, ou temple sikh, reflète les principes du sikhisme, basés sur l'ouverture et la croyance en l'égalité des Hommes. Le temple possède quatre entrées, symbole d'accueil et d'ouverture aux voyageurs venus des quatre points cardinaux. L'architecture mêle références hindoues et musulmanes.

Accès au temple L'accès au centre du complexe exige d'emprunter la promenade (parikrama) ceinturant le lac, dans le sens inverse des aiguilles d'une montre. Parvenu au niveau de la porte d'Argent (Darshani Deori), le visiteur emprunte une chaussée de marbre conduisant au temple. Au loin, des coupoles d'argent encadrent un dôme d'or central, en forme

• Temple d'Or d'Amritsar

Ci-dessus : Harmandir Sahib, ou le temple d'Or, dressé au centre de l'Amrit Sarovar, ce « bassin de nectar » alimenté par une source souterraine.

À droite, au centre : pèlerins venus rendre hommage à Sri Gurû Nânak Dev (1469-1539), père fondateur du sikhisme, la veille du jour de son anniversaire.

À droite, en bas : prêtres assis derrière le *Gurû Granth Sahib*, le livre saint des Sikhs, lors de la cérémonie de Jalau, marquant l'implantation du sikhisme à Amritsar, en 1604.

CHRONOLOGIE

1585-1601
Édification du premier temple

Années 1760
Saccagé par les Afghans, le temple est reconstruit.

1984
L'assaut de l'armée se solde par la mort de 500 Sikhs. Quatre mois plus tard, Indira Gandhi, responsable de l'opération, est tué par ses gardes du corps sikhs.

1998
Sonia Gandhi, belle-fille d'Indira, présente des excuses aux Sikhs pour l'attaque de 1984.

2005
Le temple est officiellement rebaptisé Harmandir Sahib.

de lotus. Une passerelle rappelle aux pèlerins le voyage de l'âme après la mort. Ceux qui l'empruntent vivent ici une expérience bien réelle, dont le sublime Harmandir Sahib au centre du lac constitue le point d'orgue.

Intérieur Pour visiter, il faut ôter ses chaussures, se laver les pieds et se couvrir la tête d'un foulard. À l'intérieur, motifs floraux de style islamique et incrustations de pierres semi-précieuses ornent les murs de marbre blanc, entrecoupés de baldaquins piqués de pierres semi-précieuses. Toutes les surfaces disponibles portent des shabad du *Gurû Granth Sahib*, le livre saint des Sikhs. Le temple abrite de splendides mémoriaux rendant hommage à des gourous et martyres sikhs, ainsi qu'aux soldats des Première et Seconde Guerres mondiales.

La visite s'achève dans la salle de la cantine (Guru-ka-Langar) où sont chaque jour servis des repas à 35 000 pèlerins. Tous sont les bienvenus, et personne n'est obligé de payer. Les pèlerins mangent assis à même le sol, sans distinction de caste, de statut, de richesse ou de religion et, pour un moment, chacun peut partager le doux nectar d'ambroisie de l'équité.

Ursula + Hervé - Feb 2002

INDE, NEW DELHI

Fort Rouge

New Dehli

LE LAL QIL'AH, OU FORT ROUGE, EST UN MONUMENT INCONTOURNABLE DE NEW DELHI. FORTERESSE ÉDIFIÉE AU MILIEU DU XVIᵉ SIÈCLE, POUR SERVIR DE RÉSIDENCE À L'EMPEREUR MOGHOL CHAH JAHAN, LE BÂTIMENT SERVIT DE CASERNE À L'ARMÉE BRITANNIQUE, DE 1857 À 1947, PUIS À L'ARMÉE INDIENNE, JUSQU'EN 2003.

De nos jours, le fort Rouge est avant tout un site touristique, dédié au commerce et aux spectacles. Le fort sert de cadre à des spectacles mettant en scène l'Inde pré et post-coloniale, comme le son et lumière illuminant les murs sculptés du fort, sur fond d'histoire moghole, ou encore la célébration annuelle de l'indépendance de l'Inde, libérée du joug britannique en 1947, qui se déroule le 15 août en présence du premier ministre indien, et donne lieu à une cérémonie solennelle de levée du drapeau au-dessus des remparts de grès rouge du fort.

Fortification Le drapeau indien flotte au-dessus du mur d'enceinte longé de douves de près de 2,5 km, dont la hauteur n'est jamais inférieure à 18 m. Des tours semi-octogonales gardent les deux portes principales du fort, culminant à une hauteur de 33,5 m. Cette architecture guerrière révèle un étonnant souci d'ornementation, trahissant le faste des merveilles abritées au cœur de cette forteresse.

À voir Les palais et jardins du fort, pillés durant les périodes d'occupation militaire, ont néanmoins conservé leur richesse, avec une ornementation fidèle au style impérial moghol, décoratif et coloré, puisant dans les traditions perse, timouride et hindoue. La porte monumentale de Lahore (site de la cérémonie de levée de drapeau le jour de l'Indépendance) donne accès au Chatta Chowk, passage voûté où se succèdent les étals de commerçants, débouchant sur une aire où se dressent des

CHRONOLOGIE

1546
Construction au nord du site du fort Salimgarh, aujourd'hui en ruines

1648
Fin des travaux du fort Rouge, ou Qila-i-Mubarak.

1783
Occupation par les Sikhs

1857
Occupation par l'armée britannique qui détruit certains palais résidentiels.

1913
Le fort devient monument national.

1947
L'armée indienne prend le contrôle du fort.

2000
Le fort est visé par un attentat terroriste, qui veut faire échouer les pourparlers de paix entre l'Inde et le Pakistan.

2003
Le contrôle passe aux mains des autorités touristiques.

2007
Inscription du fort au patrimoine mondial par l'Unesco

Page ci-contre : la porte de Lahore, une des portes principales du fort Rouge, un symbole à elle seule, site des cérémonies célébrant le jour de l'Indépendance du pays et la fin de la domination britannique, en 1947.

Ci-contre : on imagine Chah Jahan sortant de ses appartements privés, au cœur du fort, pour venir prendre place sur ce trône de marbre surélevé, ou jarokha, au baldaquin finement ouvragé.

pavillons de marbre, des piliers sculptés de motifs floraux avec incrustations de pierres semi-précieuses. La salle des audiences publiques (Diwan-i-Aam) abrite un trône sous un baldaquin de marbre ouvragé, autrefois protégé de grilles d'or et d'argent, sur lequel prenait place l'empereur pour rendre la justice. À proximité se dresse la mosquée de la Perle à trois coupoles, avec sa salle de prières au sol de marbre noir souligné de tapis.

Dualité Coupant la place en deux, une large avenue servait autrefois à séparer les bâtiments militaires du fort, à l'ouest, de ses palais, à l'est. À l'extrémité sud de l'avenue se dresse la porte de New Delhi, ouvrant sur la ville.

Le fort Rouge est un site aujourd'hui symbole de division et d'unification. La plus somptueuse des forteresses eut toujours pour vocation de flatter l'œil, tout en préservant ses qualités guerrières. Sa devise architecturale pourrait être : « Viens, mais ne t'aventure pas trop près ».

Ci-dessous : les visiteurs qui arpentent les lieux découvrent des perspectives et des splendeurs architecturales édifiées à la gloire des empereurs du XVIe siècle.

INDE, NEW DELHI

Porte de l'Inde

À NEW DELHI, TOUTES LES ROUTES MÈNENT À CET ARC MONUMENTAL, CONÇU DANS LE PLUS PUR STYLE IMPÉRIAL EUROPÉEN. CETTE STRUCTURE DE GRANITE ET GRÈS ROUGE, DRESSÉE AU CŒUR D'UN PAYSAGE FORMEL DE PARCS ET DE LACS, DOMINE UNE ESPLANADE PUBLIQUE, POINT DE CONVERGENCE DE LA NOUVELLE CAPITALE.

Porte de l'Inde •

Dans un ultime sursaut, l'Empire britannique décida de transférer la capitale indienne de Calcutta à Delhi. Une nouvelle cité devait voir le jour, et Sir Edwin Lutyens, architecture anglais dont le nom était synonyme d'un style architectural qualifié d'edwardien, fut chargé d'en établir les plans, en 1912. En 1920, il travailla comme architecte en chef auprès de la Commonwealth War Graves Commission, et conçut le Cénotaphe de Whitehall à Londres. Son arc indien, un ajout tardif à ce que l'on qualifia d'architecture classique de Delhi, fut érigé en hommage au sacrifice des soldats indiens lors de conflits étrangers.

Mémorial Les murs de l'arc de triomphe de Luytens sont gravés des noms des 90 000 soldats indiens tombés pour la Grande-Bretagne lors de la Première Guerre mondiale et de la troisième guerre anglo-afghane de 1919. Sous l'arc, une flamme brûle aux quatre coins du cénotaphe, et un étroit dôme au sommet de l'arc, culminant à 42 m de hauteur, supporte une vasque où brûle de l'huile en mémoire des victimes.

Pavillons et statues Cette version XXᵉ siècle de l'arc de triomphe porte l'inscription « INDIA ». Un baldaquin proche offre un aspect plus authentiquement indien, en reprenant le profil des pavillons construits avant le Raj britannique. Il abritait autrefois une statue de George V, retirée lorsque l'Inde débarrassée du joug britannique accéda à l'indépendance,

INFORMATIONS

Architecte
Sir Edwin Lutyens, dans le cadre de ses plans d'urbanisation de New Delhi

Construction
Conception en 1920, pose de la première pierre en 1921, inauguration en 1931

Hauteur
Hauteur totale 48 m
Hauteur de l'arc 27 m

Appellation
Ouvrage à l'origine connu sous le nom de All India War Memorial, rebaptisé Porte de l'Inde en 1947.

Page ci-contre : la Rajpath, une avenue qui conduit à la Porte de l'Inde, où l'Empire britannique rendit hommage aux soldats indiens de l'armée britannique.

Ci-contre : autre réalisation de Lutyens, le baldaquin de pierre à l'arrière de la Porte de l'Inde révèle un style plus authentiquement indien.

Ci-dessous : cavaliers de l'armée indienne convergeant vers la Porte de l'Inde, le jour de la République, le 26 janvier, avant de redescendre le long de Rajpath, lors d'un défilé militaire.

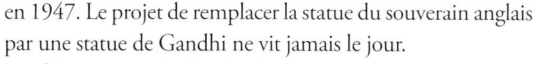

en 1947. Le projet de remplacer la statue du souverain anglais par une statue de Gandhi ne vit jamais le jour.

Changements En 1931, le vice-roi britannique, Lord Irwin, inaugura cette structure polyglotte rebaptisée All India War Memorial. Après 1947, la structure prit le nom de Porte de l'Inde. Dans les années 1970, l'Amar Jawan Jyoti (« flamme du soldat éternel ») fut allumée au niveau du nouveau cénotaphe de marbre noir placé sous l'arc, rendant hommage à une nouvelle génération de soldats tombés durant la guerre indo-pakistanaise.

Célébration La Porte de l'Inde possède le statut de site sacré contemporain. Chaque année, pour le jour de la République (26 janvier), politiciens et militaires indiens se retrouvent ici pour rendre hommage aux soldats indiens tombés lors de nombreux conflits. En général, une ambiance de fête règne aux abords du site, encombré de vendeurs de rues et d'une foule compacte, déambulant entre colporteurs et vendeurs de chaats – spécialité épicée d'Inde du Nord à base de pomme de terre – de friandises, de glaces et de boissons pétillantes.

CAMBODGE, SIEM REAP

Urcula + Hervé - feb Mars 2002
+ 2 autres fois

Angkor Vat

DANS LA TÊTE DE TOUS LES EXPLORATEURS EN HERBE SOMMEILLE L'IMAGE
D'UN TEMPLE MONUMENTAL DISSIMULÉ AU CŒUR D'UNE JUNGLE LUXURIANTE
ET IMPÉNÉTRABLE. ANGKOR VAT, CITÉ MONASTÈRE CAMBODGIENNE DU XIIᵉ SIÈCLE,
EST UN COMPLEXE DE TEMPLES ET DE TOURS À L'ORNEMENTATION TRÈS RAFFINÉE.

La structure à trois étages du temple est dominée par cinq tours en forme de bouton de lotus. Ces pinacles de grès poli symbolisent probablement les cinq sommets du mythique mont Meru, demeure des divinités hindoues. L'entrée principale fait face à l'ouest, sans doute parce que le complexe devait servir de temple funéraire au roi Suryavarman II, ou bien parce qu'il était dédié à Vishnou, régent de l'ouest de l'Univers.

Temple monumental On estime que la construction du temple exigea le transport sur l'eau d'environ 5 millions de tonnes de grès (soit l'équivalent de la quantité de pierres utilisées à la construction de la pyramide de Khephren, en

Égypte), issu d'une carrière située à près de 40 km du site. La tour centrale, ce saint des saints de 65 m de hauteur, à l'accès autrefois réservé aux seuls prêtres, offre aujourd'hui aux touristes un point de vue imprenable sur la cité perdue. Un mur d'enceinte de 4,5 m de hauteur ceinture un rectangle de 1,025 km sur 800 m de côtés, lui-même bordé d'un fossé de 190 m de largeur. Ce dernier ouvrage défensif fut efficace pour protéger Angkor Vat, du moins jusqu'au début du XVIᵉ siècle, avant que la nature reprenne ses droits sur la cité abandonnée. Angkor Vat fut le seul temple à avoir survécu, foyer de la tradition hindouiste, puis centre religieux bouddhiste.

Histoires dans la pierre Le travail réalisé ici est colossal. En l'absence de mortier, les blocs ont été assemblés à l'aide

Angkor Vat •

CHRONOLOGIE

1113-1150
Édification d'un temple hindou
au cœur d'Angkor, sous
le règne de Suryavarman II.

1177
Pillage du temple par les
Chams, ennemis des Khmers.

Années 1490
Temple converti
au bouddhisme.

Vers 1580
Première mention du temple,
par un voyageur européen.

1863
Représentation d'Angkor Vat
sur le drapeau du Cambodge.

1986 et 1992
Travaux de restauration
par l'Archaeological Survey
of India, avant l'inscription
d'Angkor Vat par l'Unesco
au patrimoine mondial.

En haut, à droite : enfants
plongeant dans le bassin
d'Angkor Vat, une vue
familière depuis près d'un
millénaire.

Ci-contre : des bas-reliefs
finement ouvragés
couvrent presque toutes
les surfaces disponibles.

Ci-dessus : Angkor Vat,
vaste et délicat miracle
de grès, se reflétant dans
les eaux du large fossé qui
protège le site de l'avancée
de la forêt tropicale.

Ci-contre : au XIIᵉ siècle, les
tours dominaient une cité
édifiée au cœur de la jungle.
Seuls les brahmanes
hindous avaient le droit de
contempler le panorama du
sommet de la tour centrale.

d'un système à tenon et mortaise ou à onglet, sculptés dans la
pierre, avant un polissage de finition. À l'intérieur, le travail
de décoration est tout aussi remarquable, avec une multitude
de bas-reliefs couvrant murs, colonnes et toitures. Une des
frises illustre le mythe hindou de la création, avec le barattage
de la mer de lait et Vishnou au centre, au-dessus de son avatar,
la tortue Kurma, alors que d'autres dépeignent des épisodes
des grandes épopées du Ramayana et du Mahabharata. La
sculpture se fait architecture dans cette exubérante débauche
de scenarii figés dans la pierre, où entrent en scène chars et
batailles, licornes et griffons, dragons et éléphants, guirlandes,
danseuses et esprits protecteurs bienveillants.

Un exotisme dont le raffinement enflamma l'imagination
occidentale à partir du milieu du XIXᵉ siècle, à l'époque où le
voyageur français Henri Mouhot explora le royaume secret du
Cambodge. Il écrivait : « Ce temple – concurrent de celui de
Salomon, et édifié par des Michel-Ange des temps anciens –
trouverait place aux côtés de nos plus grands édifices. Sa grandeur dépasse ce que la Grèce et Rome nous ont légué ».

Mur occidental

ISRAËL, JÉRUSALEM

Mur occidental

CE SITE EST LE PLUS DISPUTÉ DE LA PLANÈTE. AU XIXᴱ SIÈCLE, LA TRADITION CHRÉTIENNE EUROPÉENNE LE REBAPTISA MUR DES LAMENTATIONS, LA TRADITION JUIVE LUI DONNE LE NOM D'HAKOTEL ET LA TRADITION MUSULMANE CELUI D'AL-BURAQ. LE NOM PRÊTANT LE MOINS À POLÉMIQUE EST MUR OCCIDENTAL.

Pour les juifs orthodoxes, le Hakotel est l'endroit le plus proche du site considéré comme le plus sacré du judaïsme, celui de la « pierre de fondation » du temple de Jérusalem sur le mont Moriah. Pour les musulmans, Al-Buraq garde le Noble Sanctuaire (ou mont Moriah), d'où le prophète Mahomet effectua son ascension vers les cieux. Autrement dit, un site stratégique, au cœur de la discorde religieuse à l'origine du conflit politique israélo-arabe.

Mur originel Le Mur occidental représente une section d'un long mur de soubassement, érigé peu avant la naissance du Christ, en guise de structure d'appui d'une terrasse où se dressait

autrefois le temple d'Hérode. De ce mur originel qui s'étendait sur près de 500 m sous l'esplanade, il ne reste plus qu'une section de 80 m de longueur au sud, le « petit Mur occidental » de 8 m de longueur dans le Quartier musulman, et le Mur occidental de 57 m de longueur dans le Quartier juif.

Histoire récente La section du mur du Quartier juif de Jérusalem correspond au Mur occidental. C'est au pied de ce mur que résonnent les prières des juifs orthodoxes venus témoigner de leur foi. Le nom de mur des Lamentations, en arabe *El-Mabka*, fait référence à l'expression de la douleur des juifs venus pleurer sur les ruines du second Temple après sa destruction. Le mur resta confiné au fond d'une ruelle jusqu'en 1967, aux lendemains de la guerre des Six jours, où les Israé-

• Mur occidental

CHRONOLOGIE

Vers 19 av. J.-C.
Construction du Mur occidental, un mur de soutènement de 24 rangées de pierre, érigé près d'un temple bâti par Hérode Ier le Grand.

600-1500
Jérusalem passe sous domination arabe. Le mur s'élève suite à l'ajout de rangées au VIIe siècle.

1517-1917
Règne ottoman. Soliman Ier le Magnifique autorisent les juifs à venir prier au mur.

1917-1948
Jérusalem est placée sous mandat britannique. Le grand mufti de Jérusalem décide de surélever le mur de trois rangées.

1948-1967
La Transjordanie annexe la Vieille-Ville de Jérusalem.

1967 à nos jours
Domination des Israéliens. Jérusalem est proclamée capitale éternelle d'Israël. Dégagement du mur et travaux d'excavation pour exposer deux rangées de pierres datant d'Hérode.

Page ci-contre : prières au pied du Mur occidental vieux de 2 000 ans. Certains se réunissent sur la place de 40 ans d'âge qui jouxte le mur. La coupole dorée du dôme du Rocher se dresse à l'arrière-plan, sur le mont Moriah/Noble Sanctuaire.

À droite : juifs réunis au Mur occidental pour célébrer Tisba be Av, jour anniversaire de la destruction du Temple (en haut) et Soukkoth, en souvenir des 40 ans d'errance du peuple juif, après l'Exode (en bas).

liens décidèrent d'abattre des édifices adjacents pour dégager l'esplanade du Mur occidental où se réunissent aujourd'hui des milliers de fidèles.

Plus de pierres Le mur se dresse sur près de 20 m de hauteur, alors que la partie enterrée et les fondations s'enfoncent à près de 10 m dans le sol. Les 24 premières rangées de pierres furent érigées du temps du roi Hérode. Aujourd'hui, sept de ces rangées sont exposées, alignant des blocs taillés avec une telle précision que l'usage du mortier fut rendu superflu. Au VIIe siècle, les Omeyyades ajoutèrent quatre rangées. Au XIXe siècle, le mur s'éleva après l'ajout de 14 rangées, puis trois autres sous mandat britannique.

Plongée dans l'histoire Côté nord de l'esplanade, une porte dans le mur ouvre sur un tunnel labyrinthique, abritant des vestiges archéologiques du Ier siècle. Pour certains, les vestiges du temple de Salomon, détruit par les Babyloniens en 587 av. J.-C., se trouveraient enfouis plus profondément.

Ci-dessous : les juifs orthodoxes prient devant ce mur aux blocs de calcaire érodés, symbole de la permanence de leur foi.

Mecca

La Kaaba

CINQ FOIS PAR JOUR, LES MUSULMANS PRATIQUANTS DU MONDE ENTIER S'INCLINENT POUR LA PRIÈRE EN DIRECTION DE CE LIEU SAINT. LA KAABA EST UN ÉDIFICE CUBIQUE CONSIDÉRÉ COMME LE SITE LE PLUS SACRÉ DU MONDE ISLAMIQUE, DRESSÉ AU CENTRE DE L'ESPLANADE DE LA MOSQUÉE MASDJID AL-HARAM DE LA MECQUE.

La Kaaba est un édifice sobre, dont l'histoire complexe remonte avant la fondation de l'Islam, au VIIe siècle. C'est un édifice cubique d'environ 15 m de hauteur, érigé sur un étroit soubassement de marbre, et aux blocs de granite, issus d'une carrière située dans les collines proches de La Mecque.

Kiswah Les façades de l'édifice sont en général drapées d'un brocart de soie noire, la kiswah, brodé en fil d'or reprenant des versets du Coran. La kiswah est changée chaque année, après que l'ancienne étoffe a été découpée en pièces et distribuées aux pèlerins de marque. Sur un bandeau à l'ornementation plus chargée, encerclant la Kaaba à environ 4 m du sommet, se lit l'inscription de la shahâda, ou profession de foi de l'Islam.

Pierre noire À l'angle oriental de la Kaaba se trouve une roche noire et lisse, en réalité des fragments de roche enchâssés dans un cadre en argent massif. Polie et façonnée par ces millions de baisers déposés par les pèlerins, la Pierre noire représente l'objet le plus sacré de l'Islam, seul vestige de la Kaaba originale bâtie par le prophète Ibrahim (Abraham). Selon la tradition islamique, la pierre remonterait à l'époque d'Adam et Ève, blanche lorsqu'elle tomba du Paradis, puis noire en absorbant les péchés des hommes.

Derrière la porte d'or Au niveau de la façade nord de la Kaaba se trouve une porte à battants en or massif, à 2 m

• La Kaaba

CHRONOLOGIE

630 AP. J.-C.
Le prophète Mahomet s'empare de La Mecque et reprend la Kaaba, afin d'instaurer le monothéisme. Installation de la Pierre noire.

683
Destruction de la Kaaba lors du siège de La Mecque. Reconstruction de la Kaaba, probablement sous sa forme actuelle.

930-952
La Pierre noire est volée et fait l'objet d'une demande de rançon, avant son retour à la Kaaba, restaurée. Depuis, l'édifice a peu changé.

Page ci-contre : la Kaaba, petite structure austère, point de convergence de l'Islam.

Ci-contre : trois millions de pèlerins tournent autour de la Kaaba lors de l'hajj. Depuis 2010, l'heure est indiquée par l'horloge du complexe de tours de l'Abraj Al Bait Towers. C'est la plus haute horloge au monde (530 m), dotée d'un cadran de 43 m de largeur.

Ci-dessous : chaque année, à la fin de l'hajj, la Kaaba se pare d'une nouvelle Kiswah, brocart brodé au fil d'or de versets coraniques.

au-dessus du soubassement. Un escalier conduit au seuil de la porte, ouvrant sur une salle au sol de calcaire et aux murs habillés de marbre, voilés en partie inférieure d'une étoffe verte, brodée au fil d'or d'autres versets coraniques.

Rares sont les fidèles à pouvoir y pénétrer et les battants de la porte ne s'ouvrent que deux fois par an – une première fois avant le ramadan et une seconde fois avant le pèlerinage annuel du hajj. Toute la pièce est dépoussiérée et lavée à l'aide d'eau de rose persane, avant d'être aspergée d'huile parfumée.

Le hajj Peu nombreux sont ceux à pénétrer dans la Kaaba, mais une foule compacte se presse pour en faire le tour. La structure est le point de convergence de ce pèlerinage, mais aussi de la prière, sachant que l'un des cinq piliers de l'Islam oblige tout musulman à se rendre à La Mecque au moins une fois dans sa vie, pour effectuer le pèlerinage de l'hajj. Lors d'un rituel appelé « tawaf », les pèlerins convergent vers la mosquée pour effectuer la circumambulation, ou sept tours, autour de la Kaaba, dans le sens contraire des aiguilles d'une montre. Les pèlerins se comptent en millions.

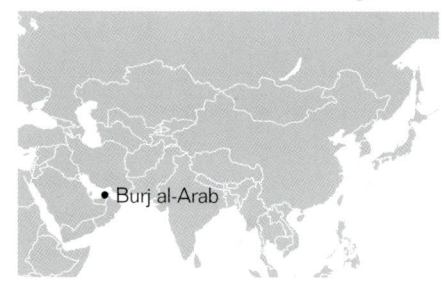

ÉMIRATS ARABES UNIS, DUBAÏ

Burj al-Arab

[handwritten notes:] Feb 2018 Stopover going to Bangkok - Uts had bleeding nose hotel 1800 £ per night

EXTRAIT DU SITE OFFICIEL DE L'HÔTEL : « LA SUITE DELUXE DEUX CHAMBRES POSSÈDE UN VASTE SALON AVEC SÉJOUR, UNE CUISINE, DEUX ESPACES DÉTENTE AVEC VUES PANORAMIQUES SUR LA MER, DEUX SALLES DE BAIN AVEC JACUZZIS ET UN DRESSING AVEC SERVICE DE MAJORDOME POUR SATISFAIRE LE MOINDRE DE VOS DÉSIRS ».

Il faut compter 1 800 € la nuit, ou 2,55 onces d'or, ou 2,05 onces de platine ou beaucoup de liquidités dans la devise de votre choix ! Séjourner au Burj al-Arab, c'est goûter à la célébrité. Dans les années 1990, l'émir de Dubaï, Mohammed ben Rashid Al Maktoum, passa commande de cet édifice, vitrine de la nouvelle politique culturelle d'un pays voulant rompre avec cette image de comptoir commercial enrichi par la rente pétrolière.

Construisez-moi une icône Le cabinet d'architectes britannique W. S. Atkins & Partners décrocha le contrat. « Tout ce qui était demandé relevait d'une seule et même exigence, faire de cet édifice une icône », confie un porte-parole. « Nous avons cherché des références un peu partout autour de Dubaï et nous avons remarqué ces dhows avec leur voile à la courbure si élégante. Mais cette ville revendiquait en même temps sa modernité et cette volonté à aller de l'avant. C'est alors que nous avons commencé à penser à quelque chose comme un spinnaker ». La Burj al-Arab fila toutes voiles dehors vers la reconnaissance internationale.

Surnaturel L'édifice est ancré sur une île artificielle à l'aide de 230 piles de béton de 40 m de longueur, supportant une structure en forme de vaste voile gonflée au vent. Une voile retenue par deux sections verticales principales, reliées entre elles par des poutrelles d'acier de 85 m de longueur, treuillées

• Burj al-Arab

INFORMATIONS

Architecte
Tom Wright de W. S.
Atkins & Partners

Maître d'œuvre
Murray & Roberts

Construction
Pose de la première pierre
en 1994, inauguration
en 1999. Trois ans de
travaux furent nécessaires
à la création de l'îlot.

Proportions
Hauteur : 321 m
60 étages
Surface au sol 111 500 m²

Capacité
202 suites duplex

Site web
www.jumeirah.com

Page ci-contre : conçu pour
évoquer la forme d'une voile
de bateau gonflée sous
le vent, l'hôtel domine
les édifices à l'architecture
plus traditionnelle du
complexe de Palm Jumeirah.

Ci-contre : l'édifice semble
flotter, ancré sur un îlot
artificiel, à 280 m du rivage.

Ci-dessous : à l'intérieur,
les colonnes massives
plaquées or de l'atrium
attirent le regard vers le
plafond culminant à 180 m
de hauteur.

jusqu'à 200 m de hauteur pour être assemblées. Un triomphe
d'ingénierie pour cet assemblage en forme de « V » renversé,
abritant à sa base un atrium et, suspendu au sommet du mât,
un restaurant panoramique. De loin, depuis les eaux du golfe
Persique, l'hôtel, notamment lorsqu'il est éclairé de nuit,
évoque un étincelant vaisseau surgit d'un monde surnaturel.

Démesure Seul hôtel au monde gratifié de sept étoiles,
le Burj al-Arab accueille ses invités débarqués sur son héliport
aménagé au sommet de ses 60 étages ou arrivés en limousines
empruntant le pont privé conduisant à l'hôtel. Pour un dîner
en altitude, les clients embarquent à bord d'un ascenseur panoramique menant au restaurant suspendu *Al Muntaha*, pour
un repas avec vues imprenables sur la mer et le désert. D'autres
préféreront l'*Al Mahara* et son invitation à visiter les abysses à
bord d'un sous-marin de poche, avant de déguster des fruits
de mer au cœur d'un aquarium naturel.

Forme idéale Une décoration intérieure luxueuse participe à la renommée de l'hôtel. Mais l'édifice marque avant tout
les esprits par sa silhouette unique, répondant donc aux attentes
de l'émir qui souhaitait voir construire une icône.

AFGHANISTAN, GHOR

Minaret de Djam

LE MINARET DE DJAM EST UNE BELLE COLONNE DE TERRE CUITE ÉLANCÉE, POINTANT VERS LE CIEL, DRESSÉE AUX ABORDS D'UNE ROUTE POUSSIÉREUSE, AU CŒUR DE L'AFGHANISTAN. CETTE TOUR FINEMENT OUVRAGÉE RÉSISTE DEPUIS PRÈS DE NEUF SIÈCLES AUX CONFLITS, AUX SÉISMES, À L'ÉROSION, AUX PILLAGES ET À L'OUBLI.

Le minaret se situe à 200 km à l'est d'Herat, dans une vallée encaissée, à la confluence des rivières Hari Rud et Jam Rud, au cœur des montagnes ; autrement dit hors des sentiers battus. Bien que proche de l'ancienne route marchande qui reliait Constantinople à l'Inde, le site était néanmoins suffisamment isolé pour échapper aux saccages des armées de Gengis Khan, au début du XIIIe siècle.

Mémoire Un peu plus tard, les colons venus de l'ouest contournèrent le minaret de Djam, sans même le remarquer. Nombreux furent ceux crédités de la redécouverte du site, à commencer par un géographe anglais, en 1886, puis un archéologue

français, en 1957. Cet élégant minaret, dressé au cœur de sa vallée depuis les années 1190, est en réalité le seul rescapé des quelque 60 minarets qui autrefois appelaient à la prière les musulmans de cette région d'Asie centrale. Un minaret en mémoire de l'éphémère dynastie persane des Ghorides, qui sombra dans l'oubli avec ses palais et ses mosquées.

Intérieur La porte originale se situe à 4 m sous une couche de terre compacte qui dissimule la base octogonale de l'édifice. L'entrée – pour ceux qui seraient tentés de se rendre au cœur de cette zone aujourd'hui déchirée par la guerre – s'effectue désormais par une fenêtre, donnant accès à l'un des escaliers en colimaçon de 40 m de hauteur, partant à l'assaut de ce minaret culminant à 65 m de hauteur, et formant l'armature

CHRONOLOGIE

Années 1190
Construction du minaret

1215
Déclin de la dynastie ghoride

1886
Découverte du minaret par Sir Thomas Holdich, qui travaillait pour la Commission des frontières afghanes.

1957
Étude du minaret par André Maricq et Wiet Herberg.

1979
Invasion de l'Afghanistan par les troupes soviétiques

1996-2001
Gouvernement taliban. Les troupes talibanes et moudjahidines occupent les deux rives de la rivière Hari Rud.

2001 à nos jours
Aujourd'hui encore, le conflit afghan rend l'accès au minaret presque impossible.

2002
L'Unesco inscrit le minaret et les vestiges archéologiques de Djam au patrimoine mondial de l'humanité et sur la liste du patrimoine mondial en péril.

Page ci-contre : l'élégant et vulnérable minaret, aujourd'hui isolé dans sa haute vallée, faisait autrefois partie intégrante de la capitale d'été de la dynastie ghoride.

Ci-contre : deux escaliers en colimaçon en ruines, s'enroulent en une double hélice partant à l'assaut de la tour, jusqu'aux deux tiers de sa hauteur.

de cette structure aux quatre fûts cylindriques de briques effilés et empilés les uns sur les autres.

Extérieur La surface extérieure est entièrement recouverte d'un décor géométrique en relief, en brique cuite et stuc. Au niveau du premier fût, huit panneaux verticaux ceinturent la base octogonale. Chacun d'eux comporte un étroit bandeau gravé d'inscriptions, selon deux calligraphies, courant en continu autour de chaque panneau. Des tracés circulaires suggèrent un motif floral.

Géographie et ingénierie Le minaret de Djam se dresse dans ce splendide isolement, qui le préserva à la fois des conflits et du tourisme. Géographie et génie architectural s'unirent pour assurer longévité à cette structure humaine unique, associant le raffinement de son décor à l'austérité de la brique, la fragilité à la force, et la civilisation à la nature.

Ci-dessous : un bandeau rehaussé de tuiles vernissées turquoise attire le regard au sommet du premier fût de la tour. Des inscriptions coufiques font référence au « roi des rois » et à l'achèvement du minaret, en 1194.

Des montagnes sacrées les plus anciennes du continent aux réalisations architecturales avant-gardistes, l'Australie décline ses références à grande échelle. Sa population aborigène vécut si longtemps en telle symbiose avec la nature, que les ouvrages créés de la main de l'homme remontent à un passé assez récent. Au cours des siècles derniers, les colons importèrent leur culture et cette habitude de marquer le paysage de leur empreinte. Mais les sites naturels australiens restent les plus grandioses.

AUSTRALIE

Uluru

MONOLITHE DE GRÈS AU CENTRE DE L'OUTBACK AUSTRALIEN, ULURU EST UN POINT
DE REPÈRE AUX MULTIPLES VISAGES. LE JOUR, SES FLANCS ÉRODÉS DÉCOUPENT
UNE SPECTACULAIRE SILHOUETTE, QUI S'EMPOURPRE AU LEVER ET AU COUCHER
DU SOLEIL. LES JOURS DE PLUIE, ULURU DEVIENT UNE SECRÈTE ÉMINENCE GRISE.

Le nom de ce rocher est aussi changeant que ses couleurs. En dialecte local anangu (aborigène), il se nomme Uluru. C'est ainsi qu'il fut désigné durant près de 10 000 ans d'occupation humaine de la région. À partir de 1873, les étrangers redéfinirent la répartition des terres et introduisirent une nouvelle nomenclature. Uluru apparut sur les cartes sous le nom d'Ayers Rock, en référence à Sir Henry Ayers, à l'époque premier secrétaire de la colonie d'Australie-Méridionale, qui trouva là une occasion inespérée d'inscrire son nom dans l'histoire.

En 1993, suite à la reconnaissance officielle de son histoire précoloniale, le rocher fut rebaptisé Ayers Rock/Uluru, et Uluru/Ayers Rock en 2002. Les Australiens le surnomment « the Rock ».

Immuable rocher Uluru présente une silhouette étonnante, culminant à 348 m de hauteur, pour une circonférence de 9,4 km. Il y a des millénaires, le paysage alentour s'éroda pour former une vaste plaine, isolant ce monolithe de grès adamantin aux parois escarpées, exemptes de végétation. Aux environs du monolithe, la terre abreuvée par les eaux de ruissellement révèle une fertilité et une luxuriance contrastant avec l'aridité de la région. D'où l'attirance que le site exerça sur les populations aborigènes environnantes.

Histoires changeantes Pour les Anangus, les Aborigènes du désert, les êtres ancestraux, Tjukuritja ou Waparitja,

CHRONOLOGIE

**Temps du Rêve/
500 millions d'années**
Formation d'Uluru
à l'ère cambrienne

10 000 ans
1ʳᵉ occupation humaine

1873
Le cartographe William
Gosse nomme le site
Ayers Rock.

1985
Le gouvernement australien
rétrocède Uluru aux
Aborigènes du désert,
les Anungu, qui accordent
un bail d'exploitation au
National Parks and Wildlife
Service.

1987
Inscription au patrimoine
mondial par l'Unesco

Page ci-contre : les
géologues qualifient
d'inselberg, ou montagne
île, ce relief isolé, vestige
d'un plateau érodé.

Ci-contre : le grès d'Uluru
est célèbre pour ses
changements de couleurs
selon les heures de la
journée. Au lever et au
coucher du soleil, le grès
révèle des tons rouges
éclatants.

Ci-dessous : les protecteurs
du site sacré demandent aux
visiteurs de ne pas escalader
Uluru. Une demande de plus
en plus respectée par
les touristes.

voyagèrent à travers des étendues vierges, créant la vie et les paysages. Ces héros du « Temps du Rêve » ont laissé des témoignages de leur passage, visibles à travers la géologie et les peintures rupestres. D'autres mythes émergèrent, comme celui du grand varan femelle endormi, de la femme python, de deux garçons guerriers ou d'une grande bataille, à l'origine du soulèvement de la terre en colère donnant naissance à Uluru.

En 1980, la mythologie blanche se focalisa sur l'histoire d'Azaria Chamberlain, ce bébé de neuf semaines présumé enlevé par des dingos, alors que ses parents campaient non loin d'Uluru. Cette disparition mystérieuse ne cesse depuis d'alimenter livres, films, chansons, pièces de théâtre et opéras.

Identités changeantes Uluru se dresse au cœur mythique d'une vaste plaine. Un site sacré, tantôt perçu comme centre d'un monde nouvellement créé, d'un continent nouvellement découvert ou d'un nouvel État souverain, ayant à faire preuve d'équité entre nouveaux venus et population aborigène.

Un panneau met en garde le visiteur : « Nous vous demandons de respecter notre Loi en n'escaladant pas Uluru ». Ce que les touristes appellent « l'ascension » est cette route traditionnelle empruntée par l'être ancestral au temps de la création, bien avant leur arrivée. Une route chargée de signification spirituelle. « L'ascension » est dangereuse et nombre de personnes y ont trouvé la mort. « Nous sommes profondément attristés lorsque quelqu'un décède sur notre terre. »

AUSTRALIE, NOUVELLE-GALLES DU SUD

Opéra de Sydney

PLUS JEUNE DES ÉDIFICES INSCRITS SUR LA LISTE DU PATRIMOINE MONDIAL, L'OPÉRA
DE SYDNEY EST L'UN DES OUVRAGES LES PLUS APPLAUDIS AU MONDE, DEVENU
SYMBOLE DE L'AUSTRALIE MODERNE ET DU DYNAMISME DE LA PLUS GRANDE DE
SES CITÉS. UN ÉDIFICE CERNÉ SUR TROIS CÔTÉS PAR LES EAUX DU PORT DE SYDNEY.

En 1778, à l'arrivée de la première flotte à Sydney Cove, les nouveaux colons eurent besoin d'aide pour communiquer avec la population locale. Sur la poignée d'Aborigènes capturés à cette intention, un homme, Bennelong, noua des relations cordiales avec le gouverneur britannique, Arthur Phillip. Bennelong apprit à parler anglais et Phillip lui fit construire une hutte sur une petite île de la zone tidale, dans le cadre idyllique du port naturel de Sydney. Deux siècles après sa mort, son nom est resté célèbre, sachant qu'en 1955, Bennelong Point fut choisi comme site d'implantation du nouveau centre culturel de la ville.

Eugene Goossens Sydney avait déjà abrité un opéra, en réalité un music-hall qui survécut une vingtaine d'années, avant sa fermeture. Les théâtres fermèrent les uns après les autres au début du XXᵉ siècle, et en 1947, à l'arrivée du nouveau chef de l'orchestre symphonique de Sydney, le compositeur anglais Eugene Goossens, la mairie faisait office d'unique salle de concert. Goossens œuvra à l'édification d'un auditorium digne de ce nom, et il fut le premier à déceler le potentiel de Bennelong Point. Au XIXᵉ siècle, le site avait abrité le fort Macquarie, démoli en 1901, pour céder la place à un dépôt de tramways. En 1955, Goossens parvint à ses fins.

Source d'inspiration L'architecte danois Jørn Utzon remporta le concours international lancé pour désigner l'ar-

Opéra de Sydney •

Page ci-contre : image emblématique de la cité, l'opéra de Sydney avec ses courbes idéales inscrites dans l'arc du Harbour Bridge.

Ci-contre : Bennelong Point, une péninsule qui s'avance dans le port, au nord-est du grand quartier des affaires de Sydney.

Ci-dessous : un édifice conçu à l'image d'une sculpture, avec pour premier défi la construction de toits aux courbes inédites. Un tour de force pour ce projet dont le coût estimatif de 7,5 millions de dollars australiens finit par dépasser les 100 millions de dollars.

chitecte en charge de la réalisation du futur opéra de Sydney. Il présenta une dizaine d'études préliminaires de cet édifice à la silhouette unique, avec ses toits en forme de voile. Il ne fallut pas longtemps au jury pour déceler le potentiel iconique d'un tel ouvrage. Dressés au-dessus d'une massive plate-forme, les toits étaient envisagés comme une série de fines coquilles. Utzon avait au départ imaginé des coquilles au profil de courbe à chaque fois différent, ce qui exigeait de couler individuellement chaque section et entraînait un coût prohibitif. Il fallut cinq ans de travail et plus d'une dizaine d'études pour trouver une solution viable. Les analyses structurelles réalisées par le bureau d'études Ove Arup & Partners furent parmi les premières à s'appuyer sur la conception assistée par ordinateur.

Au final, chaque coquille est la section d'une sphère d'un même rayon de 75 m – une idée qui, dit-on, avait été inspirée en pelant une orange –, chose rendue possible après avoir préfabriqué 2 200 arcs de béton, de longueurs différentes, mais de forme identique. On se souvint de Utzon et Arup comme étant les premiers à avoir utilisé cette solution ingénieuse.

Ci-contre : le ton des
1 056 006 tuiles de
fabrication suédoise fait
référence aux céramiques
japonaises. Utzon
voulait que les toitures
s'apparentent à des voiles
gonflées par le vent.

Les panneaux de la toiture étaient préfabriqués sur le site de construction. Les panneaux recouverts de tuiles de céramique, blanc brillant et crème mat, disposées en chevrons, apparaissent de loin d'un blanc uniforme.

L'intérieur La disposition des coquilles reflète l'agencement des volumes intérieurs – un plafond bas à l'entrée s'élève au-dessus des espaces réservés aux gradins, avant de culminer au niveau de la scène. Des murs rideaux de verre éclairent les foyers.

Le nom de l'édifice prête à confusion, car il ne s'agit pas uniquement d'un opéra, mais d'un espace multiculturel accueillant près de 1 500 spectacles par an, avec quatre compagnies résidentes, l'Opéra d'Australie, l'Australian Ballet, le Sydney Theatre Company et l'Orchestre symphonique de Sydney. L'opéra occupe la partie orientale de l'ouvrage et la grande salle de concert, la partie occidentale. Les espaces réservés aux représentations plus confidentielles – The Drama Theatre, The Playhouse et The Studio – logent sous la grande salle de concert, intégrés au podium, alors que l'avant-cour pavée et ses marches servent aussi de scène. Un troisième groupe de coquilles plus petites abrite le restaurant.

CHRONOLOGIE

1821
Construction du fort Macquarie à Bennelong Point
1901
Démolition du fort. Le site abrite un dépôt de tramways.
1955
Bennelong Point est choisi pour accueillir le nouvel opéra de Sydney.
1957
Utzon remporte le concours international d'architecture.
1966
Démission d'Utzon, remplacé par une équipe d'architectes australiens.
1973
Première représentation publique, le 28 septembre : *Guerre et Paix* de Prokofiev. La reine Élisabeth II inaugure l'opéra, le 20 octobre.
1986
Achèvement de la place de l'avant-cour
2003
Utzon remporte le prix Pritzker d'architecture.
2007
L'opéra est inscrit sur la liste du patrimoine mondial.

À droite, en haut : « nuages acoustiques » suspendus au plafond de la grande salle de concert où se produit l'Orchestre symphonique de Sydney.

À droite, au centre : pour l'aménagement intérieur, Utzon avait imaginé que les éléments structurels de la toiture restent exposés au regard.

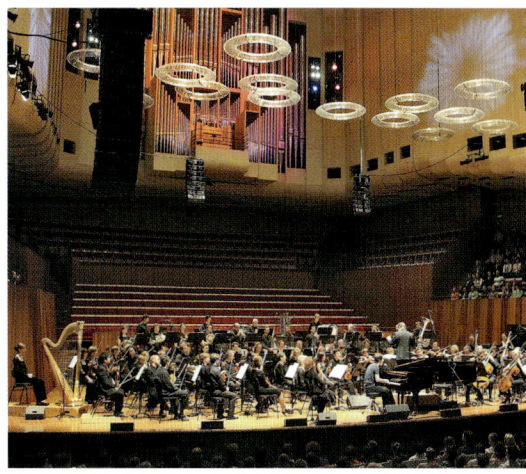

Un architecte et des clients L'histoire de l'opéra de Sydney connut quelques rebondissements. En 1965, Utzon, pressé d'obtenir le déblocage de fonds destinés à financer une nouvelle phase du projet, se heurta au refus du gouvernement de Nouvelle-Galles du Sud, avant qu'un changement d'administration participe un peu plus à alimenter les tensions. Le nouveau ministre en charge des Travaux publics exigea que les coûts soient revus à la baisse, compromettant ainsi l'achèvement du projet. Utzon se résigna et retourna au Danemark. Il ne fut pas invité, ni même cité, lors de l'inauguration officielle de l'opéra, en 1973.

Les plans audacieux imaginés par Utzon pour l'aménagement intérieur ne virent pas le jour, mais en 1999, il s'investit dans la conception d'une série de plans de réaménagement et travailla à la rénovation d'un espace, aujourd'hui baptisé Utzon Room, achevé en 2004. Utzon décéda en 2008, sans avoir eu l'occasion de revoir son chef-d'œuvre, cet édifice qui propulsa Sydney sur la scène des grandes capitales internationales.

Ci-dessous : le public a vue sur le port, à travers les murs de verre des parois dressées en bout de coques.

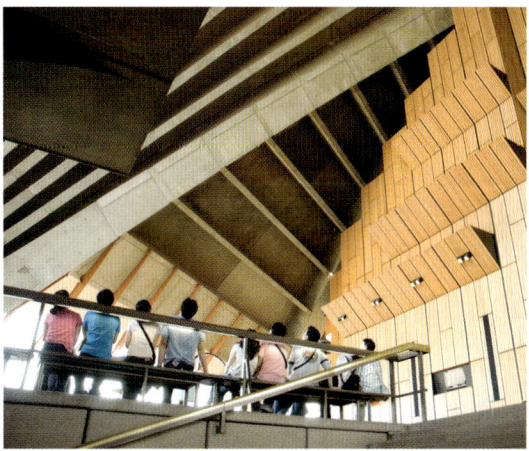

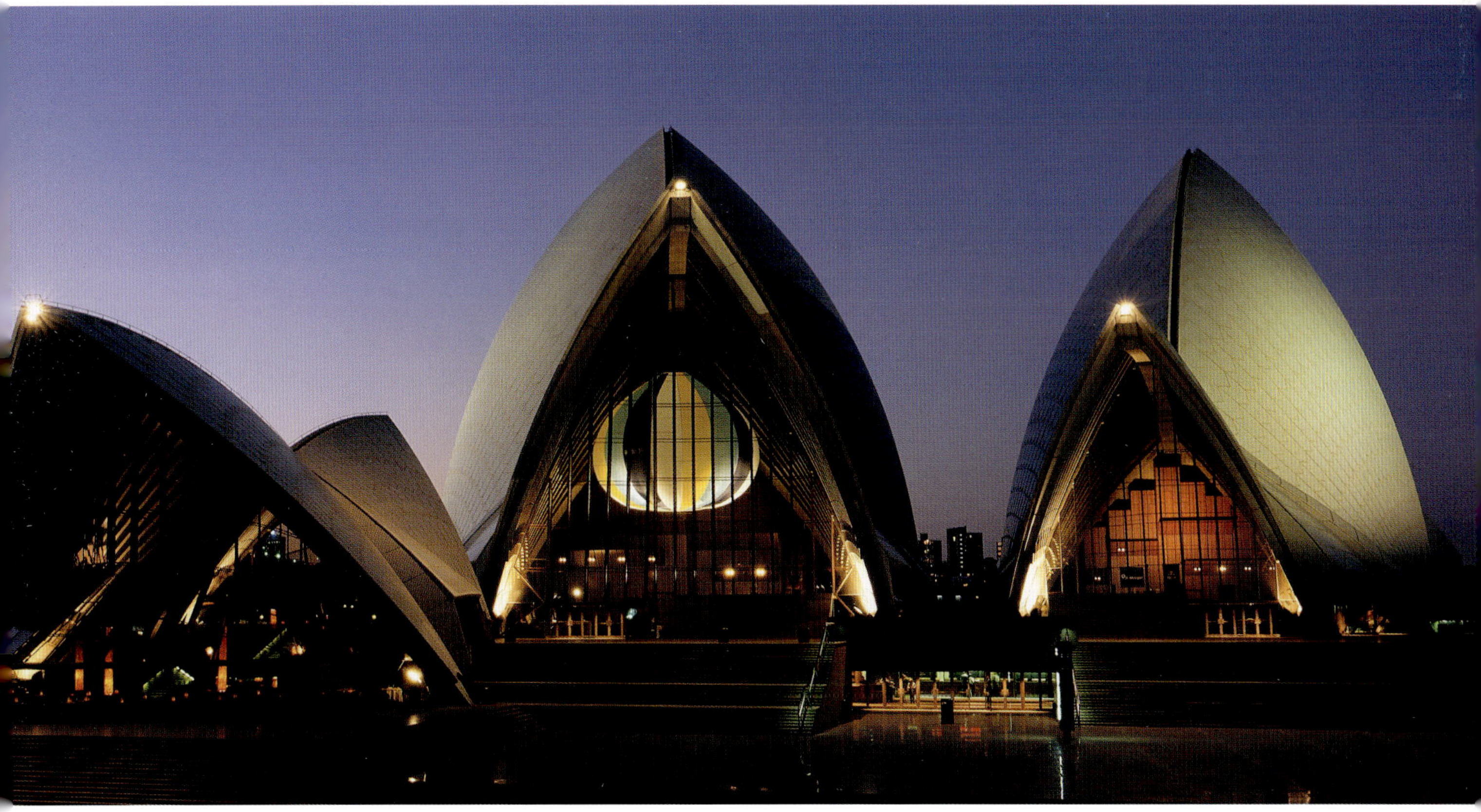

Harbour Bridge

EN ARCHITECTURE, L'ESTHÉTIQUE VEUT QU'UN PONT RÉUSSI SOIT UN OUVRAGE PLAISANT À L'ŒIL. DE CE POINT DE VUE, LE HARBOUR BRIDGE EST L'UN DES PLUS BEAUX PONTS AU MONDE – UN OUVRAGE IMPOSANT, SOLIDE ET FONCTIONNEL, DONT LA FORME SUIT LA FONCTION. UNE RÉFÉRENCE EN LA MATIÈRE.

La fonction première du Harbour Bridge est de relier la rive nord de Sydney au quartier central des affaires, soit un trajet rapide de 20 km à peine. Mais le pont est aussi une référence visuelle de la métropole australienne depuis son inauguration, en 1932. Cette arche est un symbole d'optimisme pour les 1 400 ouvriers qui œuvrèrent à son édification, à l'époque où près d'un tiers de la population se trouvait au chômage, frappé par la Grande Dépression. Ouvrage audacieux, le Harbour Bridge, surnommé le « poumon d'acier », dynamisa la cité et ses environs.

Un géant De nos jours, une équipe réduite suffit à assurer la maintenance et les travaux de peinture de cette élégante arche d'acier, même si derrière cette apparente légèreté, les chiffres témoignent du tour de force que représenta la construction de cet ouvrage. Un pont d'acier de 52 800 t, dont l'arche à elle seule pèse près de 39 000 t. Pour recouvrir les 485 000 m² de surface, les peintres utilisent plus de 30 000 l de peinture. Le Harbour Bridge est le pont le plus large et abrite la plus haute arche d'acier au monde.

Force Quatre tours, deux à chaque extrémité, ancrent le géant au sol. Alors que les culées à la base des tours supportent la masse de l'arche, les tours elles-mêmes ne

Ci-dessus : l'arche caractéristique du pont lui valut son surnom de « vieux cintre ». Un pont très large, destiné au trafic routier, ferroviaire et piéton.

À droite : en octobre 2008, la fête du Bridge Climb célébrait les dix ans de cette escalade téméraire (ci-contre), même si les visiteurs se contentent d'admirer l'ouvrage depuis la terre ferme (ci-dessous).

INFORMATIONS

Nombre de rivets
6 000 000

Longueur
1,149 km, en comptant les voies d'approche

Hauteur de l'arche principale
89 m au-dessus du niveau de la mer

Acier
52 800 t

Granite
17 000 m³

Peinture
272 000 l pour les trois couches d'origine

jouent aucun rôle structurel. Ces éléments décoratifs n'étaient pas intégrés aux plans originaux, mais les habitants de Sydney, soucieux d'équilibre visuel et d'esthétique, habillèrent les tours de granite. Cette pierre dure extraite d'une carrière au sud de la ville fut transportée à l'aide de trois bateaux achetés pour l'occasion.

Pratique Au fil du temps, les tours finirent par jouer un rôle fonctionnel. À ce jour, la tour sud-est abrite un muséum et une plate-forme d'observation, dans la tour sud-ouest loge l'équipement technologique utile à la gestion du trafic, alors que dans la tour nord se trouvent matériel de maintenance et vannes d'aération du Harbour Tunnel. Ce tunnel fut inauguré en 1992, pour désengorger les huit voies du pont, victime de son succès.

Difficile d'imaginer que le pont permettait à l'époque d'acheminer le bétail vers les pâturages alentour, mais uniquement de nuit et après avertissement des autorités. Les fonctions ont évolué, mais la forme demeure, et le pont jouit désormais du statut d'icône australienne.

Plage de Bondi

BONDI, LA PLAGE PAR EXCELLENCE, EST SITUÉE À QUELQUES ENCABLURES EN BUS
DU QUARTIER DES AFFAIRES DE SYDNEY. CETTE PLAGE EST UN SYMBOLE NATIONAL
POUR CE PAYS EN PARTIE ARIDE, OÙ L'ESSENTIEL DE LA POPULATION SE CONCENTRE
SUR LES CÔTES ET OÙ L'ON CULTIVE UNE IMAGE DE BONHEUR ET DE DÉTENTE.

La plage de Bondi est l'endroit où se retrouvent toutes les nationalités, après une journée de travail dans la plus grande des villes australiennes. À 10 minutes en voiture de la cité s'étire ce croissant de sable pâle de 1 km bordant une mer turquoise. À l'arrière de cette plage idyllique, une large promenade, un vaste espace vert et une myriade de cafés et restaurants. La bière est omniprésente, et ici la mer et le surf règnent en maîtres.

Surf En langue aborigène, *bondi* décrit le bruit des vagues se brisant sur les rochers. À la plage de Bondi, la puissance et le fracas des vagues prennent tous leur sens et participent à l'attrait de ce terrain de jeu ouvert à tous. Sur une échelle de risque graduée jusqu'à dix, l'extrémité nord de la plage a hérité d'un modeste quatre, mais plus au sud, un fort courant entraînant vers le large vaut à ce coin de plage un sept. Les sauveteurs surnomment le secteur Backpacker's Express, car il s'agit de l'endroit le plus proche de l'arrêt de bus, où les nouveaux venus s'empressent de se mettre à l'eau.

Danger Plus à l'intérieur des terres, dans la nature australienne, plane toujours la menace d'une morsure ou d'une piqûre. La bande côtière est certes moins hostile, mais le surf reste une pratique à risque pour les non-initiés, et les locaux savent bien que mieux vaut se méfier des physalies, ou galères portugaises. Seuls les fous s'aventurent au-delà des filets de protection sous-marins faisant barrage aux requins.

Plage de Bondi •

CHRONOLOGIE

1851

Francis O'Brian fait l'acquisition de 80 ha à Bondi Estate. Il rebaptise le site O'Brien Estate et transforme le front de mer en station balnéaire.

1882

Bondi devient plage publique.

1907

Le Bondi Surf Bathers' Life Saving Club, premier club de sauvetage nautique au monde, met au point une méthode pour tracter les nageurs hors de l'eau.

6 février 1938

Lors du Black Sunday, 5 personnes décèdent et près de 300 sont secourues après le déferlement de vagues géantes sur la plage.

1996

L'achèvement des travaux d'un déversoir en eau profonde permet de ne plus libérer les eaux usées à proximité de la plage.

2007

1 010 nageuses posent en bikini pour une photo de plage inscrite dans le *Guinness des records*.

Page ci-contre : iconique croissant de sable blond, à quelques minutes de la plus grande ville d'Australie, la plage de Bondi participa à imposer au monde cette image idyllique de jeunes surfeurs aux corps parfaits.

À droite : le quartier général des sauveteurs, un bâtiment art déco, domine la plage (ci-contre). À Noël, les sauveteurs voient débarquer à la plage de Bondi près de 30 000 touristes.

La vie de la plage Au milieu du XIXᵉ siècle, l'Australie fut parmi ces premières nations à adopter ce qui allait devenir la « beach culture » à l'échelle planétaire. La plage est l'endroit où tombent les inhibitions, mais entre 1955 et 1961 des règles furent édictées alors que des agents australiens armés de mètre ruban patrouillaient sur le sable, contrôlant la décence des maillots de bains. Mais on n'avait pas prévu l'arrivée des minis bikinis. Dans les années 1960, les règles furent oubliées et avec les années 1980 le topless devint la norme sur cette plage. La pointe sud est désormais l'endroit où il faut être.

Un paradis Les premiers hommes accédèrent à la terre ferme par les plages, et c'est sur la plage que leurs descendants retournent à présent. La nature est accueillante sur cette plage archétypale – soleil, sable, mer, surf et peu de vêtements, cela va de soi… La plage de Bondi est certainement proche de l'idée que les gens se font du paradis.

Ci-dessous : Bondi est un des spots de surf les plus connus au monde. Les vagues varient selon les saisons, mais attirent surfeurs amateurs et spécialistes.

AUSTRALIE, QUEENSLAND

Grande Barrière de corail

CETTE BARRIÈRE EST LE PLUS VASTE OUVRAGE MARIN. D'UNE SUPERFICIE TELLE QUE LES SATELLITES EN ORBITE LE DÉTECTENT. PLUS GRANDE STRUCTURE AU MONDE RÉALISÉE PAR DES ORGANISMES VIVANTS, LA GRANDE BARRIÈRE DE CORAIL RÉVÈLE UNE SPECTACULAIRE BEAUTÉ, AU-DELÀ DE TOUTE COMPARAISON.

Notre planète est fragile et ses récifs sont souillés. Ici, en mer de Corail, au large des côtes nord-est de l'Australie, l'activité humaine dégrade ses couleurs et sa diversité. Les autorités en charge du parc marin de la Grande Barrière de corail considèrent que la plus grande menace est celle liée au changement climatique – un réchauffement des eaux responsable du blanchiment du corail, du départ des poissons, de rupture dans la chaîne alimentaire des oiseaux marins, des tortues et des dugongs. Un écosystème également menacé par la pêche, le tourisme et les rejets agricoles. La nature cherche alors un nouvel équilibre. Dans ces eaux dégradées, où la surpêche est loi, prospèrent la couronne d'épines, une étoile de mer qui se nourrit des polypes coralliens. Environ 66 % du corail vivant du récif ont disparu suite à la multiplication de ces créatures au cours de l'année 2000.

Microcosme Le corail est un organisme marin sécrétant du carbonate de calcium pour former un squelette solide. L'âge de la Grande Barrière de corail est estimé à 8 000 ans, et cette structure résulte d'un changement environnemental sur le long terme. Ainsi, le corail vivant aujourd'hui a débuté sa vie sur une plateforme corallienne il y a près de 20 000 ans. Mais entre-temps, il y 6 000 ans, le niveau de la mer s'éleva de 120 m, recouvrant les plaines côtières et les collines, transformées en îles continentales. Le corail colonisa progres-

Grande Barrière
de corail •

Ci-dessus : le récif s'est formé sur une plaine côtière submergée à l'élévation du niveau des océans. Les collines submergées se transformèrent en îles continentales.

En haut, à droite : visible depuis l'espace, le récif s'étire sur 2 600 km de long et inclut 3 400 récifs individuels et 900 îles.

Ci-contre : la tortue verte, espèce menacée, compte près de 20 sites de ponte autour du récif. Elle nage ici avec des poissons de récif.

sivement les collines, jusqu'à former les bancs de sable et récifs actuels.

Macrocosme Sur les 344 400 km² de cette structure se distinguent trois types de coraux, des plateformes, ou platiers, résultant d'un développement radial, des parois verticales, souvent présentes dans les zones de puissants courants marins, et des récifs frangeants, où la croissance intervient sur des rochers de la zone subtidale. Les eaux peuplées par ces minuscules coraux abritent une vie marine d'une étonnante diversité.

Nouvelle donne L'imagination de l'homme n'est plus à démontrer. Aidé par la technologie, l'homme a réussi à quitter son habitat naturel, la terre ferme, pour gagner la mer et l'espace. Des prouesses qui lui ont permis de témoigner de la beauté de la Grande Barrière de corail, dont l'existence est aujourd'hui menacée par ce même progrès technologique.

Ci-contre : la biodiversité du récif attire de nombreux plongeurs, et le tourisme est la principale activité commerciale de la région, qui compte chaque année 2 millions de visiteurs.

CRÉDITS PHOTOGRAPHIQUES